Donna Tussing Orwin

·

Consequences of Consciousness

Turgenev, Dostoevsky, and Tolstoy

Stanford University Press

Stanford, California

2007

Донна Орвин

·

Следствия самоосознания

Тургенев, Достоевский, Толстой

Academic Studies Press

Библиороссика

Бостон / Санкт-Петербург

2022

УДК 82.161.1.09
ББК 83.3(2Рос=Рус)
О63

Перевод с английского Анны Гродецкой

Научный редактор
доктор филологических наук
А. Г. Гродецкая

Серийное оформление и оформление обложки Ивана Граве

В оформлении обложки использован фрагмент
офорта Натальи Граве «Подросток»

Орвин Д.

О63   Следствия самоосознания. Тургенев, Достоевский, Толстой / Донна Орвин ; [пер. с англ. А. Г. Гродецкой]. — Санкт-Петербург : Academic Studies Press / Библиороссика, 2022. — 351 с. — (Серия «Современная западная русистика» = «Contemporary Western Rusistika»).

ISBN 978-1-6446980-4-4 (Academic Studies Press)
ISBN 978-5-907532-07-6 (Библиороссика)

Исследовательница русской литературы, профессор русской литературы факультета славистики Университета Торонто Донна Орвин в своей книге о творчестве Ивана Тургенева, Федора Достоевского и Льва Толстого показывает, как эти авторы смогли нащупать некие психологические и идеологические ключи к личности человека и как это позволяет писателям оставаться релевантными нашей жизни и впредь — несмотря на всю свою очевидную субъективность, или, скорее, благодаря ей. Стратегии, к которым прибегали русские литераторы для презентации субъективности, и их внутритекстовое общение друг с другом — основные темы, которые рассматривает автор.

УДК 82.161.1.09
ББК 83.3(2Рос=Рус)

ISBN 978-1-6446980-4-4
ISBN 978-5-907532-07-6

Клиффу

Чужая душа — потемки.

Русская пословица

От автора

Данный проект был щедро поддержан двумя многолетними грантами Исследовательского совета по социальным и гуманитарным наукам Канады (Social Science and Humanities Research Council of Canada, SSHRC). Годичный творческий отпуск, профинансированный Университетом Торонто, позволил мне написать основную часть рукописи. Я благодарна также Славянской библиотеке Хельсинкского университета, где провела плодотворный месяц, исследуя журналы 1840-х годов.

Часть главы 4 этой книги ранее публиковалась в качестве самостоятельной статьи под заглавием «Антифилософская философия Толстого в "Анне Карениной"» («Tolstoy's Antiphilosophical Philosophy in "Anna Karenina"») в книге «Подходы к преподаванию "Анны Карениной" Толстого» («Approaches to Teaching Tolstoy's "Anna Karenina"») под редакцией Лизы Кнапп и Эми Манделкер. Другая, связанная с первой часть той же главы была опубликована на русском языке: «Жанр Платоновых диалогов и творчество Толстого» (Русская литература. 2002. № 1), а третья часть — «Влияние И. С. Тургенева и рассказ Л. Н. Толстого "Утро помещика"» — была издана по-русски в сборнике «Лев Толстой и мировая литература: Материалы IV Международной научной конференции, 22–25 августа 2005» (Ясная Поляна, 2007).

Как свою преподавательскую, так и научную деятельность я рассматриваю в качестве совместного с другими исследователями и преподавателями проекта, чтобы усовершенствовать наше понимание творчества русских классиков и донести его смысл до современного читателя. Обширная библиография свидетельствует, в какой значительной степени я опиралась на работы моих предшественников; кроме того, долгие годы я приобретала знания в беседах с коллегами на многочисленных конференциях, где имела возможность представить собственные научные изыскания. Но подлинным вдохновением для моей работы стало преподавание. Я обязана своим студентам, которые стимулировали мои идеи, заставляли меня развивать и уточнять их, отвечая на замечания и вопросы. Книга писалась долго, и я очень благодарна поддерживавшим меня коллегам и друзьям, что и позволило завершить работу, — это Андрей Донсков, Лидия Дмитриевна Громова-Опульская в ее поздние годы, Кристина Крамер и Робин Фойер Миллер. Мои коллеги из Торонто Кеннет Лэнц, Ральф Липдхейм и Сара Дж. Янг прочитали и прокомментировали рукопись; на более позднем этапе Кэрил Эмерсон отрецензировала ее для издательства Стэнфордского университета и дала мне ценные советы.

Я благодарна также добрым советам и острым глазам редактора рукописи Томаса Финнегана и выпускающего редактора Марьяны Райковой. Ассистент исследования Аркадий Ключанский активно участвовал в процессе редактирования, а Эдит Клайн помогла мне в технических вопросах. Как всегда, мой муж Клиффорд Орвин был моим самым строгим критиком и самой большой поддержкой. Я посвящаю книгу ему.

Для меня было удовольствием и честью при подготовке русского издания снова работать с Анной Гродецкой. Ее перевод сделал книгу лучше, а наши беседы как при согласии, так и при несогласии были познавательными.

———

Все даты в цитируемых текстах русских авторов приводятся по старому стилю; в тех случаях, когда в них имеется двойная датировка, она воспроизводится.

Все отсылки при цитатах из произведений Тургенева, Достоевского и Толстого даются в примечаниях по соответствующим академическим полным собраниям сочинений и писем — сокращенно, с указанием автора, тома и страницы; для ПССиП Тургенева — с указанием серии (*Соч.; Письма*), тома и страницы.

Тургенев — Тургенев И. С. Полн. собр. соч. и писем: В 30 т. 2-е изд., испр. и доп. М.: Наука, 1978–2019 (изд. продолжается);

Достоевский — Достоевский Ф. М. Полн. собр. соч. и писем: В 30 т. Л.: Наука, 1972–1990;

Толстой — Толстой Л. Н. Полн. собр. соч. и писем: В 90 т. (Юбилейное). М.; Л.: Худож. лит., 1928–1958.

Предисловие

Итак, я требую фактов. Учите этих мальчиков и девочек только фактам. В жизни требуются одни факты. Не насаждайте ничего иного и все иное вырывайте с корнем. Ум мыслящего животного можно образовать только при помощи фактов, ничто иное не приносит ему пользы[1].

Несколько лет назад я обнаружила в предисловии к одной из книг Оливера Сакса, что своим уникальным подходом к науке о мозге он был обязан работам русского нейропсихолога Александра Романовича Лурии (1902–1977)[2]. Следуя примеру Лурии, Сакс рассматривал аномальную ошибку восприятия, когда пациент в его кабинете принимал свою жену за шляпу, в качестве дисфункции мозга, способной помочь понять, как в реальности воспринимает мир этот человек. При тоталитарном коммунистическом режиме, когда ценность человеческой индивидуальности равнялась нулю, Лурия работал с пациентами с неврологическими расстройствами, обсуждая с ними их травмы и воспринимая их пояснения всерьез. (В одном случае, сведения о котором он в итоге опубликовал, он в течение двух десятилетий работал с неким Л. Засецким, получившим пулевое ранение в голову во

---

[1] Мистер Грэдграйнд излагает факты так, как их видит «тяжелый человек», в начальном фрагменте романа Диккенса «Тяжелые времена» (1854). Диккенс Ч. Собр. соч.: В 30 т. Т. 19. М.: ГИХЛ, 1960. С. 7

[2] См. предисловие А. Лурии к книге О. Сакса «Человек, который принял жену за шляпу» (The Man Who Mistook His Wife for a Hat. New York: Simon and Schuster, 1985. P. 3–7; впервые издана в 1970 году). Другую свою книгу — «Нога как точка опоры» (A Leg to Stand On. New York: Harper and Row, 1984) — Сакс посвятил Лурии.

время Второй мировой войны, которое серьезно травмировало его головной мозг; при этом сам Засецкий был готов описывать и изучать последствия травмы[3].) В юности, в годы учебы в Казанском университете, Лурия восставал против описательной психологии XIX века, находя ее недостаточно научной; с настороженностью он относился и к редукционистским идеям таких догматически мысливших психофизиологов, как В. М. Бехтерев и И. П. Павлов, которые «не допускали субъективности в психологии — не допускали в психологии *психеи* — и настаивали на объективистском рефлексологическом подходе»[4]. Открытия Фрейда и теории психоанализа помогли Лурии найти выход из этого кризиса, поскольку Фрейд объединил биологический подход с «узаконением субъективного во всем его богатстве, как подлинный объект науки»[5]. Первая книга Лурии «Основы практической психологии», написанная в 1922 году в Казани и оставшаяся неопубликованной, была посвящена психоанализу; другой своей книгой — «Природа человеческих конфликтов» (1928–1929) — он возмутил Павлова, так как, по словам последнего, «описывал поведение в целом», вместо того чтобы редуцировать его до «простейших составляющих».

Со своими «антипавловскими» и «антисоветскими» методами, Лурия в течение следующих двух десятилетий смог издать очень немногое. Тем не менее свой расширенный подход он применил в клинической практике и научных исследованиях, результаты которых изменили его трактовку связанных с мозгом заболеваний, и начал публиковать эти результаты в относительно более

---

[3] См. Luria A. R. The Man with a Shattered World: The History of a Brain Wound / Transl. by Lynn Solotaroff. New York: Basic Books, 1972. Ср. Лурия А. Р. Потерянный и возвращенный мир: История одного ранения. М.: Алгоритм, 2017. В другой книге — «Ум мнемониста» (Luria A. R. The Mind of a Mnemonist / transl. by Lynn Solotaroff. New York: Basic Books, 1968) — Лурия рассказывает о продолжавшемся более 30 лет исследовании человека, чья память «не имела отчетливых границ» (P. 11).

[4] См. Sacks O. Luria and «Romantic Science» // Contemporary Neuropsychology and the Legacy of Luria / Ed. by Elkhonon Goldberg. Mahwah, NJ: Erlbaum, 1990. P. 187.

[5] Ibid. P. 188.

свободной атмосфере после Второй мировой войны[6]. Собственный подход он назвал «романтической наукой», которую Сакс, поддержанный Лурией в личной переписке 1973–1977 годов, посчитал ценным дополнением для западной нейропсихологии[7].

Сам Фрейд испытал влияние русской литературы XIX века, и особенно произведений Достоевского, о котором написал известную статью, до сих пор вызывающую споры. Лурия, конечно, знал об этом влиянии. В автобиографии, где он рассказывает о своем юношеском увлечении Фрейдом и о психоаналитическом кружке, созданном им в Казани, он упоминает «интересный» факт: внучка Достоевского была его пациенткой в психоаналитической клинике при Казанском университете, и он «заполнял целые тетради ее "свободными ассоциациями"», чтобы позднее использовать эти материалы «для обнаружения "конкретной реальности потока идей"»[8]. Лурия рассказывает также, насколько сильное впечатление на него произвели в юности книги Уильяма Джеймса, особенно «Многообразие религиозного опыта» (впервые опубликована в 1902 году)[9]. Джеймс, отец которого был сведенборгианцем, вырос в среде трансценденталистов Новой Англии и являл собой более раннюю версию ученого-романтика, пытавшегося сохранить в психологии «психею». В 1896 году Джеймс писал другу о своем восторге от «Войны и мира» и «Анны Карениной»:

> В течение прошлого месяца я прочитал только два великих романа Толстого, за чтение которых, странно сказать, я никогда прежде не брался. Мне не нравятся его фатализм и полупессимизм, но безошибочной достоверностью в понимании природы человека и абсолютной простотой метода он превращает в детей всех прочих авторов романов и пьес[10].

---

[6] Ibid. P. 182.

[7] Ibid.

[8] См. Лурия А. Р. Этапы пройденного пути. Научная автобиография / Ред. Е. Д. Хомская. М.: МГУ, 1982. С. 11.

[9] Там же. С. 12–13.

[10] Письмо Уильяма Джеймса к Шарлю Ренувье от 4 августа 1896 года; цит. по: P. R. Barton. The Thought and Character of William James: In 2 vols. Vol. 1. Boston: Little, Brown, 1935. P. 709.

Достоинством Толстого Джеймс считал его способность «свидетельствовать о ценности жизни, открывающейся свободной, ничем не ограниченной симпатии»[11]. Он имел в виду, что написанное Толстым укрепляет доверие личности к основополагающим представлениям о себе. Толстой и Джеймс — один в искусстве, другой в науке — защищали человеческую субъективность в противостоянии тем научным методам, которые ее значения не признавали. Для Лурии, возможно, не остался незамеченным интерес Джеймса к Толстому. В любом случае его тяготение к Джеймсу говорит о возможной связи между ранними наставниками Лурии в романтической науке и русской классической психологической прозой[12].

Меня чрезвычайно поразила в предисловиях и других текстах Сакса очевидность влияния, пусть косвенного, русской литературы на западную науку, особенно потому, что его случай напоминал мой собственный. Хотя я, американская студентка в штате Мэн, в то время и не осознавала этого, русская литература привлекала меня отчасти сходством с трансцендентализмом Новой Англии, который находит путь доступа к священному во внутренней жизни каждого человека. Лурия не был трансценденталистом[13], как не были ими Фрейд и Джеймс, но все трое связаны с трансцендентализмом через свою романтичную науку — этот термин Лурия заимствовал у немецкого физиолога Макса Ферворна[14]. Первые ученые-романтики испытали влияние немецких предромантиков, таких, как Гердер, Новалис и Гёте, и через них были связаны с попытками немецкой натурфилософии защитить субъективность, личностность от идей материализма[15]. Американский трансцендентализм, имевший непосред-

---

[11] Ibid. Vol. 2. P. 273 («...testifying to the worth of life as revealed to an emancipated sympathy»).

[12] О восприятии У. Джеймса в России см. William James in Russian Culture / Ed. by J. D. Grossman and R. Rischin. Lanham, MD: Lexington Books, 2003.

[13] Он подчеркивал это в своей личной переписке с Саксом (см. Sacks O. Luria and «Romantic Science». P. 191).

[14] Ibid. P. 182.

[15] См. Halliwell Martin. Romantic Science and the Experience of Self: Transatlantic Crosscurrents from William James to Oliver Sacks. Studies in European Cultural Transition: Vol. 2. Aldershot, England: Ashgate, 1999. P. 19.

ственное отношение к обстоятельствам развития американского пуританизма, усложнил и до некоторой степени противопоставил себя классическому либерализму американского образца и тем самым значительно обогатил американскую культуру[16]. В России, где не было сложившейся традиции либерализма, собственная версия трансцендентализма, возникшая в то же время, что и в Новой Англии, в 1830-х, отстаивала неприкосновенность и святость индивидуальности, как никогда прежде в русской культуре.

Я начинаю литературоведческую книгу с личной точки отсчета как дань предмету исследования — субъективность, личностность и ее утверждение в русском психологическом реализме середины XIX века. Под субъективностью я понимаю явления, которые мистер Грэдграйнд (пока не получил заслуженное наказание в романе Диккенса) не воспринял бы как реальные: внутреннюю жизнь и внутренний опыт каждого индивидуума. Кто бы ни был читателем этого предисловия, он, скорее всего, любит русскую классическую психологическую прозу, и мы можем спросить себя, почему это по-прежнему так. Для русских это прежде всего вопрос культурной самоидентификации: чтобы понять себя в современном бытии и заново самоопределиться после падения советского режима, они должны найти новые пути сближения с теми выдающимися писателями, чьи произведения имели огромное политическое и социальное влияние на историю их страны. (Это относится к таким мастерам, как Толстой и Тургенев, которых в Советском Союзе канонизировали, но также и к тем авторам, которыми пренебрегали или замалчивали их.) Читателей не из России, не имеющих этого насущного национального императива, русские прозаики XIX века продолжают привлекать по той причине, что они внесли значительный вклад в современную психологию и ее отображение в искусстве. Сказанное русским критиком Д. С. Мирским в 1920-х до сих пор не утратило значения: «...со-

---

[16] См., например: Cavell Stanley: 1) The Senses of Walden. New York: Viking Press, 1972; 2) The New Yet Unapproachable America: Lectures After Emerson After Wittgenstein. Albuquerque, NM: Living Batch Press, 1989.

чувственное отношение к человеку, независимо не только от его классовой принадлежности, но и от его моральной значимости, стало основной чертой русского реализма. Люди не хороши и не плохи; они только более или менее несчастны и заслуживают сочувствия — это можно считать формулой всех русских романистов, от Тургенева до Чехова. Это-то Европа и восприняла как откровение этих писателей человечеству, когда они впервые открылись Западу»[17]. В книге, которую вы будете читать, рассматриваются идеи, лежащие в основе этого откровения, и формы их художественного воплощения в прозе авторов русской психологической школы. Взятые отдельно от произведений литературы, которые ими вдохновлялись, эти идеи кажутся сегодня столь же актуальными, как и в середине XIX века.

Не пытаясь представить анализ произведений многих писателей для демонстрации этих идей, я в основном сосредотачиваю внимание на трех величайших прозаиках своего времени: И. С. Тургеневе, Ф. М. Достоевском и Л. Н. Толстом[18]. Я прослеживаю «бумажный» след их контактов, который дает возможность проанализировать, как каждый из них воспринимал двух других и какие достижения двух других использовал в своем творчестве. Их коммуникации иногда происходят напрямую, однако, как правило, мы имеем лишь косвенные свидетельства — иногда в виде комментариев, скрытых внутри художественных текстов, и чаще всего, хотя и не всегда, в ранних произведениях, в которых только формировались индивидуальные авторские голоса. Всех троих связывают занимавшие их проблемы человеческой психики, но не конкретные решения этих проблем, которые часто расходились. Триангуляция — своего рода перекрестный анализ — позволяет получить если не полную, то достаточ-

---

[17] Святополк Мирский Д. История русской литературы с древнейших времен по 1925 год / Пер. с англ. Р. Зерновой. Новосибирск: Свиньин и сыновья, 2014. С. 273.

[18] В главе 4 я отступаю от диалога трех авторов, чтобы рассмотреть диалог Достоевского с романтиком В. Ф. Одоевским; в главе 8 я обращаюсь к творчеству Ч. Диккенса.

но сложную картину формационного этапа русской культурной истории. Она позволяет также по-новому прочитать малоизвестные произведения всех трех авторов и по-новому осмыслить их шедевры.

При таком обширном предмете исследования моя задача состояла также в том, чтобы сказать об этом предмете то сущностно важное, что останется авторитетным применительно к конкретным текстам. Меня в большей степени интересуют идеи, но, уделяя должное внимание и идеям, и динамике любого художественного текста, я раскрываю специфику этих идей, используя метод детального анализа текста — метод медленного чтения. Эта книга возникла из серии выпускных семинаров, и я старалась выдержать баланс между обобщением, презентацией общего фона и детальным анализом текста со всеми характерными для каждого метода особенностями. Надеюсь, что читатели (как мои студенты) станут активными участниками предложенных в книге прочтений конкретных текстов, которые послужат проверкой достоверности и убедительности идей. Я не жду при этом, что все мои читатели окажутся экспертами в данной области: идеи, которые я рассматриваю, имеют общий интерес, они должны способствовать осмыслению текстов, они же позволят читателям судить об их пользе для себя. Кроме того, думая о читателях-неспециалистах, я начинаю книгу с главы общего содержания, создающей основу для детального анализа в последующих главах.

Русский реализм обычно принято понимать как реакцию на романтизм, хотя в научной литературе было отмечено и то явление, которое Дональд Фангер назвал романтическим реализмом[19]. Фангер не относит к числу симптомов этого романтизма повышенный психологизм русских реалистов, а Л. Я. Гинзбург видит в их интересе к психологии научную и, следовательно, реалистическую основу. Хотя Гинзбург была одним из моих вдохновителей в работе над этой книгой и я согласна с ней в том,

---

[19] См. Fanger D. Dostoevsky and Romantic Realism: A Study of Dostoevsky in Relation to Balzac, Dickens, and Gogol. Cambridge, MA: Harvard University Press, 1965.

что русские реалисты к вопросам человеческой психики подходили аналитически, только научностью не объяснить их неизменного признания ценности личностного начала, что обычно рассматривают в качестве романтического признака. Это связано с немецкими философскими корнями новой русской культуры, развивавшейся под влиянием Гегеля и его многочисленных последователей. Русские писатели — даже те, кто отрицал гегелевский рационализм, отдавая предпочтение «позитивной реальности» дорациональных ощущений Шеллинга, — свои идеи структурно оформляли в соответствии с гегелевской диалектикой тезиса, антитезиса и синтеза[20]. Это было верно и для представителей психологического реализма, строивших свои произведения как конфликт противоположностей — преимущественно на оппозиции внутреннего (субъективного) и внешнего (объективного) миров. Взаимодействие двух этих миров, а не романтическое предпочтение первого второму было центральной темой реалистической школы в России, особенно потому, что ее величайшие представители не рассматривали субъективность как заблуждение. Они считали ее «действительной»; реальность субъективности — базовый принцип всех великих творений русского психологического реализма.

Почему это так? Как объясняет Карл Лёвит, русские мыслители, например Иван Киреевский, не ограниченные, подобно мыслителям Запада, многовековой зависимостью от догматической философии, выдвигали идею «полного и цельного отношения духовной личности к действительности» и в этом противостояли разрыву в гегелевской мысли между аналитическим разумом и «действительным» чувственно-эмоциональным материалом, который, очевидно, является основой для работы разума и тем самым его легитимизирует: «...мышление, которое вместо того,

---

[20] Размышляя, например, в 1870 году в статье «Литературная деятельность А. И. Герцена» о значении Гегеля в России, Н. Н. Страхов отметил, что из всех его идей наибольшее значение имела диалектика (Страхов Н. Н. Борьба с Западом в нашей литературе: Исторические и критические очерки. 3-е изд. СПб., 1897. Кн. 2. Репринт: Hague, Paris: Mouton, 1969. С. 58–59). См. также Чижевский Д. С. Гегель в России. СПб.: Наука, 2007. С. 240–250.

чтобы двигаться дальше к себе самому, прерывается созерцанием, ощущением и страстью, способно также и теоретически постичь то, что является "действительностью"». На определенном этапе развития философской мысли XIX века, по мнению Лёвита, «славяне» осознали и начали артикулировать эту динамику рационального и эмоционального лучше, чем кто-либо другой[21]. Дорациональный материал ощущений и эмоций, который имеет в виду Лёвит, является субстанцией субъективности; это ускользающая цель, которую разум никогда не может настигнуть, но никогда не перестает преследовать, — она становится неотъемлемой реальностью русского реализма.

В главе 1 я исследую, как и почему русские писатели прежде всего обратились к преследованию. Прежде чем приступить к анализу собственной психологической «действительности», им необходимо было выйти из сферы спонтанности, внутри которой эта действительность, судя по всему, и существует. В книге я придерживаюсь мнения, что возникшему осознанию «я» и его следствиям русская психологическая проза обязана как своими формальными особенностями, так и одной из принципиальных тем. Я ограничиваюсь лишь одним объяснением этого сложного процесса, а именно его иностранными источниками. Для большинства европейцев русская литература с ее необычной точкой зрения явилась в середине XIX века, казалось бы, из ниоткуда. На самом деле почва для ее эффектного выхода на мировую сцену готовилась более века. Французская и немецкая мысль интересовала русских с начала XVIII века, большое значение начиная с 1760-х и до 1820-х имело масонство. В философских центрах Германии русские стали впервые появляться в относительно большом количестве в 1830-х, но уже через поколение в развитии литературы Россия опередила Европу. В этой главе прослеживается, как русская проза обратилась к изображению следствий воздействия на личность иностранной культуры.

---

[21] Лёвит Карл. От Гегеля к Ницше: Революционный перелом в мышлении XIX века. Маркс и Кьеркегор / Пер. с нем. К. Лощевского; ред. М. Ермаковой и Г. Шапошниковой. СПб.: Владимир Даль, 2002. С. 273–274.

В главах 2, 3 и 4 речь идет о том, как русские авторы создавали повествовательные стратегии для презентации субъективности, не преуменьшая при этом ее значения. Я начинаю с Тургенева, который чаще всего формулирует те проблемы, решение которых предлагают двое других. Тургенев берет субъективность под защиту, отказываясь не только анализировать под определенным углом зрения поступки своих персонажей, но и открыто исследовать их внутреннюю жизнь, — я рассматриваю причины подобного умолчания и его следствия для эстетики писателя. И напротив, Достоевский и Толстой, что часто смущало и тревожило Тургенева, погружались в темные глубины этого предмета. Тем не менее вопреки тревогам Тургенева оба они оказались способны как признать значение субъективности, так и дистанцироваться от нее — даже в тех случаях, когда резко и открыто вторгаются в действие. Достоевский, в частности, не склонен к той степени вмешательства, какую предполагают психологические детали в его художественных текстах, однако автор продуманно действует за кулисами, направляя читателя к определенным выводам, недоступным ни одному из его персонажей. О том, как он это делает, речь идет в главе 3. Если Достоевский как автор предпочитает работать за кулисами, то Толстой свое открытое присутствие демонстрирует таким способом, который тоже может ввести в заблуждение. Вопреки первым впечатлениям и даже вопреки собственной риторике Толстой также ограничивал в своей прозе роль и власть авторского голоса. В главе 4 я рассматриваю развитие его повествовательной техники в целях решения этой задачи, сначала под влиянием Платона и его диалогов, а затем Тургенева, начиная в последнем случае с появления в 1852 году «Записок охотника». Я отстаиваю точку зрения, что среди прочих вызовов, предъявленных Толстому первой книгой Тургенева, был смелый реализм, защищавший сложность личностного начала в человеке, что Толстой к тому времени уже осознал в теории, хотя еще не мог реализовать на практике.

Личность в понимании русской философской мысли не равна индивидуальности — это предмет исследования в главах 5 и 6. Качество, совершенно не свойственное русским, как считает

Н. А. Бердяев, это буржуазность[22]. Он имеет в виду, что русские не способны быть ни рациональными, ни самодостаточными. Идею индивидуализма русские заимствовали на Западе, но ни один из них не был способен воспринять картезианскую модель души, согласно которой она одновременно и самодостаточна, и является источником всех смыслов и целей. Никто в России не может быть индивидуалистом, поэтому здесь и не возникло, несмотря на популярность шедевра Даниэля Дефо, сравнимой с «Робинзоном Крузо» фантазии о полной личностной независимости. Признавая существование в собственной культуре сильной и даже анархистской воли, авторы русской психологической школы тем не менее с настороженностью относились к тому типу индивидуализма, который часто ценится романтизмом, и, хотя все они приняли его в той или иной форме, раскрытию его темных сторон они уделяли больше внимания, чем писатели, принадлежавшие к другим культурным традициям. Они стремились, кроме того, к преодолению разными способами его ограничений. Даже такой пылкий индивидуалист, как А. И. Герцен, предпочитал общинную жизнь жизни, основанной на договоренностях между индивидуумами[23]. Мартин Малиа утверждает, что Герцен разделял идеи раннего социализма потому, что «акцент на "коллективном" был простым выражением требования о праве *всех* людей стать совершенными человеческими существами»[24], но я буду придерживаться мнения, что русский индивидуализм по самой своей природе нуждается в поддержке извне, вследствие чего даже Герцен стал сторонником общинных идей. Достоевский выступал сторонником как идеи православия, так и идеи русского национализма в качестве противоядия тем явлениям, которые сделали больной современную русскую душу.

---

[22] См. Бердяев Н. А.: 1) Русская идея. Paris: YMCA-PRESS, 1971. С. 7, 54; 2) Судьба России. М.: Сов. писатель, 1990. С. 19.

[23] О рыцарском индивидуализме Герцена см. Malia Martin. Alexander Herzen and the Birth of Russian Socialism: 1812–1855. Cambridge, MA: Harvard University Press, 1961.

[24] Ibid. P. 112–113.

Толстой в конечном счете выступил с призывом к организации жизни на общих кантианских принципах, утверждавших ценность индивидуумов, но не их привилегированность. Русское «я» в понимании этих писателей по своей природе социально, а не индивидуалистично, и обоснование такой позиции дает ценную поправку к современным установкам.

Индивидуальное «я», каким оно явилось в 1840-х в произведениях Тургенева и Достоевского, не было похоже на обезьяноподобного человека из фильма Стэнли Кубрика «2001 год: космическая одиссея» (1968), который, в первый раз встав на ноги, триумфально бросает кость в небо, демонстрируя свою новообретенную власть. Индивидуальность, представшая в образе Макара Девушкина в «Бедных людях» Достоевского (1846), переживает свое одиночество и несовершенство. В отличие от гоголевского Акакия Акакиевича («Шинель», 1842), чьим наследником Макар Девушкин является, он в большей степени озабочен сознанием собственного достоинства, чем материальными потребностями, и в отличие от Акакия Акакиевича стыдится своего низкого социального положения и даже своей неспособности выразить себя. (Он читает «Шинель» и с негодованием принимает ее содержание на свой счет.) Наделяя таким образом Девушкина самосознанием, Достоевский делает его психологически более сложным и более близким читателю и повествователю, нежели другие персонажи русской школы сентиментального натурализма 1840-х, лучшим порождением которой являются «Бедные люди».

Макар Девушкин в большей степени обладает чувством собственного достоинства, чем Башмачкин, но он почти так же жалок — отсюда его причиняющая боль самоидентификация с гоголевским персонажем. Спустя два года после появления повести Достоевского и, вероятно, под ее влиянием Тургенев начал писать «Дневник лишнего человека» (издан в 1850 году). «Лишний человек» — термин, созданный Тургеневым в качестве определения для сложившегося типа русского дворянина XIX века, утратившего связь в равной степени и с традицией, и с природой, — остается близким и сегодняшнему читателю. Чулкатурин, герой «Дневника лишнего человека», представил современного человека таким, каким в русской огранке он явился впервые. Как у подростка, освобождающегося от детских зависимостей, у него сильная, однако негативная самоидентификация: себя он определяет через то, чем не является и чего не имеет. В отличие от подростка, однако, у этой русской индивидуальности, возникшей во все еще крайне несовременной среде, нет ни своей возрастной группы, ни социальных институтов, способных поддержать ее переход к взрослой жизни. Он одинок, но хочет общения; он лишен чувства собственного достоинства, но отчаянно жаждет его; у него нет ни семьи, ни друзей, и в этой ситуации он вынужден предпочесть излагать свою историю в дневнике, а не в письмах, и мы не представляем, кто, на его взгляд, мог бы быть его читателем. У него нет потребности в утешении религией; зная о своей обреченности на смерть и действительно умирая от чахотки и оставляя записи в дневнике, лишний человек живет без Бога и сознает свою чуждость природе, которая поддерживает только молодых и здоровых.

Фамилия Чулкатурин, имеющая отношение к слову «чулок», связывает его с гоголевским жалким чиновником Акакием Акакиевичем, чья фамилия Башмачкин происходит от слова «башмак». Не являясь чиновником низшего разряда (как Башмачкин и Девушкин), Чулкатурин — простой служащий невысокого ранга и вызывающий жалость и сочувствие аутсайдер. Хотя его социальное положение, как всегда у Тургенева, имеет значение, он становится неудачником не по этой причине, а из-за своего характера. Он рассказывает «повесть» о том, как уступил девушку сопернику, принадлежавшему к тому же социальному классу, что и он, однако в социальном отношении более ловкому. В то время как Чулкатурин сначала находится в замешательстве, а потом глупо не сдерживает раздражения в отношениях с князем, который ухаживает за Лизой, а позднее бросит ее, Бизьмёнков, находившийся в начале повести в том же положении, что и Чулкатурин, держится скромно, правильно ведет свою роль и в конце утешает разочарованную Лизу. Чулкатурин, в противоположность ему, попадает во все западни, которые избыточная рефлексия расставляет для любого продолжительного волевого усилия.

В этом персонаже, как и в родственных ему в прозе Тургенева, «решимости природный цвет / хиреет под налетом мысли бледным»[25], рефлексия лишает его мужественности и делает трусом (ср.: «Так трусами нас делает раздумье...»[26]). Тургенев видел предшественника своих «лишних людей» в Гамлете; один из них, появляющийся в «Записках охотника», назван Гамлетом в заглавии рассказа; Тургеневу также принадлежит и имевшая значительное влияние статья «Гамлет и Дон Кихот» (1860). Но он и его современники приписали психологическую болезнь избыточного осознания «я» тому, что они назвали «рефлексией». В 5-й главе я рассматриваю в качестве философской основы романтического томления «желание цельности» Декарта. Рефлексия является еще одним следствием картезианской мысли, с ней связанным, характеризующим психику современного человека и с худшей, и, как мы увидим, с лучшей стороны. Вне рефлексии невозможны ни романтическое томление, ни любого рода самоосознание, вне рефлексии человек оказался бы неспособен к осмыслению собственных мыслей и действий. Как я демонстрирую в 7-й главе, рефлексия становится важнейшим инструментом в создании психологической прозы.

В 8-й главе книги исследуется тема детства и внимание к ней русского реализма, что связано с защитой как нравственности, так и субъективности. Несмотря на то что акцент на детстве едва ли поразит оригинальностью сегодняшних читателей, для России XIX века это было явлением практически беспрецедентным. И Толстой, и Достоевский своим вниманием к теме детства были обязаны Диккенсу и его портретам детей, и я специально останавливаюсь на этом вопросе; но у каждого из них были и свои причины для обращения к этой теме. Оба воспринимали детство как уникальный жизненный этап, когда личность еще не подвержена социальным искажениям. Если люди рождаются добродетельными и лишь позднее человеческая природа искажается воспитанием, как считал Жан-Жак Руссо, наиболее

---

25 «Гамлет». Акт 3. Сцена 1. Пер. М. Лозинского.

26 Там же. Ср. перевод Б. Пастернака: «Так всех нас в трусов превращает мысль / и вянет, как цветок, решимость наша / в бесплодье умственного тупика».

веско заявивший об этом в «Эмиле» (1762), как, впрочем, и в других своих трудах, то мы получаем возможность наблюдать в детях и природное совершенство, и его исчезновение. И именно это авторы молодой страны России были намерены изображать. Создателей русской классической психологической прозы отличает от их наследников в XX веке свойственная всем им вера в стремление людей быть добродетельными даже тогда, когда они таковыми быть не могут. В этом отношении все они были учениками Руссо; даже Достоевский, оказавший влияние на Ницше, не мог бы тем не менее следовать его философии «по ту сторону добра и зла».

Но если авторы русской психологической прозы и не принимали зла, они не отрицали его существования, и никто из них, даже Толстой, не возлагал ответственность за зло только на общество. Зло имеет психологическую природу — и это предмет рассмотрения в 9-й главе, где я сопоставляю трактовку зла в произведениях Толстого и Достоевского. Как у английских и немецких романтиков, зло связано с отчуждающими эффектами осознания «я»[27], которые Достоевский исследовал более глубоко, чем кто-либо из его предшественников.

Родители новосозданной русской личности были серьезно озабочены ее будущим. Свобода соблазнительна, но высока цена, которую приходится за нее платить, если иметь в виду сопутствующие ей отчуждение и страх одинокой смерти. Обретение этих истин приходит через страдание, — действительно, первые западные читатели часто жаловались, что русские писатели как будто конкурируют друг с другом, создавая самые мрачные сюжеты и самые несчастливые финалы[28]. В «Анне Карениной»

---

[27] См., например, в «Ideen zu einer Philosophie der Natur» (1797) Ф. Шеллинга: «Чистая рефлексия поэтому есть духовная болезнь <...> она — зло» («Pure reflection therefore, is a spiritual sickness <...> it is an evil»; цит. по: Abrams M. H. Natural Supernaturalism: Tradition and Revolution in Romantic Literature. New York: Norton, 1971. P. 219) — но в дальнейших рассуждениях Шеллинга это зло выступает необходимым этапом в процессе возвращения к единству.

[28] См. суждения Уильяма Джеймса об «Анне Карениной», процитированные выше. «Фатализм» и «полупессимизм» Толстого и его «безошибочная достоверность в понимании природы человека», безусловно, связаны между собой.

Толстой, обобщая, приводит типичную развязку английского романа: «Герой романа уже начал достигать своего английского счастия, баронетства и имения...»[29]

В отличие от типового английского романа, который в данном случае пародирует Толстой, в лучших русских повестях и романах идею материальной самодостаточности заменяет потребность в обретении смысла или внешней опоры — к этой цели стремятся герои. Поначалу западные читатели не поняли отказа русских авторов от задачи художественной реализации идеи самодостаточности (или неудачи в ее достижении) и поэтому восприняли русские романы как структурно не организованные — Генри Джеймс назвал их «бесформенными мешковатыми монстрами» («loose baggy monsters»)[30]. Какими бы бессюжетными ни казались они первым западным читателям, эти монстры скоро заняли заметное место на их книжных полках. И случилось это потому, что в них читателю открылись те психологические проблемы, о которых счастливые финалы позволяют забыть только на время. Мы просыпаемся от подобных фантазий, по-прежнему оставаясь во власти своих проблем, тогда как после чтения русских романов, таких, как «Анна Каренина» и «Братья Карамазовы», возникает состояние странного удовлетворения, чтение очищает и как будто впускает свежий воздух в наши самые глубокие страхи и сомнения. Сюжеты романов позволяют нам участвовать в событиях, которые опрокидывают самоуверенность героя, однако впоследствии могут заменить ее чем-то более глубоким, более подлинным, основанным на том, что выше прав обычного себялюбия. Возникающее более глубокое понимание собственного «я» является одним из объяснений того удовольствия, которое мы испытываем при чтении великих русских

---

[29] «Анна Каренина». Ч. 1. Гл. 29 (Толстой. Т. 18. С. 107).

[30] Цитата из предисловия Генри Джеймса к «Трагической музе» (1890). См. James H. The Tragic Muse. Preface. New York: Scribner, 1908. P. X. Перси Лаббок, исследователь творчества Джеймса, эту точку зрения излагает в посвященной «Войне и миру» главе в монографии «Ремесло беллетристики», впервые изданной в 1926 году. См. Lubbock P. The Craft of Fiction. New York: Viking Press, 1957. P. 39–42.

романов. Какими бы «дикими» они на первый взгляд ни казались, это не романтические мелодрамы, нравящиеся нам тем, что подыгрывают нашим страстям. Если мы готовы следовать за ходом мысли авторов, скрытым в художественном нарративе (в сюжете, говоря в общепринятой терминологии русского формализма), мы завершаем путь с ощущением, что приобрели руководство в своих чувствах и действиях, потому что отчетливее их понимаем.

Достаточно сравнить атмосферу в «Анне Карениной» (1875–1877) Толстого с атмосферой во вполне с ней сопоставимом шедевре европейского реализма «Госпоже Бовари» (1857) Гюстава Флобера, чтобы составить представление о значении субъективности в русском романе и о его следствиях. В обоих романах героиня с именем-эпонимом подчиняется личному демону, следует за ним, куда бы он ее ни вел, и в результате погибает. Обе героини любимы их создателями и, следовательно, читателями, и все же только Анна возвышается до уровня трагической героини, тогда как Эмма остается жертвой среды и собственных заблуждений. Для Флобера имеет цену подлинная наука, представленная знаменитым доктором, который появляется в конце романа — слишком поздно, чтобы спасти Эмму, но он способен сразу оценить ситуацию. Толстой любит Анну как воплощение искреннего чувства, но и относится к ней как к свободному участнику действия, не снимая с нее ответственности за собственную гибель. Только в самом конце жизни Эмма должным образом оценивает преданность ей Шарля. (Она так и не замечает юношеской любви Жюстена, племянника месье Оме.) У Анны, в противоположность ей, не раз по ходу действия возникает возможность прислушаться к голосу совести, борющемуся с другими, более громкими и определяющими ее поведение голосами, но она сознательно не делает этого. (В состояние нравственного смятения она приходит, оставив мужа, но не требуя развода и страдая от разлуки с сыном, сожительствуя с Вронским.) У нее есть возможность сделать выбор, возвыситься над самым простым — личными интересами и себялюбием, — и, бросаясь под поезд, она все еще обдумывает различные варианты. Даже как существо эмоциональное Анна отличается от Эммы. Органичная для нее любовь к жизни, вспыхивающая в финале, по своей природе нравственна, тогда как для Флобера подобная любовь к жизни внеморальна. Толстой, таким образом, судит Анну более жестко, чем Флобер — Эмму, но при этом в большей степени, чем Флобер, признает ее личностное достоинство и права.

Для всех троих: Тургенева, Достоевского и Толстого — характерно сложное отношение к сфере субъективности, что оказало влияние на все аспекты русского психологического реализма. «Я», которое создают русские реалисты, составлено из вещества, не видимого под микроскопом, и его существование оказывается для нас достоверным только потому, что его мотивирующую власть мы чувствуем в самих себе. Европейский натуралистический реализм Нового времени, тесно связанный с наукой, имеет, напротив, редукционистскую тенденцию, склонность к недооценке или искажению внутренней жизни персонажа. В русском реализме объективирующая дистанция сокращается автором до предела — в результате субъект сохраняет оригинальные «субъективные» внешность и сложность. Проще говоря, минимальные, неразложимые факты, которые подвергает анализу русский автор, шире тех, которые входят в область рассмотрения науки, так как автор рассматривает сферу чувств субъекта с той же степенью серьезности, что и сферу его мыслей и действий. Поскольку у человеческих существ есть прямой доступ только к их собственным чувствам, автобиографичность прозы, которую мы будем рассматривать, будет в силу этого зависеть от способности автора исследовать самого себя. Защита сферы субъективности поставила уникальную проблему: как русские авторы, так и их читатели должны были до известной степени сопротивляться искушению анализировать то, что им открылось в дивном новом мире психики. В то же время они обязаны были избегать и самолюбивой сентиментальности. Произведения русского реализма должны были стать объективно правдивыми и вместе с тем сочувствующими субъективности.

Русский психологический реализм способствовал созданию основ того, что Лурия первым назвал «романтической наукой», которая признает факты субъективности в той же степени «реальными», как и факты, полученные путем эмпирических наблюдений[31]. Этим объясняется, почему такие мыслители, как Уильям Джеймс в Америке и Зигмунд Фрейд в Вене, признавали свой долг перед ним. Именно поэтому — отвечая на вопрос, поставленный ранее, — люди все еще читают сегодня русские романы. Корни русского психологического романа можно обнаружить и в романтизме: подобно немецким авторам, чей опыт они в этом смысле повторяли, русские реалисты интерполировали в романы анализ и теоретизирование, однако избегали следования системам. Постижение разумно-рациональной сферы русские авторы не предпочитали проникновению в глубину чувств, но рассматривали обе сферы как взаимодополняющие[32]. Лермонтовский «Герой нашего времени» с его сложной репрезентацией героя, Печорина, во многих смыслах был в этом плане ласточкой, приносящей весну. Как мы увидим в последующих главах, в самой структуре русской психологической прозы субъективность может быть отражена по-разному — как результат различных комбинаций ума и чувства.

---

[31] См. Halliwell M. Romantic Science and the Experience of Self: Transatlantic Crosscurrents from William James to Oliver Sacks. P. 14–15.

[32] О немецком романтизме в этом аспекте см. Engelhardt Dietrich von. Romanticism in Germany // Romanticism in National Context / Ed. by. K. Porter and M. Teich. Cambridge: Cambridge University Press, 1988. P. 109–133.

Глава первая

Личностное сознание в русской литературной традиции, его истоки и национальная специфика

...Рефлексия — наша сила и наша слабость, наша гибель и наше спасенье... Рефлектировать значит по-русски «размышлять о собственных чувствах»[1].

...С внутренним раздором, без краеугольного камня нравственному бытию человек не может жить[2].

* * *

В русской психологической прозе на первый план выходит проблема личностного сознания и его следствий. Этой характерной особенностью она отчасти обязана тому, что представление об индивидуализме оформилось в России под влиянием иностранных образцов. Воспитанные в обществе, предпочитавшем общественное индивидуальному, русские не могли полностью усвоить ту модель поведения, которая их восхищала и которой они подражали, поэтому они наблюдали за собой с некоторой дистанции и с некоторой долей иронии. Как имитация европей-

---

[1] Тургенев. Соч. Т. 1. С. 224 («Фауст, трагедия, соч. Гёте»).

[2] Начальная страница статьи Герцена «Дилетантизм в науке» (1843) (Герцен А. И. Собр. соч.: В 30 т. Т. 3. М.: АН СССР, 1954. С. 7).

ских поведенческих образцов, так позднее и ее психологические следствия составили в русской беллетристике широко известную тему. В данной главе я прослеживаю эту тему, начиная с Карамзина, включая Пушкина и Лермонтова и вплоть до Тургенева, Достоевского и Толстого. В конце главы я рассматриваю еще один важнейший элемент, повлиявший на развитие русской психологической прозы, а именно присутствие в интеллектуальной атмосфере 1840-х трансцендентальной мысли и ее роль в формировании понятия личности.

В русской традиции принято считать, что весь процесс привел в движение император Петр Великий. В его планы входила модернизация армии и экономики, но он пришел к осознанию того, что исполнение этих планов потребует изменить и русский народ. Прервавший связь русских с традицией их праотцев, Петр заложил основы национального самосознания — такое мнение высказал Белинский в статье о «Герое нашего времени»[3]. Разумеется, реформы, о которых идет речь, коснулись лишь незначительной части населения и в итоге привели к отрыву элит от народа, что только обострило проблему самоосознания в образованных слоях общества. Допетровская Русь представляла собой сложившуюся социальную структуру, в которой для каждого человека было определено подобающее место. После революционных изменений, произведенных Петром, достижение социального единства требовало новой формы государственного устройства, и возникла необходимость в идеях и деятелях.

В стремлении модернизировать страну Петр создал из одной Руси две: существовавшая бок о бок со старым общественным укладом, петровская Русь была социальным экспериментом, вызревшим в голове одного человека и продолженным его преемниками[4]. Важно отметить, что деятельность Петра высоко оценивал

---

[3] Белинский В. Г. Полн. собр. соч.: В 13 т. Т. 4. М.: АН СССР, 1954. С. 253.

[4] Хотя стиль правления Петра и его реформы в свое время представлялись спорными, после его смерти они стали нормой, и все преемники Петра определяли себя реформаторами в петровском духе; см. Whittaker Cynthia Hyla. Russian Monarchy: Eighteenth-Century Rulers and Writers in Political Dialogue. DeKalb, IL: Northern Illinois University Press, 2003. P. 77, 84, 102.

Монтескье, а он в свою очередь восхищал Екатерину Великую: французский либеральный философ был сторонником установления просвещенной монархии, легитимность которой зависела как от проводимых реформ, так и от религиозных и династических основ. В скором времени склонность к социальной инженерии проникла во все слои социальных элит, и для честолюбивых, гражданственно мысливших людей в России Петр стал эталоном. Предпочтение радикальных изменений, санкционированных сверху, а не институциональной эволюции стало в итоге частью русской культуры Нового времени и имело чрезвычайно важные последствия. Даже если целью русских общественных деятелей было возвращение к Московии и старому жизненному укладу, даже если они верили не столько в светскую, сколько в Священную историю и предсказывали апокалипсис, для них возникала необходимость осмыслить пути возврата к этому традиционному укладу. У них теперь был выбор, что в немалой степени способствовало развитию иронии и росту самосознания как национальных особенностей русских образованных элит.

У европейских мыслителей Петр I в общем и целом вызывал восхищение; особым фаворитом он был у Вольтера. Однако Руссо в «Общественном договоре» (1762) высказал предостережение о последствиях социальных катаклизмов и радикальных изменений, предпринятых царем-реформатором. Особые опасения у него вызвало стремление Петра превратить собственных подданных в европейцев, а не в просвещенных русских:

> Юность — не детство. У народов, как и у людей, существует пора юности или, если хотите, зрелости, которой следует дождаться, прежде чем подчинять их законам. Но наступление зрелости у народа не всегда легко распознать; если же ввести законы преждевременно, то весь труд пропал. Один народ восприимчив уже от рождения, другой не становится таковым и по прошествии десяти веков. Русские никогда не станут истинно цивилизованными, так как они подверглись цивилизации чересчур рано. Петр обладал талантами подражательными, у него не было подлинного гения, того, что творит и создаст все из ничего. Кое-что из сделанного

им было хорошо, большая часть была не к месту. Он понимал, что его народ был диким, но совершенно не понял, что он еще не созрел для уставов гражданского общества. Он хотел сразу просветить и благоустроить свой народ, в то время как его надо было еще приучать к трудностям этого. Он хотел сначала создать немцев, англичан, когда надо было начать с того, чтобы создавать русских. Он помешал своим подданным стать когда-нибудь тем, чем они могли бы стать, убедив их, что они были тем, чем они не являются. Так наставник-француз воспитывает своего питомца, чтобы тот блистал в детстве, а затем навсегда остался ничтожеством. Российская империя пожелает покорить Европу — и сама будет покорена. Татары, ее подданные или ее соседи, станут ее, как и нашими, повелителями. Переворот этот кажется мне неизбежным. Все короли Европы сообща способствуют его приближению[5].

Негативные последствия, о которых предупреждал Руссо, игнорировались на протяжении столетия после Петровских реформ[6]. Центром идейной борьбы вместо этого стал вопрос о том, кто вернет (или возродит) отвергнутый Петром сценарий. Петр и его преемники сохраняли абсолютистскую форму правления — в этом

---

[5] Руссо Ж.-Ж. Об общественном договоре // Руссо Ж.-Ж. Трактаты / Подгот. изд. В. С. Алексеева-Попова, Ю. М. Лотмана, Н. А. Полторацкого, А. Д. Хаютина. М.: Наука, 1969 (сер. «Лит. памятники»). С. 183.

[6] В 1836 году П. Я. Чаадаев опубликовал свое знаменитое «Философическое письмо» с пессимистическим взглядом на Россию, сложившимся, вероятно, не без влияния критики Руссо; после публикации император Николай I объявил Чаадаева сумасшедшим и в течение года содержал его под домашним арестом. Признав Россию страной, не имеющей ни истории, ни культуры, Чаадаев, однако, спустя год в «Апологии сумасшедшего» от этого мнения отказался. Теперь он утверждал, что именно благодаря высокой способности к подражанию и отсутствию исторического багажа Россия смогла воспринять идеи всех существовавших до нее народов, отобрать и синтезировать лучшие из них. В гегелевской исторической диалектике Россия находилась в позиции замыкающей, и, согласно идеям нового мессианства, принявшего после Чаадаева различные формы, ей было предопределено духовно править Европой не с позиции силы, а на основе согласия. Глубокое изложение идей Чаадаева см. Лосский Н. О. История русской философии. М.: Сов. писатель, 1991. С. 50–55; Walicki Andrzej. The Slavophile Controversy: History of a Conservative Utopia in Nineteenth-Century Russian Thought / Transl. by Hilda Andrews-Rusiecka. Notre Dame, IN: University of Notre Dame Press, 1987 (ch. 3).

отношении они повторяли своих предшественников, — и лишь благодаря философии, а затем литературе российские элиты познакомились с западными идеями политического устройства и свободы личности. Благодаря литературе русские за несколько десятилетий продвинулась к новым для них представлениям и понятиям, которые в Англии и Франции складывались веками.

Карамзин

В условиях позднего XVIII и XIX веков в эти новые представления входила задача создания новой индивидуальности без поддержки со стороны официальных социальных или политических институтов, за исключением прессы. Поэтому такое важное значение имело масонство с его доктриной индивидуального самосовершенствования. Николай Михайлович Карамзин был индивидуальностью, воспитанной этой доктриной. Потомок кавказского князя Кара-Мурзы, принявшего христианство, чтобы поступить на службу к русскому царю, он вырос в Поволжье, в среде провинциального дворянства, где высоко ценилось образование и еще выше — гражданская служба без сикофантской преданности государям, ожидаемой от придворного дворянства. В юности, в 1779 году, он переселился из родового имения под Симбирском в Москву, где продолжил образование. Карамзин был человеком лингвистически одаренным, он быстро усвоил три языка (немецкий, французский и в меньшей степени английский) и много читал на всех трех. Начиная с 1785 года, он провел четыре года в Москве под опекой известных масонов, после чего отправился в европейское путешествие, имея в виду продолжение занятий, но также искусно декларируя свою независимость от учителей[7].

---

[7] Я заимствую все эти сведения из биографии Карамзина авторства Ю. М. Лотмана, где также отмечено, что Карамзин уехал за границу с одобрения своих учителей, так как начались правительственные преследования масонов, и особенно наставника Карамзина Н. И. Новикова. См. Лотман Ю. М. Карамзин. Сотворение Карамзина: статьи и исследования, 1957–1990. Заметки и рецензии. СПб.: Искусство-СПб, 1997. С. 39–42.

Первая значительная прозаическая работа Карамзина стала итогом этой поездки: его «Письма русского путешественника» предоставили нескольким поколениям русских читателей возможность совершить воображаемое путешествие по Европе. Эта книга по-прежнему вызывает интерес: по ней мы можем составить представление о менталитете образованного русского в конце XVIII столетия, она также интересна описаниями стран и людей. Карамзин путешествовал по Германии, Швейцарии, Франции и Англии и встречался с такими светилами, как Иммануил Кант и Иоганн Готфрид Гердер. В Швейцарии он благоговейно посетил места, связанные с его кумиром Руссо. Важнейшим для нас в свете поставленных нами задач является акцент на *чувствах* молодого путешественника; исследователи творчества Карамзина сходятся во мнении, что образцом для него послужило «Сентиментальное путешествие по Франции и Италии» Лоуренса Стерна. Как ученик Руссо, Карамзин понимал, что для действительной модернизации России необходимы изменения, которые затронут не только социальные институты, но, что еще важнее, людей[8]. Свой вклад в модернизацию страны он внес как литератор.

Карамзин мало известен неспециалистам за пределами России, но именно он стоял у истоков русской психологической прозы. В 1792 году, до публикации в полном объеме своих «Писем...» и, очевидно, как часть этого сентименталистского проекта, Карамзин издал повесть «Бедная Лиза». Молодой повеса Эраст встречает красивую крестьянскую девушку Лизу; после непродолжительной моральной борьбы он уступает страсти и обольщает Лизу. Женитьба в данном случае не предусматривалась, и Эраст находит выход из сложившейся ситуации, присоединившись к армии. Однако, вместо того чтобы отличиться на поле битвы, он проигрывает свое состояние в карты, после чего женится на богатой вдове. Бедная Лиза топится в пруду.

---

[8] В. В. Зеньковский в «Истории русской философии» подчеркивает огромное влияние Руссо на Карамзина («Карамзин поклонялся Руссо "энтузиастически"...») и цитирует его высказывание: «...мы любим Руссо за его страстное человеколюбие». См. Зеньковский В. В. История русской философии. Л.: Эго, 1991. Т. 1. Ч. 1. С. 138, 140.

Повесть имела успех среди читателей как низших, так и высших классов. Ю. М. Лотман приводит пример (и исследует его) реакции на повесть в беседе «мастерового» и «мужика», подслушанной в 1799 году А. Ф. Мерзляковым[9]. Разговор происходит около пруда, в котором, по преданию, утопилась Лиза. Собеседники вносят в сюжет повести изменения, приближая ее к традиционным жанрам, и в то же время мы наблюдаем, как под ее влиянием эволюционируют сами эти традиционные жанры. Беседующие воспринимают историю Бедной Лизы как «быль» — в противоположность сочиненным произведениям, например сказке, — но их восхищает и поэтический пейзаж у Карамзина, не характерный для традиционного народного «реализма»[10]. На высокую культуру повесть также оказала исключительно сильное влияние, вызвав сначала широкую волну подражаний, позднее — пародий.

И Пушкин, и Достоевский читали «Бедную Лизу» как часть национального прозаического наследия и, как позднее другие великие писатели, включали упоминания о ней в свои тексты, отдавая дань впечатлению от чтения. Юную героиню «Пиковой дамы» (1834) Пушкина зовут Лизой; так же зовут героиню «Дневника лишнего человека» Тургенева, брошенную ее князем; и то же имя носят героини, преданные мужчинами, которых они любят, у Достоевского в «Записках из подполья» и «Бесах». «Бедная Лиза» изменила сознание ее читателей. Хотя Карамзин адресовался к «сентиментальному» читателю, но его читатели таковыми не были. «Бедная Лиза» помогла *сделать* их сентиментальными, что и входило в авторскую задачу.

С одной стороны, язык повести был намного ближе разговорному русскому языку, чем в предшествующей прозе XVIII века,

---

9 См. Лотман Ю. М. Об одном читательском восприятии «Бедной Лизы» Н. М. Карамзина (К структуре массового сознания XVIII в.) // Лотман Ю. М. Карамзин. С. 617–620. А. Ф. Мерзляков происходил из скромной купеческой семьи; ко времени рассказанной им истории его имя было связано с Московским университетом (с 1798 года), где позднее он занимал кафедру профессора русской литературы. Он был блестящим лектором и влиятельным педагогом, среди его многочисленных учеников были Чаадаев и Лермонтов.

10 Там же. С. 618–620.

что помогало преодолеть разрыв между языком и сферой чувств. Сентиментальная французская цветистость в текстах Карамзина, кажущаяся в наши дни риторической, поразила его первых читателей именно своей естественностью в сравнении с церковнославянизмами, которые она была призвана заменить[11]. По словам Белинского в его цикле статей о Пушкине, созданном в 1840-х и имевших огромное влияние, «Карамзин первый на Руси заменил мертвый язык книги живым языком общества»[12].

Во-вторых, статус повествователя в повести был изменен не менее радикально, чем язык; повествователь приглашает читателей к сочувствию Лизе: «...и крестьянки любить умеют!» Ставя себя на место Лизы, читатель должен был обратиться к собственным чувствам и обнаружить их в другом человеке, с которым в обычной ситуации отождествить себя не мог. Этот акт воображения должен был не только пробудить в читателе эмпатию, но и способствовать осознанию им собственных переживаний. (Для Карамзина предпочтительным или подразумеваемым читателем была читательница.) Эмпатия располагает нас к объективации собственных чувств, чтобы иметь возможность приписать их другому. В соответствии с требованиями сентиментального субъективизма сам повествователь у Карамзина в значительной степени индивидуализирован, он проявляет личное отношение к предмету повествования и обращается непосредственно к конкретному читателю, а не к читателям вообще[13]. Для общества с общинной структурой, каковой большая часть России и оставалась в XVIII веке, вторичный результат сопереживания состоял в том, что в читателе или читательнице росло сознание собственных прав. Конечно, то, что я описываю, является результатом воздействия сентиментализма в целом, но аудитория Карамзина

---

[11] Об объеме и границах важнейших языковых реформ Карамзина см. Виноградов В. В. История русского литературного языка: Избранные труды. М.: Наука, 1978. С. 49–51.

[12] Белинский В. Г. Полн. собр. соч. Т. 7. С. 132.

[13] См. Hammarberg G. From the Idyll to the Novel: Karamzin's Sentimentalist Prose. Cambridge: Cambridge University Press, 1991. P. 4–6, ami passim.

этого не знала. Эффект сопереживания, заложенный в «Бедной Лизе» как произведении сентиментализма, так сильно воздействовал на русских читателей потому, что передавался им на их собственном языке.

В то время, когда двадцатиоднолетний Мерзляков подслушивал разговор двух простолюдинов, сам он прислушивался к «каждой березе» и «разговору ветров», «оплакивающих участь несчастной красавицы». По отрывку его письма, опубликованному Лотманом, нельзя с уверенностью сказать, не скрыта ли в его словах ирония, но очевидно, что он находился под сильным впечатлением от повести, прочитанной им раньше или незадолго до рассказанной истории. Определив конкретное место действия повести под Москвой, Карамзин посеял в российскую почву иностранные семена сентиментализма, и с тех пор в умах читателей «Бедной Лизы» эти места ассоциировались с созданными автором повести новыми мифами, рассчитанными на принятие публики. Эту технику Карамзин, возможно, заимствовал у Руссо, выбравшего определенную местность в Швейцарии для событий своего романа «Юлия, или Новая Элоиза» (1762), куда его поклонники благоговейно приезжали как к святыне в память о трагической любви Юлии и Сен-Пре.

Последним рубежом, который предстояло завоевать в процессе модернизации России, была внутренняя жизнь отдельного человека, и литература в достижении этой цели сыграла значительную роль. Молодые русские дворяне XVIII века не только подражали европейской моде и говорили на иностранных языках — они сверх того подражали и героям переводных английских, французских и немецких книг. Переводы иностранной литературы были на рубеже XIX века настолько популярны, что, к примеру, для большего сходства отечественных произведений с переводными авторы буквально пропитывали их иностранными словами, хотя существовали вполне подходящие русские эквиваленты[14]. Так же, как подростки в позднесоветской России

---

[14] Лотман Ю. М. Пути развития русской прозы 1800–1810-х гг. // Лотман Ю. М. Карамзин. С. 350–351.

представляли себя западными рок-звездами, подростки конца XVIII века подражали Ловеласу, Клариссе или Вертеру. В этой атмосфере «Бедная Лиза» стала сенсацией, стандартный европейский сюжет был перемещен на русскую почву и нашел средства выражения на русском языке.

Пушкин

В России почитают Пушкина как величайшего национального писателя. Хотя он был прежде всего поэтом, можно предположить, что главная его цель состояла в создании национальных образцов во всех литературных родах и жанрах. Он написал роман в стихах «Евгений Онегин» (1823–1830), роман в манере Вальтера Скотта «Капитанская дочка» (1834–1836), готическую повесть «Пиковая дама» (1834) и «Повести Белкина» (1831). Каждое из названных произведений оказало исключительно сильное влияние на русскую прозу, и каждое по-своему закладывало основу для оформления проблемы личностного сознания как приоритетной проблемы в литературе.

В «Повестях Белкина» раскрыт эффект воздействия на русских читателей иностранной литературы, к тому моменту входившей в их круг чтения на протяжении нескольких десятилетий. В четырех из пяти повестей цикла присутствуют персонажи, подражающие героям иностранных книг[15], и, пожалуй, именно Пушкин создал самый содержательный отчет об этом явлении. Вот что повествователь в «Метели» сообщает о героине повести:

> Марья Гавриловна была воспитана на французских романах, и, следственно, была влюблена. Предмет, избранный ею, был бедный армейский прапорщик, находившийся в отпуске в своей деревне. Само по себе разумеется, что молодой че-

---

[15] Пятая повесть — «Гробовщик» — отразила влияние на ее героя популярных готических рассказов, преимущественно иностранного (но не только) происхождения. Действие в ней происходит в онемеченной среде московских ремесленников и торговцев, но ее главный герой — русский.

ловек пылал равною страстию и что родители его любезной, заметя их взаимную склонность, запретили дочери о нем и думать, а его принимали хуже, нежели отставного заседателя.

Наши любовники были в переписке и всякий день видались наедине в сосновой роще или у старой часовни. Там они клялися друг другу в вечной любви, сетовали на судьбу и делали различные предположения. Переписываясь и разговаривая таким образом, они (что весьма естественно) дошли до следующего рассуждения: если мы друг без друга дышать не можем, а воля жестоких родителей препятствует нашему благополучию, то нельзя ли нам будет обойтись без нее? Разумеется, что эта счастливая мысль пришла сперва в голову молодому человеку и что она весьма понравилась романическому воображению Марьи Гавриловны[16].

Воображение амбициозного молодого прапорщика, возможно, было менее «романтическим» и более озабоченным деньгами и положением возлюбленной, чем воображение Марьи Гавриловны. Тем не менее он не принадлежит к числу тех, кто добивается успеха, соблазнив девушку и приобретя ее состояние, — он погибает, став участником Наполеоновских войн. На следующем сюжетном витке Марья Гавриловна, за которой ухаживает другой молодой человек, ждет его в саду, «у пруда, под ивою, с книгою в руках и в белом платье, настоящей героинею романа». Она предполагает, что ей будет сделано предложение, но слышит от своего поклонника речь, которая начинается так:

«Я вас люблю, — сказал Бурмин, — я вас люблю страстно…» (Марья Гавриловна покраснела и наклонила голову еще ниже.) «Я поступил неосторожно, предаваясь милой привычке, привычке видеть и слышать вас ежедневно…» (Марья Гавриловна вспомнила первое письмо St.-Preux). «Теперь уже поздно противиться судьбе моей…»[17]

---

[16] Пушкин А. С. Полн. собр. соч.: В 10 т. Т. 6. Л.: Наука (Ленингр. отд.), 1978. С. 70.

[17] Там же. С. 79.

И Марья Гавриловна, и Бурмин разыгрывают роли, даже когда участвуют в комедии ошибок, кульминацией которой становится их брак, и только на этом этапе, как можно предположить, заканчивается их литературное актерство — так случилось и у родителей Марии. Пушкин открывает читателю, что исполнение роли может быть частью реальной жизни и в данном случае частью приобретения опыта и знаний молодыми людьми, перерастающими в итоге те литературные сюжеты, в которые они на время погрузились. В драматическом, а не в комическом свете та же ситуация представлена в «Евгении Онегине»: его героиня Татьяна Ларина также наделена литературным «романтическим воображением», создающим для нее серьезные проблемы, когда Онегин, которого она воспринимает как героя романа (какого именно, она не уверена) появляется в имении ее родителей. Игра воображения увлекала и мать Татьяны, читательницу английских романов Сэмюэля Ричардсона, однако она через этот опыт прошла без потерь, устроив жизнь русской провинциальной дворянки и не сожалея ни о своем прошлом, ни о браке с ничем не примечательным отцом Татьяны. В отличие от матери (и, возможно, от героини «Метели») Татьяна не находит ни счастья, ни даже малой доли удовлетворения в той жизни, которая устраивает ее мать. Сначала она влюбляется в Онегина, но он отвергает ее; позднее, когда в Петербурге она становится светской дамой и женой влиятельного генерала, Онегин начинает испытывать к ней сильное чувство. Татьяна признается, что по-прежнему любит его, но на этот раз уже она отказывает ему — по причине как чувства долга перед мужем и обществом, так и более глубокого понимания его недостатков.

Подражание романтической героине у Татьяны не поверхностно: романы, которые она читает, приводят к внутренним изменениям, незнакомым ее матери. В то же время Пушкин дает происходящему с ней еще одно — естественное — объяснение: «Пора пришла, она влюбилась» — и демонстрирует, что чтение романов только усилило, подтвердило, сделало достоверными ее естественные желания. В результате этого литературного процесса парадоксальным образом возникает «настоящая» героиня, чья судьба, как замечает Ю. М. Лотман, не повторяет ни одного литературного стереотипа[18].

Несмотря на центральную роль Татьяны в пушкинском романе в стихах, «Евгений Онегин» не мог быть назван именем героини. В романе данного типа эпонимический герой, Онегин, полностью выражен собственным эго: сначала он отвергает Татьяну, затем добивается ее, и его желания составляют, похоже, его единственную мотивацию, помимо гордости в различных ее проявлениях. В отличие от Татьяны мы больше знаем о том, кем не является Онегин, чем о том, кто он на самом деле[19]. Он утратил связь с природными ритмами, которые Татьяна любит и которые заставляют ее влюбиться — раз и навсегда — в Онегина. Ответственны за эту утрату в какой-то мере его круг чтения и среда — в его кабинете Татьяна находит, кроме «двух-трех романов» и поэм Байрона, портрет английского поэта и бюст Наполеона, — но Пушкин не ставил перед собой задачу объяснить Онегина. У нас нет никаких убедительных доказательств, что чтение глубоко на него повлияло. Лишенный ролей, которые он мог бы исполнять, «современный человек» Онегин присутствует у Пушкина как загадка. По мнению Уильяма Тодда, Пушкин не был заинтересован во всестороннем изображении «частного человека», и представление о такого рода авторской задаче выглядит анахроничным. Вместо этого, считает Тодд, в Онегине представлен светский человек, «honnête homme» («порядочный человек»), который может казаться фрагментарным с постромантической или религиозной точек зрения, согласно которым герой обязан быть всем для всех. В разных ситуациях герой должен выступать под разными масками — этой идее мир Пушкина полностью соответствует[20].

---

[18] Лотман Ю. М. Человек в пушкинском романе в стихах // Лотман Ю. М. Пушкин: биография писателя; Статьи и заметки, 1960–1990; «Евгений Онегин»: комментарий. СПб.: Искусство-СПб, 1995. С. 452–453.

[19] См. об этом: Todd W. M. III. Fiction and Society in the Age of Pushkin. Cambridge, MA: Harvard University Press, 1986. P. 116.

[20] Todd W. M. III. Fiction and Society in the Age of Pushkin. P. 33–37.

Лермонтов

В конце романа Онегин оказывается неспособным к самоограничению, на которое способна повзрослевшая Татьяна, что в большей степени располагает читателя к героине, чем к герою. Хотя в последней главе мы видим Онегина глубоко осмыслившим собственное прошлое и в одной из сцен романа-поэмы он осуждает свои прежние поступки — и убийство Ленского, и свое нежелание соединить судьбу с Татьяной, когда она ему это предлагала, — для нашей темы наибольшее значение имеет то, что Онегин себя не изучает. Психологические наблюдения в «Евгении Онегине» (и других прозаических произведениях Пушкина), столь же тонкие и проницательные, как и в любом русском романе, происходят преимущественно на уровне повествователя и автора. Как мы увидим в главе 2, в этом отношении последователем Пушкина был Тургенев, считавший, что открытый психологический анализ с позиции повествователя антихудожественен и что только для определенного типа героев — обладающих самосознанием, как например Фауст или Гамлет, — такой анализ применим и не вносит искажений в их внутреннюю жизнь.

Лермонтовский Печорин, герой первого в России психологического романа, стал также первым героем, способным к саморефлексии[21]. По словам Белинского, «наш век есть по преимуществу век рефлексии»[22], и Печорин назван «героем нашего времени» потому, что служит этому примером. Чтобы подтвердить свою точку зрения, Белинский прямо указывает на лермонтовский текст — на исповедь Печорина доктору Вернеру в «Княжне Мери»:

> Я давно уж живу не сердцем, а головою. Я взвешиваю, разбираю свои собственные страсти и поступки с строгим любопытством, но без участия. Во мне два человека: один живет в полном смысле этого слова, другой мыслит и судит его; первый, может быть, чрез час простится с вами и миром навеки, а второй... второй?..[23]

---

[21] Ibid. P. 142, 160–161.

[22] Белинский В. Г. Полн. собр. соч. Т. 4. С. 254.

[23] Там же. С. 252.

Белинский следующим образом комментирует этот фрагмент: «...в состоянии рефлексии человек распадается на два человека, из которых один живет, а другой наблюдает за ним и судит о нем»[24]. Критик создает психологическую генеалогию рефлексии, прослеживая ее от *Гамлета* («поэтический апотеоз рефлексии») до *Фауста* («поэтический апотеоз рефлексии нашего века») и Пушкина, который в «Сцене из Фауста» (1825), можно сказать, ввел в русскую литературу психологический принцип рефлексии[25]. Об этом стихотворении Белинский писал:

> Дивно художественная «Сцена Фауста» Пушкина представляет собою высокий образ рефлексии, как болезни многих индивидуумов нашего общества. Ее характер — апатическое охлаждение к благам жизни, вследствие невозможности предаваться им со всею полнотою. Отсюда: томительная бездейственность в действиях, отвращение ко всякому делу, отсутствие всяких интересов в душе, неопределенность желаний и стремлений, безотчетная тоска, болезненная мечтательность при избытке внутренней жизни[26].

То, что Белинский определяет теперь как симптомы рефлексии, предшествующие поколения называли *хандрой, ипохондрией, мнительностью, сомнением*[27]. Одомашнивая это иностранное заимствование, соотнося его с более ранними понятиями (некоторые из них, однако, также являются узнаваемо заимствованными и связаны с байронизмом), Белинский дает историко-социологическое объяснение его появлению в России, утверждая, что оно распространилось с тех пор, как при Петре Великом в стране произошел разрыв с национальными корнями и традициями, результатом чего и явилось повышенное внимание рус-

---

[24] Там же. С. 253.

[25] Там же. С. 253–254. Белинский не упоминает «Исповеди» Руссо, хотя признание Печорина очень близко признанию героя «Исповеди», которое я цитирую в главе 7.

[26] Там же. С. 254.

[27] Там же. С. 253. Возможно, Белинский имеет в виду «Евгения Онегина».

ских к проблеме собственной идентичности. Каким бы гипербо-лизированным (и анахроничным) ни казалось суждение Белин-ского, оно иллюстрирует то новое знание о психологических крайностях рефлексии и порождаемой ею романтической иронии, которое открыл в русской прозе Лермонтов[28]. «Болезнь» рефлек-сирующего «я» стала общей темой в русской прозе 1840-х.

Тургенев

Мать Татьяны Лариной справляется со своей девической страстью к романам Ричардсона, однако не запрещает Татьяне их читать. Ко времени появления в печати произведений трех крупнейших создателей русской психологической прозы — Тур-генева, Достоевского и Толстого — в воспитании детей родители следовали иностранным моделям в меру своего понимания этих моделей. В тургеневском «Дворянском гнезде» (1859), к примеру, отец главного героя ведет жизнь английского джентльмена:

> Иван Петрович вернулся в Россию англоманом. Коротко остриженные волосы, накрахмаленное жабо, долгополый гороховый сюртук со множеством воротничков, кислое выражение лица, что-то резкое и вместе равнодушное в обращении, произношение сквозь зубы, деревянный внезапный хохот, отсутствие улыбки, исключительно поли-тический и политико-экономический разговор, страсть к кровавым ростбифам и портвейну — всё в нем так и вея-ло Великобританией; весь он казался пропитан ее духом[29].

Отец воспитывает сына на английский манер. Однако, старея, он во всем возвращается к образу жизни провинциального дворянина. В понимании Тургенева отец Лаврецкого никогда джентльменом не был — вся его жизнь оказалась спектаклем, разыгранным прирожденным степным помещиком.

---

[28] Подробнее о рефлексии см. в главе 7.
[29] Тургенев. Соч. Т. 6. С. 38.

Между тем воспитание отца-англомана производит серьезные изменения в молодом Лаврецком, герое романа[30].

> Недобрую шутку сыграл англоман с своим сыном; капризное воспитание принесло свои плоды. Долгие годы он безотчетно смирялся перед отцом своим; когда же, наконец, он разгадал его, дело уже было сделано, привычки вкоренились. Он не умел сходиться с людьми; двадцати трех лет от роду, с неукротимой жаждой любви в пристыженном сердце, он еще ни одной женщине не смел взглянуть в глаза. При его уме, ясном и здравом, но несколько тяжелом, при его наклонности к упрямству, созерцанию и лени ему бы следовало с ранних лет попасть в жизненный водоворот, а его продержали в искусственном уединении... И вот заколдованный круг расторгся, а он продолжал стоять на одном месте, замкнутый и сжатый в самом себе[31].

Результатом такой системы воспитания становится женитьба наивного Лаврецкого на показавшейся ему привлекательной девушке и жизнь с женой в Париже, где она ему открыто изменяет. В тот короткий период, когда он вернулся на родину и получил известие о смерти жены (оказавшееся ложным), с которой к тому времени жил раздельно, Лаврецкий полюбил юную, религиозно настроенную девушку. Он едва успевает объясниться в любви своей Лизе, а она — ответить взаимностью, как в городе объявляется его жена. Лиза уходит в монастырь; Лаврецкий, хотя и стал хорошим хозяином («действительно выучился пахать землю и трудился не для одного себя; он, насколько мог, обеспечил и упрочил быт своих крестьян»), ощущает себя «одиноким, бездомным странником»[32]. Он не стал «спартанцем» или «англичанином», как хотел его отец, но в отличие от здоровых молодых людей в пушкинских «Повестях Белкина» последствий образования ему избежать не удалось.

---

[30] Наставник Лаврецкого — швейцарец, источник этого мотива Ю. М. Лотман видит в «Моей исповеди» Карамзина. См. Лотман Ю. М. Пути развития русской прозы 1800–1810-х гг. С. 386.

[31] Тургенев. Соч. Т. 6. С. 43.

[32] Там же. С. 157.

Помимо актерствующих персонажей, как отец Лаврецкого, помимо самого Лаврецкого, ставшего жертвой лоскутного европейского образования, Тургенев описывает и тех, кто подпадает под влияние харизматической личности, исповедующей либо западнические, либо традиционалистские идеи («Рудин», «Накануне», «Фауст», «Странная история»). В «Фаусте», например, повествователь рассказывает, как когда-то ухаживал за девушкой, которую мать всю жизнь держала в изоляции и препятствовала свадьбе молодых людей. Ко времени действия рассказа относится его новая встреча с той же девушкой, вышедшей замуж за приземленного помещика. Рассказчик сближается с супружеской четой, героине повести он читает «Фауста» Гёте, и это чтение пробуждает в ней природные эмоции, которые ее мать, теперь уже покойная, стремилась подавить. Между героями возникает влюбленность, молодая женщина заболевает и умирает, рассказчик завершает свою историю (в форме писем к другу) моралью, провозглашающей превосходство долга над страстью. Особое значение в этой повести приобретает поразительно сильное воздействие на героиню великой поэмы Гёте. Романтическая литература ломает стены, тщательно возведенные матерью для защиты дочери. «Фауст» — тургеневская вариация на все более актуальную в России тему влияния литературы на формирование личности.

Достоевский

Грозное предсказание Руссо о последствиях отрыва русского культурного сознания от национальной почвы принесло свои плоды, по крайней мере в литературе. Подражание европейским образцам на протяжении нескольких поколений привело к утрате укорененной в прошлом национальной идентичности при отсутствии отчетливого сознания новой, отвечавшей требованиям времени. Тема, поднятая в «Дворянском гнезде» и других произведениях Тургенева, глубокую разработку получила у Достоевского. Один из многих примеров в его текстах — история двух браков Федора Карамазова в «Братьях Карамазовых». Ко времени действия романа, в 1866 году, обе жены Карамазова уже мертвы. Дмитрию, его сыну от первого брака с Аделаидой Ивановной, 28 лет — свадьба его родителей, таким образом, могла состояться в 1837-м, во время бурного расцвета романтической литературы. Аделаида Ивановна — романтическая натура, увлекающаяся фантастическими историями, причем настолько сильно, что живет по книгам, и ее кратко описанная жизнь предстает пародией на 1830-е и 1840-е годы[33]. Сначала, следуя модным образцам высокого романтизма, подражая романтическим героиням Жорж Санд, она выходит замуж за совершенно не годящегося ей в мужья Федора Карамазова; позднее, приблизительно в 1841-м, теперь уже подражая более суровым идеалистам 1840-х, она бежит от мужа с бедным студентом — чтобы согласно нормам реализма 1840-х умереть в каморке. Второй брак Федора Карамазова, относящийся к началу 1840-х, когда Дмитрию было четыре года, пародирует идеалы друзей Достоевского, сентиментальных натуралистов 1840-х.

В этой цинической версии идеального брака, когда Карамазов женится на девушке из низкого сословия, бедная, зависимая от мужа Софья Ивановна становится жертвой обмана сластолюбивого мужа, дворянина, считающего себя ее благодетелем и буквально обеими ногами растаптывающего простейшие приличия супружеской жизни. Софья Ивановна тоже человек книжный, но ее книга — Библия. Характер обеих жен Федора Карамазова, таким образом, сформирован тем, что они читали. Обе они, конечно, не являются действующими лицами романа, но в этой роли выступают их дети. Выросшие в неблагополучной семье, братья Карамазовы не часто становятся читателями тех же книг, которые читали их родители; им также не дано найти удовлетворения в исполнении долга, как герою Тургенева в «Дворянском гнезде». Они представляют современного мужчину в состоянии отчужденности и поисков подлинного «я».

---

[33] Заметим, что поведение персонажа, как ни странно, слегка *опережает* те литературные тенденции, которые персонаж представляет.

У Достоевского ложное книжное образование или ложные учителя в той же степени формируют характер человека, как горы создают свой климат. Уже в его ранних произведениях есть намеки на подобный вывод, но первым персонажем, психологически травмированным чтением, стал его Подпольный человек. В 1875 году, спустя более чем 10 лет после публикации «Записок из подполья», едва замеченных современниками, Достоевский с гордостью возвестил о себе как о создателе этой трагической и оригинальной фигуры, обладающей сознанием добра, но не способной творить добро: «Причина подполья — уничтожение веры в общие правила. *"Нет ничего святого"*»[34]. Подпольный человек лишился «краеугольного камня» религиозной веры и не может найти его вновь в современных книгах.

Когда Пушкин впервые обратился к проблеме книжного влияния, он представил своих героев людьми, которых чтение ведет в ложном направлении, но психологически их не травмирует. В конце концов в «Метели» Марья Гавриловна и ее поклонник оказываются вместе, что обычно и случается с молодыми людьми. Героиня тургеневского «Фауста» умирает, и в ее смерти до некоторой степени повинна поэма Гёте, но чтение вместе с тем пробуждает в Вере Ельцовой дремавшие страсти, унаследованные ей от бабушки-итальянки. В финале «Дворянского гнезда» герой романа полностью осознает свое положение и находит свое место в российской действительности — место филантропа и трудящегося на земле помещика. Образование повлияло на его судьбу, и он может ощущать себя оторванным от национальных корней, однако оно не затронуло его характера.

Подпольного человека Достоевского чтение меняет более кардинально, чем других литературных героев. Чтение западной литературы и философских сочинений создает пропасть между ним и естественной непосредственностью, к которой он хочет, но не может вернуться. Причина не в содержании прочитанного, а в тех изменениях в его психике, которые произвел сам акт чтения. Подпольный человек страдает от повышенного сознания

---

[34] Достоевский. Т. 16. С. 330.

собственного «я», и Достоевский возлагает ответственность за это состояние на западную философию, считая проводником ее влияния в России европейскую литературу — как прозу, так в равной степени и поэзию.

В то время как русские читатели меняли старые, сильно поношенные и едва ими замечаемые национальные облачения на новую одежду, о которой уже много знали и которая ставила их перед проблемой выбора, сам этот процесс содействовал их самоопределению и самоосознанию. Новая одежда, никогда не воспринимавшаяся как естественное продолжение или выражение «я» ее владельца, оставалась костюмом, и носивший ее человек в итоге не усваивал связанной с ней культурной идентичности. Сознание становилось более аналитичным и более ироничным не только по отношению к традиционной среде и укладу, но и к собственному «я». Разумеется, подобный процесс был отмечен писателями и в других культурах: в Англии, например, Энтони Троллоп выступал защитником естественных староанглийских ценностей и противником вызывающих иронию нововведений. Но в России, где изменения произошли так быстро и были столь значительными, где со времени Петра обязанностью образованного человека стало следование европейским образцам и самомоделирование на их основе, писатели сознавали, что сам процесс реформирования, независимо от его содержания, перестраивал человеческую психику. Ничто в душе человека не проходит бесследно. Подпольный человек способен испытывать и любовь, и ненависть, но он не способен совершать поступки под влиянием этих чувств. Подобное состояние он определяет как утрату человеком XIX века «характера», имея в виду, что в современном, *книжном* русском человеке «усиленное сознание» и анализ ослабляют естественные внутренние импульсы, душа формируется диалектикой сознания и подчиняется ей. Следствия воздействия этого процесса на личность очевидны уже в самом начале «Записок из подполья», в первой главе первой части. В первой части главы герой признается, что он «злой», во второй отрицает это. В этом проявляется доминирующая психологическая черта Подпольного человека — дефицит личности и непоследовательность сознания, в котором каждое настроение следует за предшествующим как противоположное ему и как реакция на него. Подпольный человек сообщает читателям, что гордится этим: «...умный человек девятнадцатого столетия должен и нравственно обязан быть существом по преимуществу бесхарактерным...»[35] Почему он этим гордится? Потому, что это признак ума, а из всех своих личных качеств он более всего горд собственным умом. Ум Подпольного человека подавляет любое возникшее чувство и подсказывает противоположное, которое вновь подчиняется диалектике ума.

Диалектикой ума определяется структура «анекдота» во второй части повести. Одиночество и гордыня вынуждают Подпольного человека напроситься на прощальный обед к человеку, которого он презирает, там он ведет себя вызывающе и позднее, всеми покинутый, следует за участниками обеда, уехавшими в публичный дом. Он приезжает туда уже после их отъезда, пользуется услугами молодой проститутки, внушает ей доверие к себе и приглашает посещать его квартиру. Когда она приезжает, у него случается истерический припадок, он исповедуется ей в собственных страданиях, потом стыдится этого, а стыд переходит в ненависть к гостье. Вымещая на ней собственное бессилие, после возникшей короткой близости он сует ей деньги. Когда Лиза уезжает, он вновь переживает резкую смену чувств, собирается бежать за ней, но колеблется, понимая, что вновь возненавидит ее. Герой повести бессильно мечется между влечением к Лизе и отвращением к ней, потребностью в любви и сочувствии и гордыней как реакцией на эту потребность.

В чем причина такого поведения? Как я выше позволила себе предположить, ответ кроется в самом процессе модернизации в России, где не произошло последовательной эволюции от общинных к более индивидуализированным ценностям. Призыв Петра к отказу от традиционной России радикализировал российские элиты. Следуя европейским образцам, которые русские наблюдали лично или читали о них, они не могли их ассимили-

---

[35] Там же. Т. 5. С. 100.

ровать полностью; отказавшись от старых устоев, они не приобрели новых. Крайним результатом этого процесса стал тип Подпольного человека, сознающего себя отверженным в своей социально-исторической среде. Это тип атеиста, верящего только свидетельствам собственного ума и чувств и живущего только для себя — на этом главном принципе основана его психология. У него есть, разумеется, общественные потребности, но в их число не входит подчинение какой бы то ни было социальной группе, как предписывал традиционный русский общественный уклад. Подпольный человек стремится к дружбе и даже к любви, но в итоге признает важнейшей собственную свободу. Модернизация, проведенная при помощи книг, а не путем постепенных культурных преобразований, означала, что противостояние дилеммам современности было в России исключительно острым. Уже «Бедная Лиза» демонстрирует это: Эраст — предшественник Подпольного человека, он сначала любит Лизу, потом предает ее, потом сожалеет о предательстве. Более того, как показывает Гита Хаммарберг в своей замечательной интерпретации повести, рассказчик, не одобряя поведения Эраста, тем не менее сочувствует ему и, возможно, идентифицирует себя с ним. Небольшая повесть Карамзина сложнее, чем может казаться, и ближе тому духу современности, к которому русские испытывали двойственные чувства[36].

При первой публикации «Записок из подполья» цензор в 10-й главе первой части удалил упоминание о христианстве, и Достоевский принял решение не восстанавливать его в последующих изданиях. У Подпольного человека ни в чем нет опоры выше самого себя; в этом — выпад Достоевского против секуляризованного западного индивидуализма. «Записки из подполья» не дают ответа, найдет ли Подпольный человек решение этой дилеммы, но вернуться от книжности не только к природе, но и к дореформенной русской жизни он не может. Цивилизация для Достоевского как социального реформатора важнее природы,

---

[36] См. Hammarberg G. From the Idyll to the Novel: Karamzin's Sentimental Prose. Cambridge: Cambridge University Press, 1991. P. 138–159.

и в основе цивилизации лежат идеи. Важное значение для писателя приобретает усвоение правильных идей, а потому и замена ложных книг правильными. В поздние годы Достоевский открыто провозглашает, что в качестве руководства для человечества все книги должна заменить одна — Библия[37]. В этом нельзя не видеть возврата к прошлому, но это осознанный возврат. Тургенев, приступив к исследованию проблем современного человека, вообще не предлагает их решения, Толстой выбирает третий путь.

Толстой

Как автодидакт, не входивший в петербургский литературный круг, молодой Толстой первоначально даже не ставил тех вопросов, которые волновали двух других. Руссоист, в поздние годы признавшийся, что в юности вместо креста носил медальон с портретом великого философа, Толстой объявил войну цивилизации (имея в виду современность) с позиций природы, представлявшейся ему благом. Если Достоевский показывает, как книги и идеи воздействуют на нас и меняют нас, Толстой учит, что под поверхностью всех наших действий скрыта природа, которая их и определяет. Он часто называл книги *книжками*, выражая в этом диминутиве свое к ним неуважение, пренебрежение.

Чтобы продемонстрировать негативную, но при этом значительную роль книг в творчестве Толстого, вернемся к уже упоминавшейся в предисловии известной сцене в «Анне Карениной». Возвращаясь в Петербург в вагоне поезда после успешной поездки в Москву, где примирила брата с невесткой и поразила графа Вронского, Анна читает английский роман. «Анна <...> попросила Аннушку достать фонарик, прицепила его к ручке кресла и взяла из своей сумочки разрезной ножик и английский роман». Поначалу чтение не увлекает ее, но позднее

---

37 См. Perlina N. Varieties of Poetic Utterance: Quotation in «The Brothers Karamazov». Lanham, MD: UP of America, 1985.

...Анна стала читать и понимать читаемое. <...> Анна Аркадьевна читала и понимала, но ей неприятно было читать, то есть следить за отражением жизни других людей. Ей слишком самой хотелось жить. Читала ли она, как героиня романа ухаживала за больным, ей хотелось ходить неслышными шагами по комнате больного; читала ли она о том, как член парламента говорил речь, ей хотелось говорить эту речь; читала ли она о том, как леди Мери ехала верхом за стаей и дразнила невестку и удивляла всех своею смелостью, ей хотелось это делать самой. Но делать нечего было, и она, перебирая своими маленькими руками гладкий ножичек, усиливалась читать.

Герой романа уже начал достигать своего английского счастия, баронетства и имения, и Анна желала с ним вместе ехать в это имение, как вдруг она почувствовала, что ему должно быть стыдно и что ей стыдно этого самого. Но чего же ему стыдно? «Чего же мне стыдно?» — спросила она себя с оскорбленным удивлением. Она оставила книгу и откинулась на спинку кресла, крепко сжав в обеих руках разрезной ножик[38].

Известно, что незадолго до начала работы над «Анной Карениной» Толстой читал прозу Пушкина, и в этом отрывке мы видим, что Анна ведет себя как Марья Гавриловна в «Метели». У нее возникает желание превратиться из читательницы в героиню романа, который она пишет сама. Идея авторства Анны будет позднее подчеркнута тем, что после разрыва с Карениным, живя с Вронским и их маленькой дочкой, она начнет писать детские книги. Толстой, кроме того, в подзаголовке своего романа помещает определение «Роман», тем самым привлекая внимание к тому, что Анна выходит за рамки эпического жизненного цикла, чтобы создать собственную жизнь-роман. В русском языке жанровое определение *роман* имеет и второе значение — *любовный роман*, и Толстой осознанно играет словами: сюжет романа Анны создается ее желанием романтической любви. Как и в случае Марьи Гавриловны, в случае Анны события развиваются не так,

---

[38] Толстой. Т. 18. С. 106–107 («Анна Каренина». Ч. 1. Гл. 29).

как предполагал книжный сюжет-прототип: отношения с Вронским фактически приводят героиню к гибели, и это случается не в конце романа, а в конце 7-й книги. В 8-й книге жизнь продолжается за пределами сюжета Анны. Герой параллельного романного сюжета Константин Левин преодолевает желание совершить самоубийство, питаемое в известной степени характерной для времени утратой веры в святость жизни. Современные философские книги, которые он читает, не разрешают его кризиса.

Анна не преступница, и понятно, что Толстой любил ее и вложил в этот образ немало собственных черт. Анна платит жизнью за потребность в самовоплощении, и именно мечтой о воплощении собственной индивидуальности и героиня, и сам роман в первую очередь привлекают читателей. В отличие от Анны многие из нас скорее склонны дочитывать книги, чем откладывать чтение ради запретного любовного приключения. В Анне читателей восхищает ее неспособность противостоять исполнению своих фантазий. Роман Толстого позволяет читателям получить то, чего они хотят: поздравляя себя как людей умеренных и сдержанных, мы сопереживаем трагедии Анны не напрямик, а опосредованно получаем удовольствие от ее страсти. Толстой делает понятной читателю силу обаяния Анны, силу ее «прелести», изображая Левина, счастливо женатого, с часу на час ожидающего рождения первенца, когда он единственный раз встречается с ней и уходит очарованным. (Причины ее флирта с Левиным сложны, он не более чем на мгновение облегчает ее кризис.) Помимо прочего, этот эпизод демонстрирует признание Толстым непреодолимого — и естественного — обаяния любовных историй, героинь этих историй и романов, о них рассказывающих.

Когда Анна решает стать героиней собственного романа, она перестает быть участницей общего жизненного цикла, который Толстой ассоциирует с эпосом. Причиной смерти героев эпоса может быть чрезмерная гордость, и Анна могла бы оказаться в их числе. Отличие ее ситуации от ситуации эпического героя-воина в изображении Толстого (князь Андрей Болконский в «Войне и мире» может служить самым ярким примером) состоит в том, что ее цель — самовоплощение. У князя Андрея противоположная цель: он хочет завоевать любовь людей, рискуя ради них жизнью. Толстой ассоциирует роман с задачей личностного воплощения героя, и, хотя это желание вполне естественно, оно может привести и к постыдным ситуациям, и к смерти.

Важно признать две вещи, касающиеся толстовского пути: этот путь он открыл благодаря тем *книжкам*, которые, как можно предположить, ненавидел, и особенно благодаря чтению Руссо; в любом случае поворот к природе может превратиться в идею современности, как на это указывает сам ее источник. Толстой предстает старомодным, когда призывает к возврату в мифический золотой век, к жизни в природе, однако сам перенос сферы священного в природу и есть для Толстого актуальное и современное замещение догматической религии, в которую он не верил.

Индивидуальность как выход к священному

Случай Толстого, его открыто демонстрируемый дидактизм привлекает внимание к одному из элементов русской психологической прозы, часто вызывающему неудовольствие у современных читателей. Все три великих автора психологической школы — моралисты, и важно, что все трое в том или ином отношении трансценденталисты. Выход к абсолютным смыслам для всех троих открывается в спиритуальной, душевно-духовной сфере, и, как мы увидим, это применимо даже к Тургеневу, хотя он был в большей степени секулярным рационалистом и в меньшей степени мистиком, чем двое других. Путь к русскому трансцендентализму начинается по меньшей мере с Карамзина — моралиста и руссоиста в «кантианском» духе, который полагал, что душа добродетельна по своей природе и даже что «дурной человек не может быть хорошим автором», а «дурные люди и романов не читают»[39]. Карамзин следовал немецкой традиции в предпочтении отдельных

---

[39] Карамзин Н. М. Соч.: В 2 т. Т. 2. Л.: Худож. лит. (Ленингр. отд.), 1984. С. 62, 120 (из статей «Что нужно автору?» и «О книжной торговле и любви ко чтению в России»).

элементов в этике Руссо, особенно его доктрины природной добродетельности человека. Его первым визитом во время заграничного путешествия был визит к Иммануилу Канту, который укрепил его убеждения назидательными поучениями. Как писатель-сентименталист Карамзин знал о существовании зла, но свой идеал видел в уходе от пороков несовершенного мира к совершенной идиллии души. («Бедная Лиза» демонстрирует, насколько труднодостижим этот идеал в реальности.) Это была его версия *sentiment de l'existence (фр.* «чувства существования») одинокого мечтателя Руссо, когда «человек может достичь полноты жизни в чувстве счастья, не затронутом сомнением, в невинности, не запятнанной грехом»[40]. Солипсизм Карамзина был в своей основе моральным, и этот факт оказал влияние на развитие русской психологической прозы, которая продолжит эту традицию и в то же время, как и сам Карамзин, будет искать возможность противостоять негативным моральным следствиям солипсизма, хорошо известным великим представителям этой школы[41].

Проблема негативных следствий солипсизма углубляется в романтизме, радикально отступившем от сентиментализма в решении проблем, связанных со статусом субъекта и субъективности. Для сентиментализма личность и область субъективного универсальны — в этом отношении движение к сентиментализму не порывало с эстетикой Просвещения XVIII века, расширив ее и включив в нее сферу эмоций и внутренней жизни наряду с рационально-рассудочной сферой. У человека в прозе Карамзина, независимо от того, герой это или индивидуализированный повествователь, нет резко очерченных особенностей,

---

[40] Poggioli R. The Oaten Flute: Essays on Pastoral Poetry and the Pastoral Ideal. Cambridge, MA: Harvard University Press, 1975. P. 23. См. также Hammarberg G. From the Idyll to the Novel: Karamzin's Sentimental Prose. P. 287: автор цитирует Р. Поджиоли и также указывает на данное явление, отмечая глубочайшее знание Карамзиным сочинений Руссо. Текст, о котором идет речь, — «Прогулки одинокого мечтателя».

[41] Определение «солипсический» применительно к сентиментализму восходит к советскому исследователю XVIII века Г. А. Гуковскому: см. Гуковский Г. А. Очерки русской литературы XVIII века. Л.: Гослитиздат, 1938. С. 270–271.

нет ничего, что составило бы его исключительное отличие от других, тогда как романтизм отдает предпочтение уникальной личности, которая по самой своей природе должна быть свободна от любых ограничений, включая моральные. Лорд Байрон, «мрачный, скептический, поэт отрицанья и глубокого разрыва с современностью, падший ангел, как называл его Гёте»[42], был проводником этих чрезвычайно мощных идей в Россию, где, соединенные с национальными представлениями о воле и анархии, они породили «дикие» характеры как в беллетристике, так и в реальной жизни. Специфические следствия этого явления будут рассмотрены в главе 9, где речь пойдет о зле. Величайший русский прозаик эпохи романтизма — Лермонтов; его «герой времени» Печорин — романтический герой, выросший на русской почве, пугавший и искушавший великих русских романистов своей беспредельной свободой и цинизмом[43].

В поколении 1840-х, когда Тургенев и Достоевский впервые начали публиковаться, было очевидно стремление укротить лермонтовский романтизм, не отвергая его, или, так сказать, одомашнить его для русского культурного потребления. Основным орудием «укрощения» стал трансцендентализм в его различных формах. Для людей 1830-х «в фихтеанстве <...> была очень дорога идея *личности*, и притом в ее укорененности в трансцендентальной сфере — что открывало для них всех возможность освобождения от романтического субъективизма»[44]. По этой причине, помимо прочих, трансцендентализм и в 1840-е не утратил своей философской актуальности. В 1842 году К. А. Петерсон в статье о Джоне Локке в «Современнике», не ставя под сомнение гениальность философа, выступил с опровержением

---

[42] Герцен А. И. Собр. соч. Т. 3. С. 25 («Дилетантизм в науке»). Заметим, что даже Герцен смягчает характеристику воздействия личности Байрона, говоря о его скептицизме, но не цинизме.

[43] См. об этом в прекрасной книге Д. Пауэлстока: Powelstock D. Becoming Mikhail Lermontov: The Ironies of Romantic Individualism in Nicholas I's Russia. Evanston, IL: Northwestern University Press, 2005.

[44] Зеньковский В. В. История русской философии. Т. 1. Ч. 2. С. 44.

его теории несуществования «врожденных идей»[45]. «Врожденные идеи», реальность которых отстаивает Петерсон, «идеи о Боге, о вечности, о добре и зле, о прекрасном», относятся к области метафизики и морали, они связывают человека со сферой божественного, благодаря им возможно понимание добра и зла. Шесть лет спустя, в 1848 году, «Современник» опубликовал статью И. К. Бабста о Лейбнице, который, по словам автора, восхищался Локком, однако также отстаивал концепцию существования врожденных идей[46]. В это время «Современник» уже находился под контролем молодого поколения, его редакторами были Некрасов и Панаев, журнал успел приобрести репутацию выразителя прогрессивных идей и мнений. В 1840-х «романтической» и трансценденталистской также оставалась и наука. Журналы, заполненные статьями о новых научных открытиях, продолжали публиковать выдающиеся натурфилософские труды немецких ученых. Так, перевод пятитомного сочинения Александра Гумбольдта «Космос» появился в двух российских журналах сразу вслед за его выходом в свет в Германии[47]. В 1848 году Н. Я. Данилевский опубликовал рецензию на «Космос»[48], представив его

---

[45] См. его «Замечания на Локка» (Современник. 1842. Т. 28. Отд. IV. Философия. С. 17–37). К. А. Петерсон родился в лютеранской семье, сын чиновника; малоизвестный поэт, публицист, переводчик, автор рассказов для детей.

[46] См. его «Лейбниц. Биографический очерк» (Современник. 1848. Т. 7. № 2. Отд. IV. Смесь. С. 87–108). И. К. Бабст, ученик Т. Н. Грановского, в 1846 году окончил философский факультет Московского университета, позднее приобрел известность как историк, экономист и публицист. К. А. Петерсон также ссылается на опровержение Локка Лейбницем в вопросе о врожденных идеях (С. 34).

[47] См.: Отечественные записки. 1845. № 10, 11; 1846 № 1, 3, 5; Библиотека для чтения. 1846. № 1–8. Барон фон Гумбольдт, один из основателей современной географии, был связан с Россией; в 1829 году он был послан императором Николаем I на Урал и в Центральную Азию для составления отчета об имеющихся там месторождениях полезных ископаемых.

[48] См. Данилевский Н. Я. Космос. Опыт физического мироописания Александра фон Гумбольдта. Пер. Николая Фролова. СПб., 1848 (Статья первая) // Отечественные записки. 1848. Т. 58. Отд. V. Критика. С. 13–60. Вторая и третья статьи появились там же, см. Т. 59. Отд. V. Критика. С. 1–24; 25–62 (опубликованы без подписи автора). Рецензировался в данном случае перевод двух первых частей «Космоса» (СПб., 1848, 1851), принадлежавший географу Н. Г. Фролову.

ориентированной на Гёте художественной попыткой описать мир как в его отдельных частях, так и в гармонической целостности. Данилевский, студент-естественник, член радикального кружка М. В. Петрашевского и, по словам Достоевского, «отчаянный фурьерист», в то время еще не был консерватором[49].

Трансценденталистами были в 1840-х и другие философы-западники. Примером может служить неожиданная критическая реакция на перевод диалогов Платона, вышедший в 2 томах в 1841 и 1842 годах с пояснительными вводными статьями и примечаниями к каждому тексту. Переводчиком Платона был В. Н. Карпов, также автор философских трактатов, религиозный философ-идеалист, выпускник Киевской, позднее — профессор Санкт-Петербургской духовной академии[50]. Согласно его идеям, сознание составляет основу философии, и в его формулировке: «Я сознаю...» (культурно значимом уточнении хорошо известной максимы Декарта) — содержится начальная истина и субъективная основа философии.

В 1842 году «Библиотека для чтения» — журнал, издававшийся О. И. Сенковским, опубликовал написанный редактором обзор

---

[49] Н. Я. Данилевский известен главным образом своим позднеславянофильским трудом «Россия и Европа» (1869), созданным в духе «романтической науки», где автор выявил и описал положительный славянский «тип».

[50] См.: Сочинения Платона, переведенные с греческого и объясненные профессором Санкт-Петербургской Духовной Академии Карповым. Ч. 1–2. СПб., 1841, 1842. Сведения о В. Н. Карпове заимствованы из статьи в знаменитой энциклопедии Брокгауза и Эфрона. См. также Колубовский Я. Н. Материалы для истории философии в России. 1855–1888 // Вопросы философии и психологии. М., 1890–1891. Год 1. Кн. 4. Приложение. С. 6–12. В первый том «Диалогов» вошли «Протагор», «Евтидем» и «Лахет», во второй — «Хармид», «Эвтифрон», «Менон», «Апология Сократа» и «Критон». Это была первая публикация растянувшегося на всю жизнь и так и не законченного проекта перевода всех диалогов. В 1863 году вышло в свет 4-томное издание «Диалогов» с предисловиями; к ранее опубликованным переводам были добавлены: «Гиппий Меньший», «Федон», «Менон», «Горгий», «Алкивиад первый», «Алкивиад второй», «Государство», «Федр», «Пир», «Лисид», «Гиппий Больший», «Менексен», «Ион», «Соперники» («Любовники») и «Гиппарх».

выполненных Карповым переводов[51]. Рецензент приветствовал издание в целом, однако выступил против идеалистической трактовки Карповым философии Платона. Процитировав его мысль, что философские идеи «бывают только минутными гостьями земли», Сенковский возражал: «Такой ереси против вкусу, против искусства, против ясности идей мы никак не надеялись услышать в век анализа и положительного знания»[52]. Сенковский не принимает немецкой философии, темной и абстрактной, утверждая, что идеи Платона были искажены немецкими переводчиками. Наука, по его мнению, раз и навсегда ограничила роль философии, сведя ее к этике («нравственной философии»), и Платон (в лице Сократа) уже признавал это. Иронию Сократа Сенковский не только предпочитает идеализму Платона — он вообще ставит под сомнение существование у Платона самостоятельной философской системы. Если философские истины, на которые намекает Сократ, «сокровенны», «туманны» и трудноуловимы, рассуждает Сенковский, то Платон едва ли верил в то, что они будут поняты.

Подобная реакция на идеализм переводчика Платона ожидаема от такого скептика и аналитика, как Сенковский. И напротив, «Современник», выходивший в те годы под редакцией друга Пушкина поэта-элегика П. А. Плетнева, поддержал издание Карпова и его позицию[53]. Достаточно неожиданная точка зрения была высказана в двух рецензиях, помещенных в прогрессивных «Отечественных записках». Рецензентом в обоих случаях выступил не кто иной, как «западник» Виссарион Белинский, и за его хвалебным кратким разбором первого тома несколько месяцев спустя последовала более пространная рецензия-эссе, в которой

---

[51] См. Сочинения Платона, переведенные с греческого и объясненные профессором Санкт-Петербургской Духовной Академии Карповым. Ч. 1-я // Библиотека для чтения. 1842. Т. 53. Отд. V. Критика. С. 33–68. Рецензия напечатана без подписи автора, атрибутирована Сенковскому в изд.: Белинский В. Г. Полн. собр. соч. Т. 6. С. 753.

[52] Библиотека для чтения. 1842. Т. 53. Отд. V. Критика. С. 59.

[53] См. Современник. 1842. Т. 27. Отд. II. Новые переводы. С. 131.

рассматривались оба тома[54]. В первом обзоре Белинский отозвался о переводах Карпова как о достижении европейского масштаба («совершение великого, истинно европейского подвига»), отметив, что его переводы точнее и потому лучше французских переводов Виктора Кузена[55]. Как и Сенковский, Белинский разделяет Платона и Сократа, но, в отличие от Сенковского, заявляет, что ждет публикации последующих переводов ради знакомства с идеалистическими элементами философии Платона: «...дух замирает от восторга, когда подумаешь, что, может быть, скоро будешь читать по-русски вдохновенные и вещие глаголы Платона о бесплотном царстве идей, о красоте, о богах, о бессмертии...»[56] В обзоре второго тома, в который вошли «Апология Сократа» и «Критон», Белинский пишет о героизме Сократа и его готовности умереть за правду и резко выступает против цинизма Сенковского. Обыгрывая известное изречение Сократа «Я знаю, что ничего не знаю», он пишет: «Верить и не знать — это еще значит что-нибудь для человека; но знать и не верить — это ровно ничего не значит. Сознательная вера и религиозное знание — вот источник живой деятельности, без которого жизнь хуже смерти»[57]. После длинной цитаты из «Критона» Белинский провозглашает философское кредо Сократа: «...его мышление было его верою, — он мученическою смертью утвердил справедливость своего религиозного сознания. Изучать доктрину Сократа, изложенную в беседах, прениях, как сам он излагал ее, — значит не только просвещать свой разум светом истины, но и укреплять свой дух в вере в истину, приобретать божественную способность делаться жрецом истины, готовым всё приносить в жертву ей

---

54 См. Отечественные записки. 1842. Т. 20. Библиогр. хроника. С. 62–63; Т. 24. Библиогр. хроника. С. 29–35. Вторая статья Белинского, посвященная второму тому переводов Карпова, в библиографическом разделе с обзорами новейших публикаций помещена первой. Обе статьи см.: Белинский В. Г. Полн. собр. соч. Т. 5. С. 613–614; Т. 6. С. 382–390. Белинский также написал положительную рецензию на книгу В. Н. Карпова «Введение в философию» (1840) (Там же. Т. 4. С. 285–289).

55 Там же. Т. 5. С. 614.

56 Там же.

57 Там же. Т. 6. С. 384.

и прежде всего — самого себя»[58]. (Интерпретация Белинским Сократа, героя и религиозного мыслителя, могла оказать влияние на изображение «сократических» смертей в известном тургеневском очерке «Смерть» из «Записок охотника», созданном позднее, но также в 1840-х.) Белинский по-разному определяет ту нравственную основу личности в современной русской действительности, в защиту которой выступает: и как «религиозное сознание», и как «религиозную веру». В его обзоре не упомянуты ни православие, ни иная признанная конфессия, не упомянут и Бог; сама человеческая личность предполагается нравственной и «религиозной». Такой позиции бросят вызов писатели, о которых пойдет речь ниже, но здесь — важная отправная точка для развития русской психологической прозы. Веря или не веря в трансцендентальные истины, русские писатели-психологи остро чувствовали их необходимость как «краеугольного камня нравственному бытию человека».

Еще один пример трансцендентальной мысли находим у автора только что процитированных слов (они же стали одним из эпиграфов к данной главе) — Александра Герцена, выдающегося публициста и мемуариста, принадлежавшего к тому же поколению, что и Тургенев, Достоевский и Толстой. Как и Белинский, Герцен был приверженцем индивидуализма, но также был и моралистом, следовательно нуждался в трансцендентальном оправдании человеческой индивидуальности. Пример Герцена служит яркой иллюстрацией того напряжения между трансцендентализмом и индивидуализмом, которое имело важное значение для психологического реализма в России, и для того пути, на котором молодой Герцен пытался эту проблему решить. В 1840-х Герцен опубликовал два цикла очерков: «Дилетантизм в науке» и «Письма об изучении природы»[59]. На этом этапе он еще напряженно

---

[58] Там же. Т. 6. С. 388.

[59] Оба цикла появились в разделе «Критика» журнала «Отечественные записки» в 1843 и 1845–1846 годах. Различные оценки их философского содержания см. Герцен А. И. Собр. соч. Т. 3. С. 321, 332–333; Чижевский Д. С. Гегель в России. СПб.: Наука, 2007. С. 194; Malia M. Alexander Herzen and the Birth of Russian Socialism: 1812–1855. Cambridge, MA: Harvard University Press, 1961. P. 237.

ждет в движении истории разрешения «внутреннего раздора», чтобы вернуть утраченный «краеугольный камень» в основу собственного «нравственного бытия».

Защищая в «Дилетантизме в науке» «объективность» реализма и критикуя «мечтательность» субъективного идеализма, Герцен защищает вместе с тем ценность и «действительность» отдельной личности. По его убеждению, личность должна отдать себя в жертву научным истинам природы и истории, но это не ведет к гибели личности, — напротив, на этом пути она очищается и приближается к осознанию своего подлинного «призвания»: «Личности надобно отречься от себя для того, чтоб сделаться сосудом истины, забыть себя, чтоб не стеснять ее собою, принять истину со всеми последствиями и в числе их раскрыть непреложное право свое на возвращение самобытности»[60]. Более того, рассуждает Герцен, не все в процессе становления и воспитания личности определятся умственной деятельностью и научным познанием («...рост духа труден, как рост тела»), «положительное» проявление личности — в делах: «...одно действование может вполне удовлетворить человека. Действование — сама личность». И далее Герцен цитирует Гёте: «...человек не токмо мыслящее, но и действующее существо»[61]. В этих ранних, исключительно важных философских очерках молодой Герцен раскрывается не как «чистый плюралист», каким он станет в зрелые годы[62], но как

---

[60] Герцен А. И. Собр. соч. Т. 3. С. 67 («Буддизм в науке», четвертое письмо цикла «Письма об изучении природы»).

[61] Там же. С. 70. Здесь же, в подстрочном примечании, Герцен приводит цитату из Гегеля: «Слово не есть еще *деяние*, которое *выше речи*» (цитата из «Philosophische Propädeutik», Erster Kursus, Zweiter Abschnitt, Pflichtenlehre oder Moral, § 63; курсив Герцена. — Там же. С. 329).

[62] Определение принадлежит А. Келли (см. Kelly A. M. Toward Another Shore: Russian Thinkers Between Necessity and Chance. New Haven, CT; London: Yale University Press, 1998. P. 20) и характеризует отношение И. Берлина к Герцену: согласно Келли, Герцен был потому героем Берлина, что считал, будто «не существует общих решений для индивидуальных и конкретных проблем — существуют только временные средства, которые должны быть основаны на остром ощущении уникальности каждой исторической ситуации и острой реакции на потребности и запросы разнообразных людей и народов» (Ibid.).

трансценденталист и романтический ученый, чьим наставником был Гёте, которого он вновь и вновь цитирует и упоминает. Как гетеанец Герцен верил в «разум внутри всего живого»[63]; в природе он видел разумное начало; бытие, согласно его взглядам, не противоречит мышлению: «...разумение человека не вне природы, а есть разумение природы о себе, <...> человек не потому раскрывает во всем свой разум, что он умен и вносит свой ум всюду, а, напротив, умен оттого, что все умно...»[64] Поэтому в восьмой статье «Писем об изучении природы» («Реализм») он выступает с критикой школы Локка, не признающей человеческого разума природным явлением и отрицающей развитие в ходе истории «родового мышления»[65]. Решительный разрыв Герцена со всеми формами идеализма произошел только после его разочарования в европейских революциях 1848 года, свидетелем которых он был. Его позднейшая вера в «неограниченную свободу» личности философски парадоксальна, так как он также верил в слепые и всеподавляющие силы природы и истории[66]. Только после 1848 года ему удается примириться с состоянием «внутреннего раздора» — свободного и несвободного, — который, как мы увидим, в той или иной форме характерен для всех трех русских реалистов, персонажей настоящей книги. Возможно, как египтяне в течение семи голодных лет, описанных в Библии, Герцен в течение своих «тощих» лет, когда он разочаровался в любого

---

[63] Это определение («die Vernunf alles Lebendingen») принадлежит К. Лёвиту (Lowith K. From Hegel to Nietzsche: The Revolution in Nineteenth Century Thought / Transl. by David Green. New York: Columbia University Press, 1991. P. 9). О Гёте и «разуме внутри всего живого» («reason behind everything that lives») см. Orwin D. Tolstoy's Art and Thought: 1847–1880. Princeton, NJ: Princeton University Press, 1996. P. 28–29 и след. В рус. пер.: Орвин Д. Т. Искусство и мысль Толстого: 1847–1880 / Пер. с англ. и науч. ред. А. Г. Гродецкой. СПб.: Академ. проект, 2006. С. 35 и след.; примеч.: С. 251.

[64] Герцен А. И. Собр. соч. Т. 3. С. 111 («Письма об изучении природы»).

[65] Там же. С. 299–300. Концепция «родового мышления», несомненно, восходит к Фейербаху.

[66] См. Malia M. Alexander Herzen and the Birth of Russian Socialism: 1812–1855. P. 376–382.

рода поддержке человеческой личности извне, жил за счет сложившейся в России в «тучные» 1830-е и 1840-е годы метафизики личностного сознания. В любом случае для него, как и для многих других представителей его поколения, несмотря на их преданность «научной точности», моральный компас, в котором они нуждались, располагался в области индивидуального сознания. Этот моральный компас был им необходим как элемент, способный обеспечить целостность души, которая иначе останется раздвоенной.

* * *

Блестящая критика реформ Петра Великого, произнесенная Руссо (она цитировалась в начале этой главы), не могла предвещать позитивных и плодотворных результатов для созданных Петром противоречивых душ. Реформы Петра разрушили в высших сословиях природную спонтанность, живую непосредственность, и они озаботились идеей ее восстановления. Результатом стало возросшее самосознание, более сильное чувство изоляции от общества и культуры, углубившийся анализ и дефицит спонтанности — все те симптомы современного индивидуализма, которые, в свою очередь, стали объектом исследования русской психологической прозы. Вместе с тем вопреки предсказаниям Руссо наивные молодые русские, отправившиеся в Европу, чтобы превратиться в немцев или англичан, сформировали в итоге собственные, отвечавшие запросам XIX века национальное самосознание и комплекс моральных устоев. Это относится к Карамзину, который, как утверждает Ю. М. Лотман в его биографии (выразительно озаглавленной «Сотворение Карамзина»), формировал собственную личность в процессе написания сентиментальных сочинений. Как сочинения Карамзина, так и его поведение были призваны создать образец личной ответственности, необходимой обществу, как считал получивший масонское образование Карамзин, для его успешной модернизации. Можно предположить, что мы потому больше не читаем прозу Карамзина, что она стоявшую перед ней задачу выполнила.

В попытках Карамзина сформировать личность человека при помощи собственных сочинений Лотман отмечает различия между сентиментальным образом повествователя в его прозе и реальным автором, который в зрелые годы был академичен и сдержан. Попытка сотворения себя с помощью литературных моделей имела следствие даже для Карамзина, который, если верить Лотману, уже обладал свойствами современного раздвоенного человека. Возможно, один из личных мотивов заставил его в итоге выступить против культа искренности, для создания которого в России он так много сделал. В целом же темную сторону современного человека Карамзин оставил для исследования своим потомкам, и лишь в одном из его прозаических сочинений — в «Моей исповеди. Письмо к редактору журнала» (1802) — представлен герой, своими манипуляциями, эмоциональной спонтанностью и циничным непризнанием социальных норм напоминающий Ставрогина в «Бесах» Достоевского[67]. В Евгении Онегине, прошедшем школу «науки страсти нежной», можно видеть наследника этого карамзинского героя, хотя Онегин, как мы знаем, не утратил способности любить. Лермонтовский Печорин — первый представитель данного типа, осознающий в себе как спонтанность эмоций, так и циническую отчужденность от мира людей[68]. Защиту сферы субъективности и человеческой индивидуальности в 1840-х сопровождало, порой в неожиданных проявлениях, их трансцендентальное обоснование. Несмотря на несогласия в определении содержания их художественного объекта, русские реалисты были согласны с Достоевским в том (впервые эта мысль прозвучала в «Записках из под-

---

[67] См. Лотман Ю. М. Пути развития русской прозы 1800–1810-х гг. С. 387. «Мою исповедь» см.: Карамзин Н. М. Избр. соч.: В 2 т. Т. 2. М.; Л.: Худож. лит., 1964. С. 729–739.

[68] См.: Todd W. M. III. Fiction and Society in the Age of Pushkin. Cambridge, MA: Harvard University Press, 1986. P. 160–161.

полья»), что современный русский человек одновременно и самый эмоциональный и самый циничный среди людей.

Русские писатели имели склонность к анализу области субъективного, и этот процесс никогда не прекращался. Однако, касаясь этой сферы, они сознавали ее неделимость, невозможность анализировать ее в отдельных частях и элементах. Ее следовало представить читателю живой, как живую бабочку, перелетающую с цветка на цветок. В следующих трех главах речь пойдет о том, как они справились с этой задачей.

Глава вторая
Тургенев
Субъективность в тени

Действительность бесконечно разнообразна сравнительно со всеми, даже и самыми хитрейшими, выводами отвлеченной мысли и не терпит резких и крупных различений. Действительность стремится к раздроблению[1].

Все трое: Тургенев, Достоевский и Толстой — были практикующими специалистами в том, что Лурия назвал «романтической наукой». Подобно ученым (и художникам) преромантической эпохи, таким, как Шеллинг, Гёте и Новалис, они сознавали, что линейные методы индуктивного мышления не адекватны для наук о человеке: они размывают реальность «я»[2]. Можно разумом отрицать свободу души в принятии нравственных решений, но она настойчиво являет себя тем наблюдателям, чья деятельность состоит прежде всего и по преимуществу в предоставлении сведений о реальности, даже если они не всегда осознают то, что наблюдают. Для Тургенева, наиболее «земного» в этом трио и в этом смысле большего позитивиста, чем двое других, факт является фундаментальным исходным условием его поэтики, что наиболее ярко выражено в «Записках охотника», опубликованных

[1] Достоевский. Т. 4. С. 197 («Записки из мертвого дома»).

[2] См.: Halliwell M. Romantic Science and the Experience of Self: Transatlantic Crosscurrents from William James to Oliver Sacks. Studies in European Cultural Transition. Vol. 2. Aldershot, England: Ashgatc, 1999. P. 16.

в 1852 году. В этой книге Тургенев подробно рассказывает о внутренней жизни своих героев, не анализируя при этом ее противоречий и тайн.

Тургенев был доволен отдельным изданием, однако в одном из писем 1852 года к своему другу, критику П. В. Анненкову, отметил его недостатки, что для него вполне типично:

> Я рад, что эта книга вышла; мне кажется, что она останется *моей лептой, внесенной в сокровищницу* русской литературы, говоря слогом школьных книг. Я сам перечел «Записки» на днях: многое вышло бледно, отрывчато, многое только что намекнуто, иное неверно, пересолено или недоварено — зато иные звуки точно верны и не фальшивы — и эти-то звуки спасут всю книгу. Но до полноты созданья всё это еще далеко, и стоит прочесть какого-нибудь мастера, у которого кисть свободно и быстро ходила в руке, чтобы понять, какой наш брат маленький, маленький человечек[3].

Мастером, которого Тургенев в это время читал, оказался Мольер, в сравнении с которым его собственный голос представляется ему «стрекозиным писком»[4]. Хотя он и не уточняет, в чем именно состоит превосходство Мольера, кажется, он сожалеет главным образом о недостатке власти над собственным повествованием; себя Тургенев видит художником без силы, свободы и полноты великого мастера.

Если сомневающийся Тургенев рассчитывал на комплименты со стороны адресата, то ответ Анненкова он должен был прочитать со смешанным чувством, знакомым тем, кто получал от друга, которому доверяешь, объективно полезное, но при этом и ранящее мнение о своем сочинении[5]. Найдя тургеневскую оценку «Записок охотника» «весьма умной», Анненков дает собственное подробное разъяснение тому, что в них не так.

---

3 Тургенев. Письма. Т. 2. С. 144 (письма от 14, 18 (26, 30) сент. 1852).

4 Там же.

5 См.: Переписка И. С. Тургенева: В 2 т. Т. 1. М.: Худож. лит., 1986. С. 474 (письмо от 12 (24) окт. 1852).

Рассказы впечатляют «дикой силой» в описаниях русского крестьянина. Тем не менее часто эта сила выходит из-под контроля
как в речи повествователя, привлекающего к себе слишком
много внимания, так и в изображении художественно не приру-
ченных героев, которых Анненков называет «оригиналами».
Свою критику «Записок охотника» Анненков дипломатично
превращает в рекомендации для следующего произведения
Тургенева — романа:

> Я решительно жду от Вас романа с полной властью над
> всеми лицами и над событиями и без наслаждения самим
> собой (то есть своим авторством), без внезапного появления
> оригиналов, которых Вы уж чересчур любите, потому что
> и оригиналы родятся и живут без особенных знаков на
> небе и волнения на земле, и, наконец, чтобы мизерия,
> противоречия и нелепости жизни не выставляли себя на-
> показ и не кокетничали своим безобразием, как это у Вас
> иногда выходит, а ложились удивительно обыкновенно, не
> подозревая, чтобы можно было на них смотреть[6].

Мы знаем из следующего письма Анненкова, что Тургенев
принял критику друга и действительно приступил к написанию
романов, в которых в той или иной форме «дикая сила» «Записок
охотника» была обуздана[7]. В любом случае Анненков был абсолютно прав, считая, что Тургеневу уже никогда не написать такой
же книги, какой была первая. Ее уникальную художественную
магию определяли, вероятно, именно те особенности, которые
подвергли критике в 1852 году и Анненков, и сам Тургенев.
И, вероятно, именно «сырой» материал «Записок охотника»,
«дикие» чувства и противоречия поразили молодого Толстого,
так же как и позднейших читателей[8]. Среди этих читателей, между
прочим, был тот же Анненков, который в 1870-х убеждал Турге-

---

[6]   Там же.

[7]   Там же. Т. 1. С. 479 (письмо Анненкова к Тургеневу от 27 нояб. (9 дек.) 1852).

[8]   С. Е. Шаталов посвятил целую книгу жизненным прототипам героев и ре-
     альным прообразам мест и событий в «Записках охотника»; см. Шаталов С. Е.
     «Записки охотника» И. С. Тургенева. Сталинабад, 1960.

нева не добавлять к книге новых очерков. О рассказе «Конец Чертопханова» он писал, что он хорош, но для «Записок охотника» не подходит.

> Где же свобода изложения, обилие черт, теней, отливов, из которых составляются портреты «Записок», веселость мастера, ходящего развязно в своем сюжете, и мастерство намеков, которые говорят гораздо больше того, что написано. Психолог вырос, писатель если не поник, то накренился в сторону: уголь еще красив, да все же уголь. <...> Одна простота, сдержанность, трезвость, лаконизм описаний в настоящих «Записках» уже недостижимы[9].

То, что в начале 1850-х казалось «недоваренным» Тургеневу и «безобразием» Анненкову, теперь интригует Анненкова как субъективная реальность, чреватая новым смыслом, «новой силой, силой концепции». Если раньше он критиковал тургеневских «оригиналов» как явление нетипичное или недостойное изображения, то теперь его восхищают их сложные «портреты», их загадочность. Нарративная стратегия «Записок охотника», ранее казавшаяся ему слишком агрессивной, теперь представляется скромной и честной в соотношении с неисчерпаемостью субъективных составляющих в подаче материала. К 1870-м годам, иными словами, «Записки охотника» заняли свое место в русской литературе — в качестве Геродотова экскурса в человеческую реальность, настолько богатую, что неэксплицируемость ее жизненного изобилия стала маркером самого жанра. Наш анализ в 7-й главе показывает, что Достоевский не мог не думать об этой книге, когда издавал собственные «записки» о жизни в остроге, объединяющие документалистику и беллетристику.

Какого сорта «нелепости» в «Записках охотника» могли раздражать Анненкова в 1852 году? На уровне авторского словоупотребления в книге есть топонимы, названия мест, значение которых состоит лишь в том, что они взяты из реальной жизни. Одно из таких слов — *Меча* в рассказе «Касьян с Красивой Мечи». Это

---

9 Переписка И. С. Тургенева. Т. 1. С. 544 (письмо от 28 окт. (9 нояб.) 1872).

название чаще всего переводится на английский язык как «Kasian from Beautiful Spring», где термин «Beautiful Spring» является простой переводческой рационализацией названия места, значения которого мы на самом деле не знаем. Красивая Меча — приток реки Дон, протекавший мимо имения матери Тургенева. Слово «Меча» не имеет отчетливой этимологии[10]. Можно предположить, что Тургенев выбрал это место обитания для Касьяна отчасти из-за его природной красоты, но, возможно, также и потому, что само название способствует созданию ауры тайны, окружающей характер.

На персонажном уровне в «Записках охотника» имеется множество неконгруэнтных деталей, которые не соответствуют тем культурным типам, созданием которых Тургенев себя прославил. «Недоваренность» «Записок» в этом отношении очевидна уже в первом рассказе — «Хорь и Калиныч». Хорошо известно, что в первоначальной редакции Тургенев сравнивал этих двух героев с Гёте (Хорь) и Шиллером (Калиныч) и отказался от этого сравнения при позднейших публикациях по той причине, что оно вызвало замечания его друзей[11]. Вероятно, он был склонен внести изменения в текст и потому, что Хорь и Калиныч в действительности не представляли точной пары соответствующих шиллеровских типов — человека наивного (или, в терминах Шиллера, гетеанского) и сентиментального: сентиментальный и шиллерианский Хорь, например, общителен, тогда как предположительно гетеанский и наивный (естественный) Калиныч больше похож на одинокого романтика, хотя в соответствии с категориями Шиллера должно быть наоборот. Образы крестьян, созданные на основе только этих типологизирующих категорий, были бы для Тургенева слишком абстрактными, при разработке типов Хоря и Калиныча он опирался в большой (или бо́льшей) степени на собствен-

---

[10] Тургенев. Соч. Т. 4. С. 558. См.: Фасмер М. Этимологический словарь русского языка: В 4 т. М., 1964–1973 (2-е изд.: М., 1986–1987).

[11] О связи «Записок охотника» с «Наивной и сентиментальной поэзией» Шиллера писал Уолтер Смирнив; см. Smyrniw W. A Gallery of Idealists and Realists // Critical Essays on Ivan Turgenev / Ed. by D. A. Lowe. Boston: G. K. Hall, 1989. P. 73–79. Подробнее о Тургеневе и Шиллере см. в главе 5.

ный опыт и знание русской действительности, чем на литературные модели[12]. В 1856 году в письме к В. П. Боткину — своему
второму другу, помимо Анненкова, чьим критическим мнением
он особенно дорожил, — Тургенев с одобрением цитирует замечание, сделанное Гёте критиком Й. Г. Мерком: «Твое стремление,
твое неуклонное направление состоит в том, чтобы придать
действительному поэтический образ; другие же пытаются превратить так называемое поэтическое, воображаемое в действительное, но из этого ничего, кроме глупости, не получается»[13].

Художник обязан начинать с эмпирической реальности, поскольку «вообразить» ее он не может. В процессе оформления
реальности в «типы», соответствующие категориям, созданным
рационально, рассудочно, Тургенев стремился избежать того, что
называл «направлением» западнического или славянофильского
толка. Так, делясь в 1853 году в письме к Анненкову впечатления-
ми о пьесе Островского, он признает, что она хороша, однако
имеет «направление» или «стремление к *направлению*» (в данном
случае — славянофильство), от чего предостерегал Анненков.
Говоря о своем так и не законченном романе, над которым он
тогда работал («Два поколения»), Тургенев декларирует противоположное: «В романе моем я старался как можно проще
и вернее изобразить, что видел и испытал сам — не заботясь
о том, какое поучение можно будет извлечь из этого»[14]. Художник
прежде всего и преимущественно сообщает сведения о действительности, и даже если он создает типы, это не значит, что он
способен и обязан их полностью объяснить. По этой причине
в ряде рассказов в «Записках охотника» сюжет строится вокруг
неспособности персонажей совершать поступки в соответствии
с «типом», по крайней мере в том изначальном понимании «типа»,

---

[12] Из недавних работ, поясняющих данное несоответствие в рассказе, см. Тиме Г. А. Немецкая литературно-философская мысль XVIII–XIX веков
в контексте творчества И. С. Тургенева (генетические и типологические
аспекты). Munich: Verlag Otto Sagner, 1997. P. 34.

[13] Тургенев. Письма. Т. 3. С. 152, 506 (письмо от 25 нояб. (7 дек.) 1856; в тексте
письма цитата по-нем.).

[14] Там же. Т. 2. С. 215 (письмо от 14, 15 (26, 27) марта 1853).

который задан повествователем. Примером могут служить «Мой сосед Радилов», «Уездный лекарь», «Одинокий волк», «Стучит!» и другие.

Авторская задача в «Записках охотника»

Современники признавали первенство Тургенева среди троих, по крайней мере до публикации «Войны и мира», поэтому именно он устанавливал в прозе те стандарты, которым Достоевский и Толстой открыто бросали вызов, а тайно в большей или меньшей степени следовали. Лучше философски образованный, чем двое других, Тургенев писал изысканные критические эссе о литературе. Одним из таких эссе был разбор в 1845 году перевода «Фауста» Гёте, его первой части[15]. Среди основных положений в этом обзоре была мысль о том, что «поэты», даже большие поэты, не должны предлагать решения тех проблем, которые ставят. Тургенев утверждал, что Гёте начал работу над «Фаустом» очень рано, еще до «Страданий юного Вертера», не имея никакого продуманного плана[16]. Первая часть «Фауста» «прямо вылилась из души Гёте», и в результате она «проникнута бессознательной истиной, непосредственным единством». Только в работе над второй частью Гёте начал задумываться над проблемой придания произведению формы («...начал "обдумывать", "округлять" и художнически "оканчивать" свое творение»). И дальше Тургенев высказывает предположение, что именно русские читатели способны оценить эту особенность «Фауста», поскольку они, будучи молодой нацией, не нуждаются в решении поставленных проблем, в завершенности и систематизации: «...мы — как народ юный и сильный, который верит и имеет право верить в свое будущее, — не очень-то хлопочем об округлении и завершении нашей жизни и нашего искусства...»[17]

---

[15] Тургенев. Соч. Т. 1. С. 197–235; анализ статьи Тургенева см. также в главе 6.

[16] Там же. С. 208–209; см. также С. 208, где Тургенев объясняет, как легко Гёте отрекался от собственной склонности к систематизации.

[17] Там же. С. 217, 220.

Менее чем через два года после этой статьи Тургенев издал «Хоря и Калиныча», ставшего первым очерком цикла «Записки охотника». У этих текстов была политическая цель, и в этом смысле они как будто предлагали «решение» политических и социальных проблем. «Хорь и Калиныч», как и последовавшие за ним рассказы, стали ответом писателя на призыв к действию, который прозвучал в известной статье Белинского «Взгляд на русскую литературу 1847 года»:

> Природа — вечный образец искусства, а величайший и благороднейший предмет в природе — человек. А разве *мужик* — не человек? — Но что может быть интересного в грубом, необразованном человеке? — Как что? — его душа, ум, сердце, страсти, склонности, — словом, всё то же, что и в образованном человеке[18].

«Хорь и Калиныч» был вкладом Тургенева в первый номер обновленного «Современника» под редакцией Панаева и Некрасова. Рассказ имел такой значительный успех, что вскоре у Тургенева и его друзей возникла идея создания сборника подобных рассказов; еще шесть вышли в 1847 году, шесть — в 1848-м и три — в 1849-м. Революция 1848 года в Европе и последовавшее за ней политическое давление со стороны правительства Николая I стали препятствием для немедленного осуществления этого плана. Отдельное издание не имело шансов появиться вплоть до 1852 года, но даже и тогда московский цензор, разрешивший его, был уволен от должности.

Подобно «Фаусту» в интерпретации Тургенева в его статье, «Записки охотника» были начаты без какого бы то ни было плана. Мы судим об этом на том основании, что, хотя идея книги и возникла в 1847-м, «Хорь и Калиныч» при издании в «Современнике» не имел нумерации в отличие от последующих рассказов, предназначавшихся для сборника. Этот факт позволил комментаторам академического ПССиП Тургенева сделать вывод,

---

18 Белинский В. Г. Полн. собр. соч. Т. 10. С. 300; цитата приводится в примеч.: Тургенев. Соч. Т. 3. С. 401.

что ко времени публикации рассказа у Тургенева еще не было мысли о цикле очерков, связанных общей тематикой[19]. Более того, специально для отдельного издания в 1852 году он написал всего один рассказ — «Два помещика», — и ни один из ранее созданных текстов не подвергся при подготовке отдельного издания существенной переработке. Позднее, в начале 1870-х, Тургенев добавил к циклу еще три рассказа: «Конец Чертопханова», «Стучит!» и «Живые мощи». На основании последнего факта мы можем сделать вывод, что форма или план книги, сложившийся у Тургенева при ее первом издании, оставался открытым для новых рассказов. Тем не менее уже в 1852 году книга как единое целое приобрела в его сознании определенную форму, которая потребовала реорганизации хронологической последовательности текстов, исключения из нее «Дневника лишнего человека» (1850) и включения в ее состав «Гамлета Щигровского уезда» (1849)[20].

В статье о «Фаусте» Тургенев характеризовал его создателя как «поэта по преимуществу, поэта и больше ничего». На этом основана и сила Гёте, и его слабость: его заботит только человеческое, мирское, посюстороннее, он отвергает любую религию — как догматическую, так и философскую[21]. Гётеанскую основу «Записок охотника» также составляет приятие автором всего человеческого, но в тех условиях, в которых Тургенев писал книгу, приятие само по себе, в узком и широком смысле, подразумевало прямую и безотлагательную моральную и политическую цель — отмену крепостного права в России.

И если «Записки охотника» тем не менее продолжают жить как произведение искусства, все еще читаемое сегодня, то потому, что в них была поставлена задача, безусловно связанная с кон-

---

[19] См.: Тургенев И. С. Полн. собр. соч. и писем: В 28 т. М.; Л.: АН СССР, 1963. Т. 4. С. 534.

[20] Существует несколько предварительных «программ» сборника, набросанных в период с 1847 по 1850 годы на рукописях ряда очерков. М. К. Клеман проанализировал их в статье «Программы "Записок охотника"» (1941); они опубликованы, см. Тургенев. Соч. Т. 3. С. 373–384.

[21] Там же. Т. 1. С. 204, 208, 215, 216.

кретной авторской целью, но все же более широкая и универсальная, чем та, которую Тургенев ставил первоначально. Как в романах Троллопа, в «Записках охотника» разворачивается широкая картина русского сельского, поместного общества, по мере того как вымышленный повествователь-охотник перемещается с места на место, наблюдая деревенскую жизнь. Вместе с тем конкретная задача Тургенева состояла в том, чтобы ожидания его повествователя, основанные на существующих социальных стереотипах, постоянно опровергались. В «Записках охотника» открыто утверждается, что природа всегда одерживает верх над воспитанием — так, как это происходит в первом же рассказе цикла «Хорь и Калиныч». Герои-крестьяне этого рассказа, конечно, не могут переступить границ своего социального положения, но они могут в этих границах трудиться над осознанием смысла и целей своего индивидуального бытия. Хорь, к примеру, не хочет выкупать свою свободу у глупого помещика, владельца крепостных, так как считает, что большего успеха добьется, оставаясь крепостным, нежели став свободным; тем не менее, в границах тех социальных структур, которые он признает, не бросая им вызова, он добивается успеха в самореализации и ведет жизнь более достойную, чем жизнь его хозяина.

Вновь и вновь тургеневский рассказчик удивляется непредсказуемому поведению его «материала», и сюжеты некоторых рассказов выстраиваются как заслуженное возмездие наблюдателю и создателю «типов». «Мой Сосед Радилов», например, своеобразный рассказ-тайна, в центре которого психологическая динамика радиловского домашнего хозяйства. Рассказчик, охотясь на куропаток в заброшенном и на вид необитаемом имении, пугает выстрелом девушку, после чего немедленно появляется помещик Радилов с выражением неудовольствия по поводу случившегося; рассказчик приносит извинения и неохотно принимает приглашение на обед. Когда они входят в усадьбу Радилова, рассказчик видит «типичный» заброшенный двор и огород и принимает хозяина за «типичного» степного помещика, подобного Полутыкину, хозяину Хоря и Калиныча. Но Радилов опровергает ожидания рассказчика: оглядывая свои владения, он произносит вслух то, о чем рассказчик в это время думает, — что он, возможно, и *не хочет* оставаться на обед, и обезоруженный рассказчик вынужден убеждать Радилова об обратном. В доме господствует атмосфера печали и распада, и вновь рассказчик интерпретирует Радилова, бездетного вдовца средних лет, чья жена трагически погибла при родах, в контексте этой домашней атмосферы. Федор Михеич, бывший провинциальный бонвиван, ныне старый жалкий приживал, живет с Радиловым и поет и пляшет в качестве платы за проживание. У рассказчика его выступления вызывают отвращение, и Радилов, заметив это, велит Федору Михеичу остановиться. В течение визита рассказчику открывается, что он не может отнести Радилова ни к какой привычной категории, он не «типичен»; это касается и тихой молодой золовки Радилова Ольги, участницы его домашнего хозяйства. Истина открывается только в свете последующих событий. В один из более поздних визитов рассказчик узнает, что Ольга и вдовец Радилов сбежали, оставив старуху-мать Радилова оплакивать свои предсмертные годы. Социальная типичность в этом рассказе ниспровергнута тайным движением сердца человека, готового, подчиняясь страсти, противостоять не только социальным условностям, но и моральным обязательствам.

С одной стороны, эта история развертывается вокруг рассказчика — лица, воспринимающего проблематичность ситуации: атипичное поведение Радилова и «необъяснимое» поведение Ольги. В этом смысле рассказ можно определить как исследовательский, «научный», объективный отчет. С другой стороны, задача рассказа, как и в большинстве рассказов в «Записках охотника», состоит в исследовании индивидуальных свойств личности. Наконец, важно, что исследование приводит к результатам, которых наблюдатель никак не ожидает, но он при этом остается верен своей профессиональной роли, и неожиданные результаты его наблюдений для него убедительнее его воззрений. Рассказчик поначалу ошибочно воспринимает героев как «социально» детерминированных, тогда как на самом деле их характер и поведение определяет природа.

Есть у рассказа и соответствующее философское измерение. Ф. И. Тютчев, прочитав отдельное издание «Записок охотника», писал жене в 1852 году об этой книге: «В ней столько жизни и замечательная сила таланта. Редко соединялись в такой степени, в таком полном равновесии два трудно сочетаемых элемента: сочувствие к человечеству и артистическое чувство. С другой стороны, не менее замечательное сочетание самой интимной реальности человеческой жизни и проникновенное понимание природы во всей ее поэзии»[22]. Тютчев вполне мог иметь в виду «Моего соседа Радилова», в котором оказываются связанными открывающий рассказ природный пейзаж и тайна сюжета, в итоге разгаданная повествователем. К начальному фрагменту рассказа следует вновь вернуться в свете его развязки. Хотя рассказчик нам об этом и не сообщает, но «молодой девушкой», встреченной им в липовой роще, была Ольга; мы с опозданием понимаем, что Ольга и Радилов были в роще вместе. Рассказчик сначала ошибочно связывает их со средой степных помещиков, тогда как на самом деле оба они принадлежат к другой среде: к природе, к птицам, на которых он охотится и которые находятся вне человеческих условностей и морали. Небольшой эпизод в начале рассказа не только приводит сюжет в движение, но и связан с интерпретацией характеров Ольги и Радилова, потому что молодой Тургенев, как и его наставник Белинский, разделял одну из идей немецкого романтизма, согласно которой человек в своей сущности и *есть* природа. В этом рассказе автор использует предрассудки и ожидания, связанные с «типами» помещиков, ранее утвердившимися в литературе, и затем разрушает эти ожидания, раскрывая тайные события в жизни любовников.

Тургеневский охотник-повествователь проводит нас через процесс этого откровения, но не возвращает нас к началу рассказа, чтобы реинтерпретировать его в свете того, что мы узнали в финале. Он не возвращается к отношениям Радилова с приживалом Федором Михеичем, которые также воспринимаются иначе, когда нам становится понятным внутреннее состояние Радилова. Все это мы должны проделать самостоятельно, и как только мы это проделали, мы готовы интерпретировать сюжет

---

[22] Цит. по: Там же. Т. 3. С. 417.

рассказа так, как этого, возможно, не сделал бы ни его герой, ни повествователь.

«Мой сосед Радилов» впервые вышел в свет в мае 1847 года вместе с тремя другими рассказами. Еще два были опубликованы ранее: в январе и феврале того же года[23]. В первом отдельном издании «Записок охотника» (1852) он помещен пятым по счету, после «Хоря и Калиныча», «Ермолая и мельничихи», «Малиновой воды» и «Уездного лекаря» — в таком порядке. Среди названных рассказов третий и четвертый появились в печати позднее трех других. Можно предположить, хотя этому и нет убедительных доказательств, что Тургенев переместил «Моего соседа Радилова» с третьего на пятое место, чтобы усилить читательские ожидания относительно «типичного» поведения помещиков — те ожидания, которые в рассказе будут разрушены. Если таким было его намерение, то не менее значимым представляется и перемещение «Петра Петровича Каратаева» (а по времени выхода в свет это второй рассказ) на восемнадцатое место в издании 1852 года. Он повествует еще об одном мятежном помещике, участнике трагической истории с крепостной девушкой из соседнего имения. Согласно тургеневскому финальному (1852) распределению рассказов в трех первых дворянство предстает в тотально негативном свете. Каждый из этих трех рассказов построен, между прочим, по принципу обманутых ожиданий: в каждом из них крепостные представлены людьми более достойными, чем их владельцы. В следующих трех — «Уездный лекарь», «Мой сосед Радилов» и «Однодворец Овсяников» — дворянство реабилитировано и представлено человечески многообразным.

Из этих свидетельств можно сделать вывод, что, помимо политических и социальных задач, временных и преходящих, по его представлениям, при публикации отдельного издания «Записок охотника» у Тургенева была и более перспективная художественная цель. Это была гетеанская «поэтическая» защита

---

[23] Рассказ «Хорь и Калиныч» появился в печати первым, в январе 1847 года; «Пётр Петрович Каратаев» вышел вторым, в феврале; «Ермолай и мельничиха», «Мой сосед Радилов», «Однодворец Овсяников» и «Льгов» были опубликованы в мае 1847 года — в такой последовательности.

частного, особенного, против общего и обобщающего, человеческой индивидуальности против ее поглощения категориями (или, как их тогда называли, «типами») — не важно, природными или социальными, но полностью ее детерминирующими. Так же как Достоевский и Толстой, Тургенев участвовал в романтическом бунте против рационалистических схем, к которым была так благосклонна эпоха Просвещения.

> В стремлении к всеобщности система имеет тенденцию пренебрегать конкретным и уникальным. Вспомним образ Блейка: вместо того чтобы увидеть вечность в песчинке, песчинкой пренебрегают ради создания концепции вечности[24].

Образ Блейка может напомнить об отказе Ивана Карамазова признать бессмертие, если оно куплено ценой жизни одного ребенка. Но в поиске такого взгляда на мир у Достоевского не было необходимости выходить за пределы русской литературы: в 1852 году Тургенев уже опубликовал книгу, целью которой была защита и утверждение особенного и индивидуального. Я полагаю, что потребность в этом определялась в русской культуре того времени общей философской основой, восходившей к немецкой философской мысли. В России решение этой задачи явилось прерогативой искусства, а не философии; привилегированность в русской культуре конкретного и субъективного над общим и объективным сообщает искусству особый статус внутри культуры[25].

Внимание к сфере субъективности — краеугольный камень русской реалистической прозы. Тургенев, Достоевский и Толстой — все они разрабатывали стратегии ее защиты, и тургеневское решение проблемы сводилось к тому, чтобы субъективность оставалась в тени, вдали от всепроникающего глаза разума. Зани-

---

[24] Halliwell M. Romantic Science and the Experience of Self: Transatlantic Crosscurrents from William James to Oliver Sacks. Studies in European Cultural Transition. Vol. 2. Aldershot, England: Ashgate, 1999. P. 20.

[25] Пояснение, почему это так, см. в Bowie A. Aesthetics and Subjectivity: From Kant to Nietzsche. Manchester, UK; New York: Manchester University Press, 1990. P. 81–114 (chapter 4: «Schelling: Art as the "Organ of Philosophy"»).

мая позицию наблюдателя, никогда детально и точно не описывающего внутреннюю жизнь своих героев, он избегает подчинения искажающей линзе индуктивного разума. О том, что действительно чувствуют и думают его герои, можно только строить предположения, но точно знать это невозможно — хотя то, что они глубоко чувствуют и мыслят, не вызывает сомнений. Тургенев сознательно создавал словесные картины, при чтении которых, по убедительному суждению Генри Джеймса, высказанному в статье «Иван Тургенев» (1874), «мы всегда смотрим и слушаем, и порою нам даже кажется, что из-за отсутствия путеводной нити пояснений видим много больше, чем понимаем»[26]. В художественном мире Тургенева жест и внешность персонажа имеют большее значение для его интерпретации, чем то, что он говорит[27]; эти же элементы часто бывают информативнее, чем эпизодические пояснения повествователем поведения героев. Это не означает, что Тургенев изгоняет объективность из своей прозы, — напротив, он настаивает на ней в большей степени, чем Толстой или Достоевский. Защищая субъективность в той мере, в какой считает нужным, он движется к необходимому балансу субъективности и объективности, в котором сфера субъективности невелика и скрыта, но имеет для каждого субъекта в повествовании чрезвычайно важное значение. В интересах меры и гармонии Тургенев всегда сопротивляется чрезмерной психологизации, не желая превращать внутреннюю жизнь персонажа из живого чувства в «химический процесс»[28].

---

[26] Джеймс Г. Иван Тургенев // Джеймс Г. Женский портрет / подгот. изд. Л. Е. Поляковой, М. А. Шерешевской; пер. М. А. Шерешевской . М.: Наука, 1981 (сер. «Лит. памятники»). С. 499.

[27] См.: Costlow J. T. World Within Worlds: The Novels of Ivan Turgenev. Princeton, NJ: Princeton University Press, 1990 (гл. 1: «Риторика и искренность: Тургенев и поэтика молчания»).

[28] Выражение «химический процесс» принадлежит Г. Б. Курляндской, которая убедительно демонстрирует технику раскрытия Тургеневым внутренней жизни персонажей без прямолинейного описания; см. Курляндская Г. Б. Художественный метод Тургенева-романиста. Тула, 1972. С. 233 (особенно гл. 4: «Психологизм Тургенева»).

Свои возражения против избыточной психологизации в искусстве Тургенев изложил в рецензии на пьесу А. Н. Островского «Бедная невеста» (1852). Позднее он включил эту рецензию в собрание сочинений (1880), сопроводив текст примечанием, в котором писал, что был не прав в своем излишне критическом мнении о комедии, ставшей позднее достоянием русского театра, однако некоторые свои замечания по-прежнему считает «не лишенными справедливости»[29]. В числе «справедливых» было, по всей вероятности, и следующее суждение общего характера: «...психолог должен исчезнуть в художнике, как исчезает от глаз скелет под живым и теплым телом, которому он служит прочной, но невидимой опорой»[30]. Открытая психологизация замедляет ход действия в драме, тогда как, по словам Тургенева, в драме «нам дороже всего те простые, внезапные движения, в которых звучно высказывается человеческая душа...»[31]

Таким образом, возражения Тургенева против психологического анализа как литературного приема были столь же сущностны, сколь и формальны: анализ убивает спонтанность, искажая реальное «я» персонажа, которое раскрывается в жестах, одежде, обстановке в той же степени, что и в словах и поступках.

По мнению Г. Джеймса, Тургенев верен объективной правде, он «серьезный и внимательный наблюдатель, и в силу этого своего качества охватывает великий спектакль человеческой жизни шире, беспристрастнее, яснее и разумнее, чем любой другой известный нам писатель»[32]. И та же позиция дистанцирования делает его склонным к сарказму, как замечает Джеймс, отражая уравнивание (об этом речь пойдет в главе 6) наблюдающего глаза в большей степени с умом, нежели с умом и чувством в равной степени. Когда Тургенев обращает зрение на «я» в по-

[29] Тургенев. Соч. Т. 4. С. 491. В длительной перспективе, к слову, оригинальная тургеневская оценка этой комедии оказалась справедливой, и она уже давно не входит в основной репертуар русской сцены.

[30] Там же. С. 495.

[31] Там же.

[32] Джеймс Г. Иван Тургенев. С. 495.

вествовании от первого лица, оно становится самокритичным, пессимистичным и мрачным, ибо таким человеческий ум видит бытие в целом. Достоевский расценивал эту позицию как малодушную и высмеял ее в речи Кармазинова «Мерси» в «Бесах»[33].

Возражая Достоевскому, скажем, что, сколь бы слабовольным ни был Тургенев как человек, как автор малодушным он не был никогда. Тургенев был стоиком и по меньшей мере агностиком, потому и не мог обратиться к сакральным началам в сопротивлении грубой силе природы и обстоятельств. В своих вершинных произведениях он выдвигает идею трезвого баланса между потребностями личности и теми ограничениями, которые на нее налагает действительность. В этом плане его выдающееся произведение — «Отцы и дети», и Евгений Базаров — выдающийся герой романа. Базаров обладает способностью к спонтанному эмоциональному движению и внутренней силой — теми качествами, которые восхищали Тургенева в человеке; как и у автора романа, у Базарова сильный ум, склонный к сарказму. Вынужденный обстоятельствами по ходу развития сюжета выйти из роли наблюдателя и подчиниться «простым, внезапным движениям, в которых звучно высказывается человеческая душа», Базаров в финале направляет свет разума на себя. В отличие от повествователей в рассказах от первого лица, таких, как «Дневник лишнего человека» и «Призраки», Базаров в тяжелом положении сохраняет трезвость взгляда. На смертном ложе он способен и объясниться в любви Одинцовой, и пошутить над собой; духовно он не побежден внешними силами, победившими его физически. Это тургеневская модель высшего человека, сохраняющего верность своему разумному «я», даже когда он подчиняется сначала страсти, а затем — смерти.

Тургенев критически отзывался о двух своих младших современниках, избыточно, на его взгляд, применявших в своей прозе психологический анализ, тем самым понижая статус персонажа с уровня субъекта до уровня объекта. Он не одобрял мелочной и антихудожественной, с его точки зрения, «психологической

---

[33] Об изображении Достоевским Тургенева в его романе см. подробнее в главе 6.

возни» у Толстого, снижавшей силу его произведений даже в «Войне и мире», его шедевре; по той же причине он критиковал и вторую часть «Преступления и наказания»[34]. Вместе с тем собственный художественный метод Тургенева при изображении внутренней жизни персонажа скрывает нечто сущностно важное для защиты субъективности, а именно свободу выбора в процессе развития действия. В тургеневских текстах герои предстают способными к свободе только постфактум. Проблема становится очевидной из тургеневской декларации его принципа в письме К. Н. Леонтьеву в 1860 году, где он советует молодому автору включать в прозу меньше психологических деталей: «Поэт должен быть психологом, но тайным: он должен знать и чувствовать корни явлений, но представляет только самые явления — в их расцвете или увядании»[35].

Метод Тургенева не изображает момент принятия решения, когда герой встает перед проблемой выбора, именно потому, что в отличие от Достоевского, который «ковыряется» во внутренней жизни своих персонажей, он не изображает психологического процесса, внутри которого происходит выбор. Мы видим только последствия уже принятого решения и сделанного выбора (или, как в случае с Базаровым, выбора не сделанного, пути не избранного), и текст лишь дает нам определившие выбор мотивировки. Некоторые из этих мотивов относятся к числу психологических, внутренних, но мы не видим реальной внутренней борьбы, в которой сознание выбирает альтернативы, поэтому психологические мотивировки предстают такими же несвободными, как и мотивировки внешние. Разум, сознание свободны в прозе Тургенева,

---

[34] См., например, тургеневскую критику второй журнальной части «Преступления и наказания», в которой слишком много «самоковыряния», под чем он понимает избыточность анализа поступков персонажа и у Раскольникова, и у повествователя (Тургенев. Письма. Т. 7. С. 28; письмо к А. А. Фету от 25 марта (6 апр.) 1866). Многочисленные критические высказывания Тургенева о толстовской «психологии» в «Войне и мире» см. в его письмах 1866–1869 годов к П. В. Анненкову, В. П. Боткину, А. А. Фету, И. П. Борисову, Я. П. Полонскому и др.

[35] Тургенев. Письма. Т. 4. С. 243 (письмо от 21 сент. (3 окт.) 1860).

однако разум, как правило, только взвешивает, но не определяет поступков, исключая те ситуации, когда он служит страсти. К этому сводится тот урок смирения, который получает Базаров в лучшем романе Тургенева: он тоже является субъектом действия, а не только его высокомерным объективным исследователем. Размышляя о поединке с Павлом Петровичем Кирсановым, Базаров сознает, что не может отказаться от него даже несмотря на то, что презирает собственные мотивы дуэли[36]. Поэтому вопреки заявленным Тургеневым изобразительным принципам и за некоторыми исключениями в его вершинных произведениях, как только что упомянутое, читатели могут воспринимать психологические портреты Тургенева как слишком завершенные и избыточно детерминированные, со всеми завязанными узелками, когда не осталось задач для деятельности воображения; заложенные в этих портретах самоограничения объясняют то чувство фатализма, которое они рождают. И напротив, Достоевский и Толстой фокусируют внимание на кризисных моментах психологического процесса, когда меняется внутренний ландшафт сознания и герои принимают решения, определяющие их действия. Конечная причина выбора, хорошего или дурного, остается загадочной как для читателя, так и для героя, но мы видим вовлеченность сознания в процесс принятия решения и поэтому считаем героя ответственным за его или ее поступки.

Современный человек предстает в прозе Тургенева разделенным на объект и субъект: снова и снова его герои сожалеют или скорбят о своих поступках, как будто их совершали не сами они, а другие люди. Соглашаясь с Тургеневым в том, что разум и чувство могут вступать в противоречия в душе человека, Достоевский и Толстой наделяют своих героев свободой. Ее обеспечивают только авторский психологический анализ и самоанализ персонажа, то есть те повествовательные приемы, которые Тургенев относил к числу художественных недостатков. В следующих двух главах речь пойдет о том, как эта стратегия репрезентации субъективной сферы влияет в их прозе на роль автора.

---

[36] См. в гл. 24 романа: Тургенев. Соч. Т. 7. С. 140–143.

Глава третья

Скрытый автор Достоевского

...В его <Достоевского> психологических этюдах есть тот самый мистический отблеск, который свойственен вообще изображениям глубоко анализируемой действительности[1].

* * *

Мир, который изображает психологический реализм, — внутренний мир других. С обычной объективной точки зрения этого сделать невозможно. Авторы психологической прозы должны свериться с собой, чтобы убедиться, что они понимают, что думает и чувствует другой; по мере того как они это делают, они вкладывают собственную личность в каждый персонаж, который стремятся понять и чью точку зрения хотят передать. Поэтому психологический реализм по самой своей природе должен быть глубоко автобиографическим[2]. Эта необходимость порождает еще одну, кажущуюся противоположной, но на самом деле родственную первой, а именно потребность в объективности. Авторы — в роли авторов — должны присутствовать в своих текстах, но им также необходима и дистанция от своих пер-

---

[1] Майков В. Н. Нечто о русской литературе в 1846 году // Майков В. Н. Литературная критика. Статьи. Рецензии / Сост., подгот. текста, вступ. ст. и примеч. Ю. С. Сорокина. Л.: Худож. лит. (Ленингр. отд.), 1985. С. 182.

[2] Этот предмет подробно рассматривается в главе 7.

сонажей и их сложностей. О том, как справляется с этой задачей Достоевский, речь пойдет в настоящей главе.

Тургенев как искушенный повествователь, позиционирующий себя вне своего повествования, часто использует нарративные рамки, а также вставные сюжеты; и Тургенев, и его герои любят вставные нарративы за ту психическую безопасность и контроль над реальностью, которые благодаря им создаются[3]. Такую авторскую позицию Тургенева часто связывают с его психологической слабостью: его якобы пугал хаос реальности и он использовал искусство, чтобы от него защититься. Другие, в том числе и Э. Ч. Аллен, дают высокую оценку Тургеневу как «уверенному в себе литературному мастеру с последовательно узнаваемым стилем, неуклонно придерживающемуся единой, замечательно стабильной эстетической программы»[4].

Волевой и страстный Достоевский в своем творчестве также стремился к «аполлонической» дистанции[5]; действительно, из трех писателей, нами изучаемых, Достоевский наиболее успешно скрывает в своих текстах свое личное участие. Объектом его критики Тургенева как писателя, о чем речь пойдет в главе 6, была не его эмоциональная отстраненность от своих повествований, а скорее его неспособность ее достигнуть. Достоевский восхищается Тургеневым, когда ему удается действительно дистанцироваться от своего материала, как это происходит в «Отцах и детях», и презирает его, когда свое искусство он использует для личного отступления от хаоса действительности или для сетований и жалоб на этот хаос.

Подобно тому как Тургенев заявляет о своем отступлении, используя повествовательную рамку в своей первой повести «Андрей Колосов», так и Достоевский с той же целью использует другую стратегию в «Бедных людях» — первом своем произведении, ро-

---

[3]   Allen E. Ch. Beyond Realism: Turgenev's Poetics of Secular Salvation. Stanford, CA: Stanford University Press, 1992. P. 45–48.

[4]   Ibid. P. 37.

[5]   Используя терминологию Ницше, Аллен тургеневскую технику называет «аполлонической».

мане в письмах, в котором, как он писал брату Михаилу, «рожа сочинителя» нигде не видна[6]. Это не значит, что Достоевский оставляет контроль над повествованием, — напротив, в своем контроле он тоже аполлоничен, как и Тургенев, что тем более необходимо, так как мир, который он представляет в своей прозе, хаотичен. Действительно, кажущееся отсутствие автора у Достоевского наделяет властью его героев, но автор остается активным даже в «Бедных людях» — как в едва уловимых, так и в не столь тонких приемах. Поэтому, когда Достоевский с гордостью признается брату, что автор отсутствует в «Бедных людях», на ум приходит игра, заимствованная из «Тристрама Шенди», в которую Толстой любил играть со своими детьми, призывая их *не* думать о белом медведе. Во время работы Достоевского над «Бедными людьми» вопрос о роли автора, значит и сам автор — при его отсутствии, — слишком отчетливо присутствовал в его сознании.

История изложена в форме датированных писем, которыми обмениваются ставшие друзьями немолодой чиновник Макар Девушкин и юная Варя Доброселова. Что понравилось современникам в «Бедных людях», так это трансформация типа гоголевского чиновника из простого объекта жалости в объект, который порой вызывает восхищение. Чего они не заметили, так это нового литературного метода Достоевского, что приведет его вскоре к тем направлениям, к которым они не были готовы. Этот новый метод, практиковавшийся Достоевским на протяжении всей литературной деятельности, до сих пор остается источником постоянного заблуждения для его читателей, воспринимающих высказывания его героев как собственное мнение автора. Достоевский так описывал свой метод брату: «Во мне находят новую оригинальную струю (Белинский и прочие), состоящую в том, что я действую Анализом, а не Синтезом, то есть иду в глубину и, разбирая по атомам, отыскиваю целое, Гоголь же берет прямо целое и оттого не так глубок, как я»[7].

---

[6] Достоевский. Т. 28. Кн. 1. С. 117 (письмо от 1 февр. 1846). См. главы 5 и 6, где будет подробно рассматриваться «Андрей Колосов».

[7] Там же. С. 118.

Новый метод делал Достоевского менее снисходительным к своим персонажам: вместо того чтобы объяснять их, он позволял им объяснять самих себя. В этом смысле Достоевский и следовал «сентиментальному натурализму», целью которого было изображение «униженных и оскорбленных», и корректировал его. Происходит сверх того и кое-что еще. Точка зрения каждого «атома» частично верна, поскольку «исходит из сердца», и частично ложна, поскольку в большей степени выражает особенное, чем общее. Это значит, что части истины, перемещаясь от одного персонажа к другому, приобретают различную окраску и становятся лишь в той или иной степени истинными. В результате неизбежной субъективной окраски истины персонажи лишаются возможности понимать друг друга. Очень редко, а фактически почти никогда, Достоевский изображает подлинно гармоничные отношения между персонажами, и он никогда не изображает двух героев, которые видят вещи совершенно одинаково. Это соответствует его пониманию своеобразия каждой индивидуальности и, кроме того, его пониманию романтической тоски и ее психологических следствий для каждой души. Любой индивидуум одновременно и уникален и не целен, любой чувствует свое несовершенство и поэтому нуждается в поддержке и признании со стороны других. По той же самой причине в художественных текстах Достоевского и полифония дисгармонична, и герои гораздо чаще приходят к столкновению, нежели к гармоничному единению. Различные идеи (или голоса) также воюют и внутри персонажей, поэтому Макар Девушкин может быть как сладким и сентиментальным, так и (когда рушится его вера в себя) в то же время бунтующим из-за своей психологической зависимости, острой нужды в общении и понимании. Он может быть также бессознательно хищным в этой своей потребности и этим пугать и отталкивать свою возлюбленную — друг Достоевского В. Н. Майков воспринял это восторженно[8].

Под *полифонией* выдающийся русский ученый М. М. Бахтин, впервые применивший этот термин к прозе Достоевского, имел

---

[8] См.: Майков В. Н. Нечто о русской литературе в 1846 году. С. 181. Статья впервые появилась в «Отечественных записках» (1847. Т. L. № 1. С. 1–17).

в виду взаимодействие отдельных голосов в литературном тексте, как внутри персонажей, так и между ними, голосов, вступающих в диалог, который, однако, не достигает ни завершения, ни синтеза. В понимании Бахтина в этом заключается смысл, наполняющий содержанием и придающий окраску всем идеологиям, которые вступают в соперничество в текстах Достоевского; это также лишает автора — в роли литературного инструмента — полной власти над ними: «Авторское слово не может объять со всех сторон, замкнуть и завершить извне героя и его слово»[9].

На Западе теория Бахтина часто интерпретировалась в свете релятивистской или постмодернистской критической традиции, но Бахтин говорит именно о том, что полифонию нельзя смешивать с релятивизмом: «Нужно сказать, что и релятивизм и догматизм одинаково исключают всякий спор, всякий подлинный диалог, делая его либо ненужным (релятивизм), либо невозможным (догматизм). Полифония же как *художественный* метод вообще лежит в другой плоскости»[10]. Таким образом, даже если статус авторского голоса как литературного инструмента в полифоническом тексте меняется, сохраняется авторская интенция. Согласно Бахтину, полифония отражает убежденность Достоевского в том, что абсолютная истина не является монолитной, «монологической» идеей, но «событием», случающимся в точке пересечения множественности сознаний. Процитирую Бахтина: «Вполне можно допустить и помыслить, что единая истина требует множественности сознаний, что она принципиально невместима в пределы одного сознания, что она, так сказать, по природе *событийна* и рождается в точке соприкосновения разных сознаний»[11].

---

[9] Бахтин М. М. Проблемы поэтики Достоевского // Бахтин М. М. Собр. соч.: В 7 т. Т. 6. М.: Русские словари; Языки славянской культуры, 2002. С. 279. О деталях обсуждения применения понятия «полифония» к прозе Достоевского см.: Emerson C. The First Hundred Years of Mikhail Bakhtin. Princeton, NJ: Princeton University Press, 1997. P. 127–161.

[10] Там же. С. 81.

[11] Там же. С. 92.

Несмотря на эпизодическое возникновение подобных «событий», автор у Достоевского хотя и может быть скрыт, все же необходим для читателей в роли посредника между разными голосами. Он и только он выступает аналитиком, определяя, что правда и что ложь в каждом персонаже. Уже в «Бедных людях» происходит именно так. Вместо того чтобы соглашаться, Варенька и Макар Девушкин постоянно упрекают и поправляют друг друга. Их так называемый диалог — это любовный поединок, в котором каждый хочет что-то сделать для другого, в то же время убеждая другого не жертвовать собой. Развивается реактивная, или диалектическая связь, которую я кратко проиллюстрирую.

Первое письмо в повести — письмо Макара Девушкина — начинается рассказом о его счастье, возникшем оттого, что Варенька его «послушалась»: «Вчера я был счастлив, чрезмерно счастлив, донельзя счастлив! Вы хоть раз в жизни, упрямица, меня послушались»[12]. Девушкину представляется, что она постоянно о нем думает и подает ему знаки, отодвигая занавеску на окне (ее «придумочка»). Ему кажется, что она его понимает и отвечает на его чувства (он пишет ей: «Так вы-таки поняли, чего мне хотелось, чего сердчишку моему хотелось!»[13]), однако выясняется, что все совсем не так. Отвечая на первое письмо Девушкина, Варенька начинает с заявления, что сердится на него за то, что он потратил на нее слишком много денег, и добавляет: «Про занавеску и не думала; она, верно, сама зацепилась, когда я горшки переставляла; вот вам!»[14]

Девушкин — первый из одиноких петербургских мечтателей Достоевского (важнейший среди них — Подпольный человек), которые, будучи отрезаны от обычного человеческого общества, находятся в постоянном процессе сотворения того мира, который мог бы их устроить. Окружающие не обязательно в этом с ними сотрудничают. В своей замечательной книге о «Бедных людях»

---

[12] Достоевский. Т. 1. С. 13.

[13] Там же.

[14] Там же. Т. 1. С. 18.

В. Е. Ветловская отмечает, что в дружеских ссорах Девушкина и Вареньки есть намек на борьбу за власть: Девушкин хочет получить контроль над Варенькой, чтобы иметь того, кто будет ему подчиняться и кто окажется более нуждающимся, чем он. Между тем, для Вареньки искренняя любовь Девушкина является обузой, и подчиняться ему она не хочет.

Девушкин отвечает на письмо Вареньки в тот же день. Он раздавлен теми поправками, которые она вносит в его представления, и отступает. Варенька в письме мягко поддразнивала его, его сентиментальный язык — птички, погода, природа, — годящийся для жанра сентиментального романа в письмах, и теперь сверхчувствительный Девушкин отрицает какой бы то ни было романтический интерес к ней, хотя интимный тон его первого письма это предполагал. Для немолодого любовника не может служить утешением то, что Варенька отвечает на его романтические увертюры дружеской заботой о его здоровье и слабеющем зрении. Настроение первого письма Девушкина сентиментальное и романтическое. Настроение письма Вареньки элегическое, в конце письма она даже цитирует знаменитое стихотворение Лермонтова «И скучно и грустно...» Динамика отношений между двумя друзьями, заложенная в первых двух письмах, знакома ветеранам несчастных любовных романов, в которых развитие действия подпитывается именно радикальным различием в настроениях персонажей. Именно так и может быть прочитан весь роман, но в решающий момент происходит «перелом», и Варенька становится «благодетельницей падающего Девушкина»[15].

Если Девушкин неправильно «читает» других людей, неудивительно, что он так же неправильно читает и тексты. Он выступает комментатором двух повестей, относящихся к предыдущему литературному поколению, — пушкинского «Станционного смотрителя» (1831) и гоголевской «Шинели» (1842); первую он любит, вторую ненавидит и ни одной из них не понимает. Как читатель пушкинской повести Девушкин совершает ту же ошиб-

---

[15] См.: Виноградов В. В. Эволюция русского натурализма: Гоголь и Достоевский. Л.: Academia, 1929. С. 380.

ку, что и в своих отношениях с Варенькой. С энтузиазмом отождествляя себя со станционным смотрителем Самсоном Выриным, он не понимает, что Самсон становится творцом собственного несчастья, смешивая свои эгоистические интересы с интересами дочери. И Гоголя Девушкин обвиняет за то, что он описывает вызывающие жалость привычки чиновника Башмачкина, а не скрывает их ради соблюдения приличий. Девушкину, который идентифицирует себя с Башмачкиным, раскрытая автором правда представляется обидной и травмирующей, и он ее отвергает. Здесь текст Достоевского густо насыщен иронией, поскольку судьбы Самсона Вырина и Акакия Башмачкина по сути предвосхищают судьбу Девушкина[16].

Критические замечания Девушкина о «Шинели» звучат как эхо эпиграфа к «Бедным людям», заимствованного из «Живого мертвеца» (1839) князя В. Ф. Одоевского:

> Ох уж эти мне сказочники! Нет чтобы написать что-нибудь полезное, приятное, усладительное, а то всю подноготную в земле вырывают!.. Вот уж запретил бы им писать! Ну, на что это похоже: читаешь ... невольно задумаешься, — а там всякая дребедень и пойдет в голову; право бы, запретил им писать; так-таки просто вовсе бы запретил[17].

Этот эмоциональный выплеск происходит в последнем абзаце повести Одоевского, когда повествователь (рассказ ведется от первого лица) просыпается и обнаруживает, что пережитое им в предыдущей части повести как реальность было ночным кошмаром. Во сне он умирает и после этого в роли «живого мертвеца» узнает, что о нем на самом деле думают другие; ему также открывается все совершенное им в жизни зло. Проснувшись, рассказчик пренебрегает уроками сна, относя его на счет несварения желудка, вызванного обильным ужином, и автора прочитанной им перед сном повести. Вместо того чтобы писать «что-нибудь полезное, приятное, усладительное», авторы повестей, вроде того,

---

16 Там же. С. 379.

17 Достоевский. Т. 1. С. 13.

который нарушил покой «живого мертвеца», «всю подноготную в земле вырывают».

Заглавие в «Бедных людях» и эпиграф к тексту — единственные прямые авторские вторжения в повесть Достоевского. И заглавие, и эпиграф представляют точку зрения, резко контрастирующую с точкой зрения героев. Девушкин сопротивляется тому, чтобы его называли «бедным», объектом чьей-то жалости, однако заглавие именно так его и определяет. Эпиграф создает возможность иного толкования протеста героя против объективного описания его положения: как и рассказчик в «Живом мертвеце», Девушкин занимает позицию противодействия объективной истине. Создавая эти контрасты, Достоевский-автор обращается к нам, читателям, чтобы сказать, что объединять нас должно по меньшей мере стремление к правде, какой бы она ни была.

Полифонию Достоевского Бахтин рассматривает как реакцию на «идеалистическую философию»; более того, последнюю он отождествляет с «европейским рационализмом» и особенно с Просвещением. Он пишет: «Наиболее яркое и теоретически отчетливое выражение принципы идеологического монологизма получили в идеалистической философии. Монистический принцип, то есть утверждение единства *бытия*, в идеализме превращается в принцип единства *сознания*». И далее: «Укреплению монологического принципа и его проникновению во все сферы идеологической жизни в новое время содействовал европейский рационализм с его культом единого и единственного разума и особенно эпоха Просвещения, когда формировались основные жанровые формы европейской художественной прозы. Весь европейский утопизм также зиждется на этом монологическом принципе. Таков утопический социализм с его верой во всесилие убеждения. Представителем всякого смыслового единства повсюду становится одно сознание и одна точка зрения»[18]. Прочтение Бахтиным Достоевского как реакции на «монологический принцип» в европейской мысли справедливо, но вместе с тем в некоторой степени вводит в заблуждение. Фактически через

---

[18] Бахтин М. М. Проблемы поэтики Достоевского. С. 91, 93.

свою связь с Одоевским, которую он открыто признает в эпиграфе к «Бедным людям», Достоевский участвует в европейской, и особенно шеллингианской, идеалистической оппозиции философскому систематизму и рационализму. Хотя долг Достоевского по отношению к Одоевскому и был отмечен в ряде исследований, подробно изучен он никогда не был[19]. Я не буду пытаться исправить эту ошибку в данной главе, но надеюсь внести свой вклад в обсуждение проблемы.

Мы привыкли воспринимать романтическое поколение России погибшим или сошедшим с литературной сцены в молодые годы, как в трагическом случае В. К. Кюхельбекера, сосланного за участие в восстании декабристов. Исключением стал родившийся в 1804 году В. Ф. Одоевский — живой реликт романтизма и пушкинского периода, остававшийся деятельным участником и жизни русского общества, и его письменных памятников вплоть до своей смерти в 1869-м. Он читал «Бедных людей» перед публикацией повести в 1846 году в «Петербургском сборнике» (в который также внес свой вклад в виде рассказа под заглавием «Мартингал») и по собственной инициативе вскоре после этого познакомился с ее автором. Достоевский до ссылки часто посещал петербургский салон Одоевского и чувствовал себя настолько ему близким, чтобы иметь право обратиться к нему из Сибири с просьбой о помощи в получении разрешения на публикацию своих произведений. Можно предположить, что они вновь встречались в начале 1860-х, до переезда Одоевского из Петербурга в Москву в 1862 году[20].

---

[19] См. работы Н. Корнуэлла и С. Карлинского на Западе и среди российских исследователей — работы Р. Г. Назирова (Cornwell N. 1) V. F. Odoevsky: His Life, Times and Milieu, 1804–1869. Athens: Ohio University Press, 1986; 2) Vladimir Odoevsky and Romantic Poetics: Collected Essays. Providence, RI; Oxford: Berghahn Books, 1998; Karlinsky S. A Hollow Shape: The Philosophical Tales of Prince Vladimir Odoevsky // Studies in Romanticism. 1966. № 5.3. Spring. P. 169–182; Назиров Р. Г. Владимир Одоевский и Достоевский // Русская литература. 1974. № 3. С. 203–206).

[20] Лев Толстой также был знаком с Одоевским в 1850-х, когда они оба жили в Петербурге, и в конце 1860-х, когда он часто посещал московский салон Одоевского. См. Гусев Н. Н. Лев Николаевич Толстой: Материалы к биографии с 1855 по 1869 год. М.: АН СССР, 1957. С. 793.

Одоевский опубликовал «Русские ночи», свое самое сложное произведение, в 1844 году. Воспринятые как продукт устаревшей романтической, шеллингианской эстетики автора, «Русские ночи» не получили одобрительной критики и фактически до 1913 года не переиздавались. (Оценка Белинским «Русских ночей» как художественной неудачи была особенно сокрушительной, — возможно, именно после нее Одоевский больше не обращался к литературному творчеству[21].) Однако не может быть никаких сомнений, что молодой Достоевский читал «Русские ночи», как и другие рассказы и повести Одоевского, не вошедшие в их состав. Если согласиться с тем, что «Достоевский с точки зрения его высшей эстетики — дитя немецкой романтической философии»[22], тогда, безусловно, Одоевский был одним из важных источников этой эстетики. Через рассказы Одоевского, опубликованные в конце 1830-х, и особенно через «Русские ночи», Достоевский вступал в прямой контакт с иррационалистической философией и эстетикой идеализма, верность которым сохранил до конца жизни. «Русские ночи» — предпринятая Одоевским грандиозная попытка создания русского романтического романа, и не исключено, что Достоевский имел ее в виду, вводя к «Бедным людям» подзаголовок «Роман».

В «Ночи второй» «Русских ночей» Фауст — герой, играющий в диалогах романа роль современного Сократа, — описывает Шеллинга как Христофора Колумба: «...он открыл человеку неизвестную часть его мира, о которой существовали только какие-то баснословные предания, — *его душу!*»[23] Достоевский был одним из трудолюбивых исследователей, открывавших новый континент. Эти исследователи могли быть поэтами, но не философами, так как в представлении Шеллинга подлинная реальность

---

[21] См. Cornwell N. Belinsky and V. F. Odoevsky // Cornwell N. Vladimir Odoevsky and Romantic Poetics: Collected Essays. Providence, RI; Oxford: Berghahn Books, 1998. P. 109.

[22] Jackson R. L. Dostoevsky's Quest for Form: A Study of His Philosophy of Art. New Haven, CT: Yale University Press, 1966. P. 187.

[23] Одоевский В. Ф. Русские ночи / Подгот. изд. Б. Ф. Егорова, Е. А. Маймина, М. И. Медового. Л.: Наука, 1975 (сер. «Лит. памятники»). С. 15–16.

находится в области чувств. Поскольку литературные эксперименты Одоевского принадлежали к числу литературных неудач, они были тем более открыты для подражания и пародирования неуверенному в себе молодому писателю.

Я склонна думать, что кажущееся исчезновение авторского голоса в «Бедных людях» явилось частью воплощения Достоевским иррационалистического идеализма Шеллинга, о котором он узнал благодаря чтению Одоевского (и других авторов). Подобно своему близкому другу и собрату по перу шеллингианцу Ивану Киреевскому, Одоевский выступал против рационалистического разделения познающего и объекта познания[24]. Продолжая свои разъяснения шеллингианских идей в «Ночи девятой», Фауст произносит: «...он назвал первым знанием — знание того акта нашей души, когда она обращается на самую себя и есть вместе и предмет и зритель»[25]. Полная истина может быть познана или угадана только через ее символическую репрезентацию в чувствах и сновидениях, во внутреннем мире познающего. Однако в художественном произведении у познающего могут быть субъективные причины для подавления прозрений «внутреннего чувства» — в этом случае они должны передаваться читателю иным способом. С другой стороны, простое объективное объяснение повествователем внутренних ощущений также неизбежно терпит неудачу — для того чтобы повествователь действительно имел возможность «познать» их, должна быть найдена какая-то форма его идентификации с этими ощущениями.

В «Живом мертвеце» отразилась и сама эта проблема, и один из способов ее решения для Одоевского. Повесть представляет собой повествование от первого лица, которое обрамляют заглавие и эпиграф в начале и финальный абзац, составленный из нескольких слов рассказчика от третьего лица, поясняющего, что «живой мертвец» проснулся. Повествователь от первого лица отвергает прозрения, открытые ему во сне «внутренним чув-

---

[24] Walicki Andrzej. The Slavophile Controversy: History of a Conservative Utopia in Nineteenth-Century Russian Thought / Transl. by H. Andrews-Rusiecka,. Notre Dame, IN: University of Notre Dame Press, 1987. P. 81.

[25] Одоевский В. Ф. Русские ночи. С. 136.

ством», и возвращается к бессознательной жизни бодрствующего. Рамка превращает его в объект сатиры для тех читателей, которые не могут симпатизировать столь очевидной недостоверности и способны убедить себя в том, что *они* никогда настолько не лишатся самосознания. В «Бедных людях», напротив, нет такого отчетливого механизма дистанцирования. Во-первых, хотя в письме от 8 июля Девушкин и отверг «Шинель», позднее он вынужден признать свое положение «бедного человека». Примечательно, что когда он 1 августа в этом признаётся, то о своей ситуации говорит преимущественно в третьем лице. Если в этот момент он и поднимается до уровня объективного самосознания, на котором, по убеждению Киреевского, он одновременно является и познающим, и объектом познания, то и до и после этого он погружен в субъективность, которая по своей природе дорациональна и словесно невыразима.

Эффект, к которому стремится Достоевский, заключается в том, чтобы показать нам всего человека, вместе его ум и сердце. Ограничители для точки зрения Девушкина проявляются неявно, косвенно, их роль отчасти выполняют его ошибочные «прочтения» как самой Вареньки, так и историй, ею присланных. Чтобы понять эти неправильные прочтения, читатели должны поочередно погружаться во внутренний мир двух главных героев и, кроме того, правильно интерпретировать повести Пушкина и Гоголя. Возникающие в результате несоответствия заставляют читателя задуматься, не позволяя ему, однако, просто дистанцировать себя от каждого из героев. Переводя все это в термины шеллингианской эпистемологии, как ее объясняет Фауст в «Русских ночах», метод Достоевского позволяет читателю сначала идентифицировать себя с персонажем, а затем — только в контексте этой сочувственной идентификации — воспринять персонаж как объект. Для того чтобы такая идентификация состоялась, герой должен сам обладать сознанием и способностью мыслить. Так, у Девушкина развиты разум и сознание вместе со всеми вытекающими из этого для человеческой личности следствиями. Однако он не объективен в оценке своего положения, тогда как автор этим свойством обладает.

В конечном счете «Живой мертвец» — дидактическая повесть. Но из «Бедных людей» не так легко извлечь урок. Такого рода «неопределяемость», объединяющая «Бедных людей» со всеми имевшими успех текстами Достоевского, и побудила Бахтина назвать их полифоническими. В то же время — и Бахтин, возможно, не стал бы против этого возражать — во всех текстах Достоевского существует скрытый, но неявно дающий о себе знать уровень, где осуществляется связь читателя с автором — через сравнения и контрасты. Это было бы невозможно, конечно, если бы читатели отождествляли себя с кем-либо из персонажей, но мы этого не делаем. Когда мы грустно улыбаемся или качаем головой, читая о разного рода заблуждениях, о наивности Макара Девушкина, мы отделяем себя от него. Автор, кроме того, и напрямик различными способами обращается к читателям: создавая образы погоды и пейзажа, фиксируя смену времен года, датируя письма[26]. Еще одним примером может служить система образов, проходящих через весь текст, начиная с первого письма, соотносящих каждого из героев с птицами. Большинство этих образов появляется в условных фигурах речи или в составе флористической образности, и для автора письма — а это всегда Девушкин — не имеет конкретного значения, потому что является частью заимствованного им у других сентиментального стиля. Макар Девушкин сравнивает Вареньку с «птенчиком», с «пташкой»[27]. Образы птиц он использует в своих нежных обращениях к ней, называя ее своей голубкой, и т. д. Варенька также, рассказывая о своей жизни в детстве возле большого озера, говорит о птицах, неявно отождествляя себя с дикой чайкой, которую помнит пролетающей над озером[28]. Мы, таким образом, имеем два ряда «птичьих» образов, контрастирующих друг с другом. Варенька хочет быть свободной, как птица. Макар Девушкин видит ее маленькой птичкой, которую надо защищать,

---

[26] См.: Виноградов В. В. Эволюция русского натурализма: Гоголь и Достоевский. С. 367 и след.

[27] Там же. С. 370.

[28] Достоевский. Т. 1. С. 83.

и когда она задумывается о необходимости найти работу, он упрекает ее в желании покинуть гнездышко[29].

Именно в первом письме, где Девушкин впервые использует образы птиц, проскальзывает его собственное желание стать хищной птицей; читателю здесь приоткрываются возможные угрозы в отношениях между ним и Варенькой. Девушкин не замечает — не может заметить — следствий собственной эпистолярной прозы, потому что не понимает ни себя, ни силы собственных желаний. Структуры, подобные той, которая создается в тексте птичьими образами, связывают различные жанры, представленные в повести, в новый жанр — жанр сентиментального романа, самым совершенным образцом которого в России и стали «Бедные люди»[30]. И в этих же структурах реализуется непрямое воздействие автора на повесть — в отсутствие авторского голоса, авторской интенции. Это те способы, которыми автор не напрямик и художественно представляет свои выводы тем читателям, которые берут на себя труд анализировать его текст.

В «Бедных людях», таким образом, мы имеем новеллу, которая является художественно гораздо более удачной версией того, что Одоевский пытался сделать в «Русских ночах». На первом повествовательном уровне в «Русских ночах» разные повествователи с разных позиций излагают множество разных по происхождению историй. Они не равны по качеству, но некоторые из них составляют наиболее значимое художественное достоинство книги. Истории позднее обсуждаются пятью героями, представляющими самые современные точки зрения, но эти герои в действительности не участвуют в обмене идеями. В какой-то момент в конце книги Фауст предъявляет запись короткого судебного процесса, на котором суд заслушивает героев нескольких историй и судит каждого как выразителя законной, но односторонней точки зрения. Уровень романа, на котором мы должны судить о повествовании, то есть о включенных в него историях, в этом эпизоде открыто драматизируется.

---

[29] Там же. С. 58 и др.

[30] См.: Виноградов В. В. Эволюция русского натурализма: Гоголь и Достоевский.

В тексте Достоевского этот уровень оставлен недраматизированным, но тем не менее он присутствует. Молодой Достоевский был иррационалистом в том шеллингианском смысле, каким мы его описали, но он не был противником мысли. Чтобы познать субъективность, поэт (или ученый) должен с возможной полнотой отождествить себя с ней, на время воздержавшись от суждений, что для разума является невозможной задачей. Но получив представление о фактах человеческой природы, человек может — и должен — думать о них, и именно это происходит на том уровне повествования в «Бедных людях», где автор и читатель вступают в контакт благодаря системе сравнений, уподоблений и наблюдая за другими моделями и структурами. Голос автора не слышен, он не делает прямых выводов, здесь сдержанность Достоевского отчетливо контрастирует с практикой Одоевского. Следует признать, что Одоевский обращает на себя внимание как автор только в кратком предисловии и в эпизодических подстрочных примечаниях. Но в книге слишком много открыто аналитических и дидактических слоев, и каким бы ни было намерение Одоевского, его художественный нарратив слишком очевидно подчинен идее автора романа, которая состоит в изображении мира, якобы противящегося тому, чтобы быть изображенным с помощью разума[31]. В «Бедных людях», напротив, автор настраивает разум читателя, но не направляет его, и что особенно важно, автор не выступает противником читательской эмпатии по отношению к героям, не превращая их в откровенные иллюстрации моральных и философских положений. Повесть действительно демонстрирует, как утверждает Бахтин, взаимодействие сознаний, но автор задумывал нечто большее. Чтобы понять, каким мог быть его более широкий замысел, необходимо рассматривать «Бедных людей» как выражение романтической эстетики.

Принимая близко к сердцу диатрибы Одоевского в «Русских ночах», направленные против философской систематики, Досто-

---

[31] В тетрадях 1876–1877 годов Достоевский выступает с критикой как Одоевского, так и Герцена за то, что они «удаляются в свои теоретические определения» вместо того, чтобы «вникать в реальную правду вещей» (Достоевский. Т. 24. С. 265).

евский совершенствует его романтический роман, добиваясь того, чтобы читатели действительно могли представить реалии сознания, всматриваясь в характер его главного героя. Автор в произведениях Достоевского не читает читателю лекций. Его риторическая стратегия представляет подлинную связь между познающим и тем, что должно быть познано; возможно, об этой связи Достоевский узнал от Одоевского, однако ему удалось гораздо успешнее, чем последнему, поставить ее на службу в художественном тексте.

Девушкин глубже и глубже осознает свое человеческое несовершенство, и «Бедные люди», как зеркало, отражают этот процесс. Как позднее в случае с Подпольным человеком, сознание Девушкина не является ни цельным, ни гармоничным. Если использовать близкие Достоевскому религиозно-исторические термины, он — переходное существо, лишенное той гармонии, которую Достоевский приравнивал к высокой красоте. Стремление Девушкина к внутренней гармонии и ощущение ее отсутствия выражается в его повторяющихся жалобах на то, что у него нет собственного литературного стиля. Он жалуется на это к моменту завершения романа. Его сознание представляет собой «фактическую незавершенность, стремящуюся к гипотетическому единству»[32]. Его ошибка заключается в вере в то, что достигнуть единства или полноты он может благодаря отношениям с Варенькой. Автор подспудно, неявно вмешивается, чтобы указать на невозможность этого. По мере того как Девушкин все отчетливее понимает трагизм своего положения (хотя никогда не осознает этого в полной мере), он отмечает, что его прозаический стиль улучшается.

Девушкин страдает романтической тоской. Идеальный читатель Достоевского способен идентифицировать себя с его уязвимостью и стремлением к любви и способен также с грустью

---

[32] McFarland Th. Romanticism and the Forms of Ruin: Wordsworth, Coleridge and the Modalities of Fragmentation. Princeton, NJ: Princeton University Press, 1981. P. 47. Цитируется в: Cornwell N. «Russkie nochi»: Genre, Reception and Romantic Poetics // Cornwell N. Vladimir Odoevsky and Romantic Poetics: Collected Essays. P. 90.

принять тонкий авторский комментарий. Нежно, осторожно, но не сентиментально, автор делает Девушкина таким, каков он есть — переходным существом, не способным быть идеально красивым или цельным, ни морально, ни этически[33]. Чтение «Бедных людей» предполагает, что читатель должен «невольно задуматься»; в отличие от рассказчика от первого лица в «Живом мертвеце» (процитированы его слова из эпиграфа к «Бедным людям») или Макара Девушкина, идеальный читатель в состоянии продолжать думать — вместе с автором — вплоть до горького конца. Возможно, это трудно сделать в отношении себя, но понимание себя может прийти через осмысление трагической ситуации Макара Девушкина и через отождествление себя с ним.

Таким образом автор присутствует за кулисами во всех художественных текстах Достоевского, включая такие сложные вещи, как «Подросток», но даже и он не дергает за все ниточки. В «Бедных людях» и других его произведениях существует множество пробелов, относящихся к мотивам поведения (и даже к историям) персонажей. Существуют и альтернативные приемы, такие как исповедь, широко используемые Достоевским для передачи информации о внутренней жизни персонажа, однако у этих приемов есть ограничения из-за их субъективности[34]. Романы Достоевского, как правило, представляют обилие свидетельств, но не обеспечивают их героям полной и окончательной определенности.

Достоевский — самый субъективный из русских реалистов-психологов, так как он более других настаивает на уникальности человеческой личности. Это значит, что он не может полагаться на общие законы человеческой природы, которые позволили бы ему в полной мере проникнуть во внутреннюю жизнь человека[35]. Для создания персонажей, чья внутренняя жизнь может стать ему доступной хотя бы частично, он должен провести их через

---

[33] См. в работе Р. Джексона: Jackson R. L. Dostoevsky's Quest for Form: A Study of His Philosophy of Art. New Haven, CT: Yale University Press, 1966.

[34] Конкретные примеры данной техники см.: Чирков Н. М. О стиле Достоевского. М.: АН СССР, 1963.

[35] Это положение будет во всей полноте рассмотрено в 7-й главе.

дистилляцию собственной личностью и персональным опытом. Вместе с тем очищающий эффект, потребность в рефлексии и необходимость сохранения уникальности каждого персонажа приводят к тому, что автор у Достоевского вынужден остаться скрытым от читателя. Мы не видим в его текстах «рожу сочинителя», о чем Достоевский в 1846 году ликующе сообщал брату в письме о «Бедных людях», но сама проблема субъективной предвзятости любого индивидуума требует, чтобы автор был вездесущим, не как «рожа сочинителя», но как его сердце, а потом и ум. В конечном счете именно *его*, авторское сознание связывает воедино весь текст и делает его, выражаясь языком того времени, «органическим».

Глава четвертая
Укрощение автора
Платоновское и тургеневское в прозе Толстого

Цели художества несоизмеримы (как говорят математики) с целями социальными. Цель художника не в том, чтобы неоспоримо разрешить вопрос, а в том, чтобы заставить любить жизнь в бесчисленных, никогда не истощимых всех ее проявлениях. Ежели бы мне сказали, что я могу написать роман, которым я неоспоримо установлю кажущееся мне верным воззрение на все социальные вопросы, я бы не посвятил и двух часов труда на такой роман, но ежели бы мне сказали, что то, что я напишу, будут читать теперешние дети лет через 20 и будут над ним плакать и смеяться и полюблять жизнь, я бы посвятил ему всю свою жизнь и все свои силы[1].

В эстетике романтизма центром искусства был поэт. Авторы классической русской реалистической прозы, в том числе и Толстой, смещают фокус с писателя на главную задачу его искусства — мимесис. Но задача психологической прозы, состоящая в отображении сферы субъективности, требует разной степени и разных форм вовлеченности писателя в текст — они и стали предметом исследования в этой книге. Это относится и к Толстому, чей метод даже в описании внешнего мира через взаимодействие рационального и чувственного восприятия сближает его с английскими поэтами-романтиками, которые «человека вос-

---

[1] Толстой. Т. 61. С. 100 (неотправленное письмо П. Д. Боборыкину от июля — августа 1865 г.).

принимают как человека — как субъекта глаза, уха, осязания и вкуса, вступающего в контакт с внешней природой и сообщающего информацию чувствам посредством разума, но не производящего разум из чувств». Эти слова, вполне применимые к Толстому, были написаны Сэмюэлем Кольриджем о программе великой поэмы Уильяма Вордсворта «Прелюдия»[2].

Хотя Толстой тщательно совершенствовал технику живого и яркого описания, основанного на восприятии окружающего мира всеми органами чувств, стремясь таким способом включить воображение читателя, чтобы перенести его в мир своей прозы, для него этого было недостаточно. Он стремился говорить с читателями напрямую. Уже в «Набеге», второй своей публикации, Толстой создал повествователя, выступающего и в роли научного эксперта, и в роли комментатора происходящего, чью возвышенную риторику и эмоциональность характеризует финал 6-й главы повести:

> Неужели тесно жить людям на этом прекрасном свете, под этим неизмеримым звездным небом? Неужели может среди этой обаятельной природы удержаться в душе человека чувство злобы, мщения или страсти истребления себе подобных? Всё недоброе в сердце человека должно бы, кажется, исчезнуть в прикосновении с природой — этим непосредственнейшим выражением красоты и добра[3].

Если автор у Достоевского скрывается в глубине своих текстов и нуждается в том, чтобы быть обнаруженным исследователями, то в толстовской прозе голос автора звучит громко и ясно; в хо-

---

[2] «...treat man as man — a subject of eye, ear, touch, and taste, in contact with external nature, and informing the senses from the mind, and not compounding a mind out of the senses» (The Table Talk and Omniana of Samuel Tylor Coleridge. London, New York: H. Milford, Oxford University Press, 1917. P. 188; 21 July 1832). Цитируется в: Abrams M. H. The Mirror and the Lamp: Romantic Theory and the Critical Tradition. Oxford: Oxford University Press, 1953. P. 58. В тексте: пер. А. Г. Гродецкой.

[3] Толстой. Т. 3. С. 29. Повествователь говорит о руссоистской теме и использует руссоистские дифирамбы.

рошо известной ситуации — во втором севастопольском рассказе — собственный голос он даже приравнял к голосу «правды». Однако едва ли прав Бахтин, когда в качестве типичного в этом отношении текста приводит «Три смерти» (1859)[4]. Повествование в этом раннем рассказе, служащем примером того, в чем современник Толстого, критик и поэт Аполлон Григорьев, увидел его нигилистические воззрения, ведется скорее с точки зрения природы, чем с позиций человека; смерть непротестующего дерева здесь более гармонична, а потому более возвышенна, чем смерть барыни и смерть крестьянина. Так как дерево не обладает сознанием, вполне оправдано, что за него говорит от третьего лица всеведущий повествователь, как оправдано и то, что описанные в рассказе три смерти не связаны между собой ничем, кроме деталей сюжета и информирующего сознания того же повествователя. И напротив, в «Люцерне» (1857), повести того же периода, монологическая гармония разрушается, если не в художественном, то в философском плане.

Важно, как это происходит. Князь Нехлюдов (чья позднейшая инкарнация произойдет в герое «Воскресения») приходит на помощь странствующему музыканту, поющему для увеселения туристов-аристократов в гостинице, где он остановился. Когда после выступления музыкант протягивает постояльцам гостиницы свою фуражку, никто не кладет в нее денег, хотя послушать его собралась толпа почти в сто человек. После того, как его попытки заступиться за музыканта не увенчались успехом, Нехлюдов заявляет, что этот «бесчеловечный факт» является событием, которое «значительнее, серьезнее и имеет глубочайший смысл, чем факты, записываемые в газетах и историях»[5]. Повесть завершается тирадой, которая выходит в итоге из-под его контроля.

---

[4] Бахтин М. М. Проблемы поэтики Достоевского // Бахтин М. М. Собр. соч.: в 7 т. М.: Русские словари; Языки славянской культуры, 2002. Т. 6. С. 81–85. О причинах подобной интерпретации Толстого Бахтиным см.: Sloane D. Rehabilitating Bakhtin's Tolstoy: The Politics of the Utterance // Tolstoy Studies Journal. XIII (2001). P. 59–77.

[5] Толстой. Т. 5. С. 23.

Сначала герой повести высокопарно рассуждает о бессердечии западной цивилизации, затем подвергает резкой критике потребность людей в «положительных решениях» (что также относится как к Западу, так и к эпохе Просвещения), недостижимых «в этом вечно движущемся, бесконечном океане добра и зла, фактов, соображений и противоречий»:

> Ежели бы только человек выучился не судить и не мыслить резко и положительно и не давать ответы на вопросы, данные ему только для того, чтобы они вечно оставались вопросами! Ежели бы только он понял, что всякая мысль и ложна и справедлива! Ложна односторонностью, по невозможности человека обнять всей истины, и справедлива по выражению одной стороны человеческих стремлений. Сделали себе подразделения в этом вечном движущемся, бесконечном, бесконечно-перемешанном хаосе добра и зла, провели воображаемые чёрты по этому морю и ждут, что море так и разделится. Точно нет мильонов других подразделений совсем с другой точки зрения, в другой плоскости[6].

Высокомерие заставляет британских лордов считать себя выше тирольского музыканта, в отсутствие сознания того, что «Всемирный дух» призывает человечество «бессознательно жаться друг к другу»[7]. Гордыня заставляет людей создавать системы идеологий и использовать их для завоевания и угнетения других во имя «цивилизации». (Нехлюдов имеет в виду недавние британские военные действия в Китае.) И вдруг, когда он драматически изображает «усталого, голодного, пристыженного» музыканта, идущего спать «на гниющей соломе», Нехлюдов слышит, как объект его жалости, всем довольный, продолжает петь и играть далеко «в мертвой тишине ночи». Смущенный этим обстоятельством, Нехлюдов выступает с обвинительной речью против собственной гордыни, позволившей ему «дерзко» поверить, что он способен проникнуть в душу других, чтобы судить,

---

6   Там же. С. 24–25.

7   Там же. С. 25.

счастливы ли они и добродетельны ли. Это доступно только Богу, и повесть заканчивается надеждой героя на то, что и его праведному негодованию есть место в «вечной гармонии» Божьего творения. В финальном отрывке он обращается сначала к коллективному человечеству (*вы*), затем к себе и своим заблуждениям (*ты*):

> Он кротко смотрит с своей светлой неизмеримой высоты и радуется на бесконечную гармонию, в которой вы все противоречиво, бесконечно движетесь. В своей гордости ты думал вырваться из законов общего. Нет, и ты с своим маленьким, пошленьким негодованьицем на лакеев, и ты тоже ответил на гармоническую потребность вечного и бесконечного...[8]

Нехлюдов выступает адвокатом странствующего музыканта, который не просил его о помощи и смущен его проповедью. В конце повести герой сознает, что использовал музыканта в собственных целях, ради собственных эмоциональных потребностей, какими бы возвышенными они ни были. И еще важнее с точки зрения Толстого-писателя, что Нехлюдов не понял не только маленького музыканта, но и аристократов, которых презирает. В только что процитированном отрывке герой дистанцируется от собственной склонности к проповеди и в уроке, обращенном к самому себе, использует личную форму второго лица «ты».

Толстой не любил «Люцерн» и в частной переписке отрекался от него, начиная фактически с момента его публикации. Отчасти причиной этому, безусловно, служило то, что он сознавал противоречие между художественной задачей финальной диатрибы и той дидактической ролью, которую она играет в драматическом развитии действия. Нехлюдов отказывается от озабоченности чужими проблемами, но даже делая это, продолжает проповедовать.

Несмотря на склонность к дидактике, существование ее подводных камней Толстой сознавал с ранних лет. За годы до написания «Люцерна» он начал разрабатывать прозаическую форму,

---

[8] Там же. С. 26.

которая позволила бы ему сочетать авторский комментарий с драматическим действием, не подчиняя его этому действию. Ранней моделью такой формы были диалоги Платона, которые Толстой читал в начале 1850-х во время службы на Кавказе. Ниже в данной главе я рассматриваю этот платоновский этап в развитии Толстого-писателя и связанный с ним — позднее, но в том же десятилетии — тургеневский этап.

Долг Толстого Платону

Борис Эйхенбаум отметил острый интерес молодого Толстого к проблеме правильного соотношения того, что он в дневниковой записи от 4 июня 1852 года назвал «мелочностью» и «генерализацией»[9]. Уже в самом начале творческого пути у Толстого имелся достаточный «мелочный» материал, по большей части автобиографический. Нуждался он как раз в общих структурах, в «генерализации», чтобы организовать «мелочи» и наделить их смыслом. Эйхенбаум считал, что эта проблема была для молодого писателя чисто технической, но, конечно, она была и сущностной, поскольку смысл любого текста зависит от соотношения формы и содержания.

По мере того как в течение первого двадцатилетия своей литературной деятельности Толстой уяснял собственные представления об искусстве, он пришел к убеждению, что художественная проза и роман, как ее высший жанр, являются тем посредником в воспроизведении жизни, который превосходит прочие виды искусства, способные сделать это лишь в той или иной степени. Соображения художественного стиля по отношению к этому убеждению выполняют подчиненную роль, что позволяет видеть в Толстом сложившегося современного реалиста, если иметь

---

[9] Эйхенбаум Б. М. Молодой Толстой // Эйхенбаум Б. М. Лев Толстой: Исследования. Статьи / сост., вступ. ст., общ. ред. проф. И. Н. Сухих; коммент. Л. Е. Кочешковой, И. Ю. Матвеевой. СПб.: Факультет филологии и искусств СПбГУ, 2009. С. 90–91. Дневниковую запись см.: Толстой. Т. 46. С. 121.

в виду определение реализма как смешения стилей, данное ему Эрихом Ауэрбахом[10]. И «Война и мир», и «Анна Каренина» были задуманы ради изображения жизни «как она есть», что потребовало для обоих романов уникально открытой художественной структуры. Философские и моральные обобщения, «генерализации», которые для Толстого составляли реальную и существенную часть жизни, входят в состав этих романов, не исчерпывая даже в малой степени их содержания. Это не значит, что Толстой был релятивистом, и не значит даже, что он, в соответствии с известной концепцией Исайи Берлина, был лисой, старавшейся стать ежом[11]. В произведениях Толстого целое значительно превышает сумму его частей, так как автор, хотя и зная, что ему известна лишь часть целого, показывает много больше того, что доступно его пониманию. Даже такие очевидно дидактические поздние вещи, как «Смерть Ивана Ильича», не завершаются сведением всего к общему знаменателю. На первом плане всегда факты человеческой жизни и их драматическое воплощение, пояснения же, им сопутствующие, всегда убедительны, но не исчерпывающе убедительны.

В искусстве Толстого действует закон движения снизу вверх, от деталей и частностей — к обобщению, генерализации, а не наоборот. Одним из наставников Толстого в ранние годы в создании этого уникального искусства был Платон, прочитанный им впервые во французском переводе Виктора Кузена. Платон был единственным мыслителем и писателем, чье влияние оказалось столь велико, что Толстой открыто демонстрировал его в своих опубликованных произведениях, сначала в «Набеге», позднее последовательно в «Войне и мире» и «Анне Карениной». Никакой другой учитель, даже Руссо (в действительности оказавший на Толстого гораздо большее влияние, чем Платон), такой чести не удостоился. Долг Толстого жанру платоновского диалога как структурной модели менее очевиден, чем многочисленные

---

[10] См. в знаменитой книге Эриха Ауэрбаха «Мимесис», passim.

[11] Берлин И. Еж и лиса // Берлин И. История свободы. Россия. М.: НЛО, 2001. С. 183–268.

тематические связи с Платоном в его текстах, и этот долг ранее, насколько мне известно, почти не привлекал внимания исследователей[12].

О Платоне Толстой думал 4 июня 1852 года, когда записывал свои соображения о соотношении «мелочности» и «генерализации». В это время он работал над ранним вариантом «Набега», который тогда называл «письмом с Кавказа». К примеру, 22 мая, в тот же день, когда он «переписывал *письмо*», Толстой «рассказывал» служившему вместе с ним офицеру «Пир» Платона. 31 мая в отрывке «о храбрости», то есть в самой ранней сохранившейся рукописи, относящейся к «Набегу», он попытался сформулировать собственное понимание храбрости в пространном размышлении о «Лахете» — диалоге Платона, посвященном этому предмету[13]. В завершенном виде рассказ «Набег», вторая публикация молодого автора и первая, основанная на его военном опыте, вобрал в себя определенные черты платоновского диалога, хотя и трансформировал их в «толстовском» духе.

Повествование в «Набеге» ведется от первого лица неназванным рассказчиком, ставшим свидетелем примера обычной военной тактики в русских войнах на Кавказе, когда войска выступают к селу, обеспечивающему прикрытие и снабжение повстанцев, уничтожают его и затем отступают. Рассказчик задается вопросом, как это делал, вероятно, и сам Толстой, когда приехал на Кавказ, в чем состоит подлинная храбрость на поле боя, и в начале рассказа, накануне набега, он обсуждает эту тему

---

[12] В связи с платоновскими мотивами у Толстого см.: Jackson R. L. The Second Birth of Pierre Bezukhov // Canadian-American Slavic Studies. 12.4 (Winter 1978). P. 525–542; Галаган Г. Я. Л. Н. Толстой: художественно-этические искания. Л.: Наука, 1981. С. 30–47; Orwin D. Plato and Tolstoi // Canadian Slavonic Studies. XXV. № 4 (December 1983). P. 501–517; Garden P. The Recuperative Powers of Memory: Tolstoi's «War and Peace» // The Russian Novel from Pushkin to Pasternak / Ed. J. Garrard. New Haven, 1983. P. 81–102; Gutkin I. The Dichotomy between Flesh and Spirit: Plato's «Symposium» in «Anna Karenina» // In the Shade of the Giant: Essays on Tolstoy / Ed. H. McLean. Berkeley: University of California Press, 1989. P. 84–99.

[13] См.: Толстой. Т. 46. С. 117, 119, 392; Т. 3. С. 238–239.

в лагере с давно служащим на Кавказе капитаном Хлоповым. Как и Толстой, рассказчик читал Платона, он сообщает капитану платоновское определение храбрости, а тот в ответ предлагает собственное, несколько отличающееся от платоновского. Позднее в рассказе возникает и еще одна скрытая отсылка к Платону. На поле сражения во время самого опасного маневра (отступление) капитан Хлопов *«был точно таким же, каким я всегда видал его»*[14]. Эта черта объединяет капитана с Сократом, чье спокойствие во время отступления с Делиона описывают и Лахет (в «Лахете»), и Алкивиад (в «Пире»). Сократ, по словам Алкивиада, «шагал чинно, глядя то влево, то вправо, то есть спокойно посматривал на друзей и на врагов»[15]. Поведение капитана Хлопова во время сражения утверждает его репутацию храброго человека, заслужившего право рассуждать о храбрости; с этих же позиций Лахет (сам будучи генералом) относится к Сократу, демонстрирующему одно из свойств храбрости — стойкость, отсутствующую в том платоновском определении, которое цитирует рассказчик в «Набеге».

По словам толстовского рассказчика, «Платон определяет храбрость *знанием того, чего нужно и чего не нужно бояться»*[16]. В «Лахете» мнение о том, что мужество предполагает знание, высказывает Никий, один из участников диалога; Лахет, другой его участник, до этого определяет мужество как «стойкость души»[17]. Но его определение оказывается недостаточным, так как без необходимого знания нельзя понять, где и как проявить стойкость, поэтому звучит, уточняя его, определение Сократа:

---

[14] Там же. Т. 3. С. 37 (выделено Толстым).

[15] Платон. Пир, 221 b; пер. С. К. Апта. См.: Платон. Собр. соч.: в 4 т. / общ. ред. А. Ф. Лосева, В. Ф. Асмуса, А. А. Тахо-Годи; примеч. А. Ф. Лосева и А. А. Тахо-Годи. М.: Мысль, 1993. Т. 2. С. 132.

[16] Толстой. Т. 3. С. 16 (выделено Толстым).

[17] Ср. определение мужества в «Лахете», данное Никием: «...наука о том, чего следует и чего не следует опасаться...»; «знание того, чего надо и чего не надо остерегаться» (Платон. Лахет. 194 e, 196 d; пер. С. Я. Шейнман-Тонштейн. — Платон. Диалоги / сост., ред. изд. и автор вступ. ст. А. Ф. Лосев. М.: Мысль, 1986. С. 241, 243).

«...стойкость, сопряженная с разумом...»[18] Лахет соглашается с Сократом в том, что мужество, расцениваемое как добродетель, в отличие от отваги, бесстрашия, не может быть просто импульсивной реакцией человека на опасность, не предполагающей «предусмотрительности», «рассудительности»[19]. Хотя Толстой в написанном им 31 мая 1852 года отрывке «о храбрости» и процитировал диалог «Лахет»: «Платон говорит, что храбрость есть знание того, чего нужно и чего не нужно бояться...»[20], — в «Лахете» на самом деле нет исчерпывающего определения того, каким должно быть это знание. И потом, знание о том, что действительно рождает страх, может вызвать как храбрость, так и трусость.

Читатель «Лахета» имеет все основания заключить, что определение храбрости, которое бы всех удовлетворило, должно соединять мнение Лахета и мнение Никия, что подлинная храбрость требует как стойкости и силы характера, так и мудрости, необходимой для знания того, когда эту силу применять. Несколько ранее в том же 1852 году, в дневниковой записи от 2 января, Толстой, вдохновленный чтением Платона, предлагает свое определение храбрости, в котором как раз и объединены оба мнения:

> Платон говорит, что добродетель составляют три качества: справедливость, умеренность и храбрость. — Справедливость есть, мне кажется, моральная умеренность. — Следовать в физическом мире правилу — ничего лишнего — будет умеренность, в моральном — справедливость. — Третье качество Платона есть только средство сообразоваться с правилом — ничего лишнего. — *Сила*[21].

Храбрость требует «знания» правила «ничего лишнего», «сила» позволяет это «знание» реализовать. Здесь, как и в других случаях, что важно отметить, Толстой согласен с Лахетом в том, что

---

[18] Там же. С. 238 (Лахет. 192 d).

[19] Там же. С. 244, 245 (Лахет. 197 b, 198).

[20] Толстой. Т. 3. С. 239.

[21] Там же. Т. 46. С. 241.

основу храбрости в большей степени составляет сила, свойство характера, нежели знание, свойство интеллекта[22]. Так же, как капитан Хлопов, Лахет отнесся бы с недоверием к определению храбрости только как к знанию того, «чего нужно бояться». Чтобы включить силу характера в платоновское определение, капитан Хлопов вносит в него поправку, говоря, что храбрый человек выполняет свой долг, *несмотря на страх*, и Лахет несомненно согласился бы, что долг составляет необходимый элемент мужества, «сила» необходима для преодоления страха ради более высокого чувства — чувства долга. В раннем отрывке «о храбрости» Толстой поправляет Никия именно в этом пункте: не только знание как таковое, но другое, более высокое и сильное чувство способно преодолеть страх, делая нас храбрыми.

Рассказчик в «Набеге» называет определение храбрости, данное Никием, «платоновским», но не сравнивает напрямую храбрость капитана Хлопова и Сократа, вследствие чего может возникнуть впечатление, что драматическое действие в «Набеге», где предпочтение отдано характеру, а не интеллекту, корректирует определение Платона. На самом деле мысль о необходимости взвешивать как слова, так и действия для истинного понимания вещей отчетливо звучит в «Лахете», а также и в «Пире», любимом толстовском диалоге Платона. В «Пире» знаменитое определение двух типов любви, которое дает Павсаний, — любви низшей, связанной с телом и сексуальным влечением, и любви возвышенной, имеющей отношение к добродетели и душе, — проходит проверку в речах других персонажей, а также в драматически развивающихся событиях. Павсаний стремится убедить молодого, привлекательного Агафона, к которому неравнодушен, в том, что его любовь высшего порядка. Аристофан, делая вид, что икает, смеется над корыстной высокопарностью Павсания и позд-

---

22 Но даже сила, как ее определяет Толстой, управляется знанием, потому что настоящая сила предполагает умеренность, а значит, и знание правила «ничего лишнего». В данном случае Толстой находится в зависимости от чувства долга, которое подразумевает бессознательное знание. Подробнее об этом см.: Orwin D. Courage in Tolstoy // The Cambridge Companion to Tolstoy / Ed. D. Orwin. Cambridge: Cambridge University Press, 2003. P. 222–236.

нее предлагает свою версию, рассказывая миф о любви как стремлении к своей второй телесной половине, утраченной, когда боги разделили человека на две части в наказание за его гордыню. Сократ против этого комического взгляда на любовь выдвигает собственное объяснение, которое приписывает жрице Диотиме, своей мудрой наставнице, определяя любовь как стремление к прекрасному. В тот момент, когда Аристофан готов выступить вновь, в собрание вторгается пьяный Алкивиад с рассказами о Сократе, которые отчасти подтверждают, отчасти опровергают предшествующие речи, включая и речь самого Сократа. Мы остаемся с впечатлением, что — да, два вида любви *существуют*, но трудно не только найти определение высшему типу, но и отличить его от низшего.

Мое краткое изложение диалогов «Лахет» и «Пир» не претендует на полноту, моей целью было показать, что это не трактаты, но философские драмы. Поскольку «Набег» начинается с определения храбрости, которое частично подтверждается, но и корректируется последующим драматическим действием, рассказ напоминает платоновский диалог. Именно соединение в жанре платоновского диалога сократовской диалектики и поэтического представления событий и привлекало Толстого; отдавая дань этой форме, он создал подобие такой философской драмы в «Анне Карениной».

Платон возникает в романе в трех сценах, которые, взятые вместе, создают философский подсюжет, связанный с поисками Левиным правильного соотношения «мелочей» в его жизни с теми фундаментальными нравственными принципами, которые ее организуют. Впервые Платон упомянут в книге 1-й в сцене обеда в ресторане, являющейся аллюзией «Пира». Подобно участникам трапезы в диалоге Платона, Стива Облонский и Левин говорят о любви, и Левин дает ее определение, заимствованное из «Пира». Позднее, во время духовного кризиса (кн. 8, гл. 9), Левин обращается к философским текстам, в тщетной попытке найти оправдание своему существованию. Но все «карточные домики», построенные «искусственным ходом мыслей» различных философов-нематериалистов, включая Платона, рушатся, так как не имеют прямого отношения к самой «жизни», а она предшествует разуму. Когда, однако, через несколько страниц Левин вновь обретает веру в возможность нравственной жизни, то это происходит потому, что он узнает о добродетельном крестьянине по имени Платон, который «для души живет. Бога помнит»[23].

Появляющиеся в начале и в конце романа, функционирующие внутри подсюжета соответственно как экспозиция, кризис и развязка, три «платоновские» эпизода помогают связать роман единой философской мыслью. Внутри этого подсюжета имя Платона используется как на уровне постановки проблемы, так и на уровне ее решения. В ресторане Левин произносит два внутренне связанных суждения о Платоне. Во-первых, он говорит, что, согласно «Пиру» Платона, существуют два вида любви. Это утверждение звучит как бесспорное, вследствие чего может восприниматься как один из ключей к пониманию структуры романа[24]. Как «Набег» посвящен теме «храбрости», так «Анна Каренина» — роман о двух видах любви, и отношение философского высказывания о любви к его драматическому разрешению подобно максиме и ее иллюстрации, хотя, как мы увидим, аналогия здесь неполная. Два вида любви — духовная и плотская, соответствуют толстовскому дуализму, который он приписывал также и Платону. Платоновское определение двух видов любви, первый раз произнесенное Левиным, само по себе, однако, не содержит их оценки как более и менее нравственной, Левин же сразу вносит в него оценочный элемент, называя высшую, духовную любовь «платонической», а низшую, плотскую «неплатонической» (кн. 1, гл. 11). Это небольшое, но значительное смысловое смещение: Левин ассоциирует Платона с любовью к добродетели и цельности, высоко ценя оба эти понятия, однако отношение каждого из них к реальности ему неясно. Он признается себе, что

---

[23] Толстой. Т. 19. С. 376.

[24] См.: Gutkin I. The Dichotomy Between Flesh and Spirit: Plato's Symposium in «Anna Karenina». P. 84–99. Подробнее о значении Платона в «Анне Карениной» см.: Orwin D. Tolstoy's Antiphilosophical Philosophy in «Anna Karenina» // Approaches to teaching Tolstoy's «Anna Karenina» / Ed. Liza Knapp and Amy Mandclker. New York: MLA, 2003. P. 95–103.

его собственное поведение в прошлом не соответствует заявленному им предпочтению платонической любви. Несоответствие создает драму, которой могло не быть, если бы идеалы и действительность совпадали, как Левин склонен думать в своем воодушевленном состоянии. Однако вспомнив о собственных прегрешениях, он дважды повторяет, что не знает, что об этом думать. Моральные обобщения, в которые он всем сердцем верит, не способны организовать «мелочи» его собственной жизни. Учитывая платоновский контекст, отступление Левина в данном случае следует прочитывать как отсылку к знаменитому суждению Сократа о том, что начало мудрости лежит в признании неполноты нашего знания.

Таким образом в этом эпизоде завязывается узел, здесь берет начало философский подсюжет. Его содержание составляет поиск того, что может сделать жизнь индивидуума осмысленной, если подобное возможно, то есть способной к высшей, бескорыстной любви к другим, в христианской традиции известной как агапэ. В художественном повествовании ни один из главных героев не соответствует левинским категориям высшего или низшего, платонического или неплатонического любовника. В романе представлен целый каталог образцов любви и смешения двух ее типов, и очевидно, что он далеко не исчерпывающий. Поэтому, если эти категории в известной степени организуют и объясняют содержание романа, то это далеко не полное объяснение. Любовь Кити и Левина более «платоническая», тогда как любовь Вронского и Анны «открыто эротична»[25]. Правду о том, что в реальности все существует в смешанном виде, высказывает Анна: «Я думаю <...>, если сколько голов, столько умов, то и сколько сердец, столько родов любви» (кн. 2, гл. 7)[26].

Платон, как его представляет Левин во время беседы в ресторане, дает определение и любви, существующей в реальности, и тому, какой она должна быть. Но он не объясняет любви в ее

---

25 См.: Gutkin I. The Dichotomy Between Flesh and Spirit: Plato's Symposium in «Anna Karenina». P. 90.

26 Толстой. Т. 18. С. 146.

конкретных проявлениях. Философские поиски смысла жизни приводят Левина в книге 8 к кризису. «Платоническая» целостность и чистота, к достижению которых он стремится и с которыми себя идентифицирует, беседуя со Стивой о любви, в реальности недостижимы; поэтому ни один философский трактат, даже нематериалистический, не может преодолеть разрыв между общими идеалами и реальностью. Левин преодолевает самоубийственное отчаяние, только осознав, что то, что он ищет, недоступно интеллекту, но доступно в правильно прожитой жизни. Платон упомянут среди философов, в чьих книгах Левин не нашел опоры, но ему на помощь приходит другой Платон. На этот раз это не мыслитель, который ограничен рамками наследственных законов интеллекта и потому может знать лишь то, что ничего не знает о высших истинах, — это персонаж, чьи поступки свидетельствуют о нравственных возможностях человеческой личности.

В других своих произведениях Толстой различает Сократа с его скептическим отношением к разуму как основе подлинного знания, и Платона, которого иногда относит к числу «профессиональных» философов. Уже в 1847 году Толстой в дневнике с одобрением высказался о скептицизме Сократа, определив его изречением: «...высшая степень совершенства человека есть знать»[27] то, что он ничего не знает; в дневнике в 1852 году он использует эту максиму Сократа, возражая против избыточного, на его взгляд, доверия Платона к разуму и знанию[28]. В то же время Толстой не всегда относит Платона к числу «ученых» философов. Более того, Толстому-писателю чрезвычайно трудно отделить героя, даже если у него есть исторической прототип, от автора диалогов, в которых этот герой участвует. Возможно, разделение Платона и Сократа лежит в основе двух упоминаний Платона в 8-й книге «Анны Карениной». Второй Платон, появляющийся в романе как персонаж, представляет положительную сторону исторического Платона, как его понимал Толстой, имея в виду

---

[27] Там же. Т. 46. С. 29.

[28] См. об этом: Галаган Г. Я. Л. Н. Толстой: художественно-этические искания. С. 31–33.

его знание добра и любовь к добру, и именно такой Платон является «платоническим» в том нравственном смысле, в котором Левин употребляет этот термин в беседе со Стивой в ресторане в 1-й книге. Как и Левин, Платон, в понимании Толстого, был способен к познанию добра и к действиям во благо добра, так как мог полагаться на нравственный инстинкт. В исповедальном письме к Страхову, совпадающем со временем работы над «Анной Карениной», Толстой поставил Платона в один ряд с подлинными философами, которые «не поправляют первобытных и простейших понятий слушателей, а отыскивают смысл жизни, не разлагая на составные части тех сущностей, из которых слагается жизнь для каждого человека»[29]. Не только эгоизм, но и бескорыстие (или «жизнь для души») является одной из «сущностей» человеческой жизни, и задача подлинной философии — не «разлагать» эти сущности на составные части, а «отыскивать смысл жизни», как это делает Левин.

Крестьянин Платон доказывает существование платонической любви, демонстрируя ее в действии: «...дядя Фоканыч (так он звал старика Платона) разве станет драть шкуру с человека? Где в долг, где и спустит. Ан и не доберет. Тоже человеком» (кн. 8, гл. 11)[30]. Когда Толстой говорит, что Платон принадлежит к числу истинных философов, он имеет в виду, что Платон, как и он сам, в своих суждениях движется от частного к общему. Вместо того чтобы применять абстрактные категории, объясняя поведение человека, он приходит к этим категориям через анализ опыта и последовательно возвращается к опытным данным, чтобы проверить истинность своих выводов в сравнении с ними[31].

---

[29] Толстой. Т. 62. С. 222.

[30] Там же. Т. 19. С. 376.

[31] Именно так Толстой интерпретирует взаимодействие сократовской диалектики и драматического контекста в диалогах. В «Пире», как он прочитывался Толстым, Платон из наблюдений над явлениями делает справедливый вывод о существовании двух видов любви. Это положение иллюстрируется и доказывается в речах персонажей и различных формах драматического воплощения в мифах, а диалектика Сократа эксплицирует их, но лишь в определенной мере. Поэтическое воплощение дополняет диалектику, со-

«Анна Каренина» является образцовым романом Толстого не в последнюю очередь потому, что его автор неявно признает приоритет описательности, или миметичности, а не философии и дидактики. Жизнь, а не мысль о жизни занимает в романе первое место, и связь между драматическим контекстом, схватывающим жизнь как она есть, и объяснениями жизни, предлагаемыми героями или даже всеведущим повествователем, отражают этот важнейший принцип. Не будучи ограничено принципами разума, искусство подражает жизни, а не просто ее анализирует. Оно и шире, и глубже, чем рационализирующая философия, потому что менее абстрактно.

Таким образом Толстой ставит принципиальную цель защитить противоречия и иррациональность человеческой субъективности от препарирующего глаза разума, чему он учится прежде всего у Платона. С другой стороны, он всегда обобщает, идет к «генерализации», апеллируя при этом к разуму, который в конечном счете приравнивает к практической нравственности[32]. В этом отношении он в большей степени моралист и в меньшей степени философ, чем Платон.

То, как Толстой представляет в «Анне Карениной» Стиву Облонского, иллюстрирует его платоновский метод в действии. Стива живет в потоке жизни и уклоняется от ее осмысления. Он

здавая картину явления, которая не может быть полностью «разложена на составляющие» в диалектике. Тот факт, что «Пир» заканчивается рассказом Алкивиада о Сократе и его действиях как в прошлом, так и в настоящем, а не речью Сократа о смысле любви, вероятно, поразил Толстого и значительностью, и убедительностью. Пьяный панегирик Алкивиада Сократу заставляет вернуться к любви в ее единственно реальном, но нечистом проявлении — любви как чувству к конкретной личности. Платон хочет подчеркнуть, что истина о человеческой жизни может быть выражена только в единстве поэзии и философии, то есть в смешанном жанре, включающем драматическое представление событий, их анализ и экспликацию средствами сократовской диалектики.

[32] О разграничении у Толстого научного (логического) и морального разума см.: Orwin D. Tolstoy's Art and Thought: 1847–1880. Princeton, NJ: Princeton University Press, 1996. P. 129–132. В рус. пер.: Орвин Д. Искусство и мысль Толстого: 1847–1880 / пер. с англ. и науч. ред. А. Г. Гродецкой. СПб.: Академ. проект, 2006. С. 144–147.

самый широкий, самый экспансивный герой в книге, любимец многих читателей. Начиная с третьего абзаца 1-й главы мы видим жизнь его глазами и чувствуем его телом, и то, что мы видим, нам нравится. Стива олицетворяет «самодовольство», которое, по Джону Бейли, является центральным чувством в мире Толстого[33]. В позднем философском трактате «О жизни» (1887) Толстой согласится с Бейли, что эгоцентричная, самодостаточная позиция, занятая в жизни таким человеком, как Стива, вполне естественна. Единственная проблема состоит в том, что эгоцентризм естественен для каждого индивидуума, что и приводит к конфликтам. Поэтому, когда в 4-й главе первой части мы резко отступаем от точки зрения Стивы и переходим на точку зрения его обиженной жены, это производит своего рода шок.

Бейли несколько преувеличивает, утверждая, что общение со Стивой выдержано полностью в духе и в «тоне» персонажа[34]. Легкая ирония с самого начала вплетается в повествование, и рассказчик слегка сдерживает свою симпатию, хотя, как говорит Бейли, он постоянно прощает Стиве его слабости. Повествование движется от отождествления с персонажем через несколько уровней разделения с ним. Порой, как в конце 1-й главы, мы имеем своеобразную расшифровку внутренних мыслей и чувств Стивы: «"Да! она не простит и не может простить. И всего ужаснее то, что виной всему я, — виной я, а не виноват. В этом-то вся драма, — думал он. — Ах, ах, ах!" — приговаривал он с отчаянием, вспоминая самые тяжелые для себя впечатления из этой ссоры»[35].

Здесь Стива представлен без посредников. Читатель чувствует его дискомфорт, его раскаяние, но и уверенность, что в случившемся он не виноват. В то же время даже здесь в тексте создана

---

[33] Bayley J. Tolstoy and the Novel. New York: Viking Press, 1966. P. 50–51. О Стиве как типичном представителе русского общества см.: Orwin D. Strakhov's World as a Whole: A Missing Link Between Dostoevsky and Tolstoy // Poetics. Self. Place. Essays in Honor of Anna Lisa Crone / Ed. N. Boudreau, S. Krive and C. O'Neill. Bloomington, IN: Slavica, 2007.

[34] Bayley J. Tolstoy and the Novel. P. 207.

[35] Толстой. Т. 18. С. 4.

небольшая дистанция между читателем и героем, поскольку читателю вся ситуация представляется забавной, что невозможно для Стивы. Идентифицируя себя с Облонским, читатели видят себя отделенными от него лишь в незначительной степени и снисходительно посмеиваются, как могли бы это делать, вспоминая свои похожие ситуации. Стива чувствует себя неуютно в «драме», которая, как он это видит, возникла не по его вине, и поэтому он не несет за нее никакой ответственности. Он фигура скорее комическая, чем трагическая, в современных понятиях он — несчастная жертва неподвластных его контролю сил.

Подобное слияние точек зрения повествователя и героя имеет место в повествовании от первого лица. Когда происходит даже незначительное удаление от этой позиции, мы получаем краткое изложение мыслей Стивы, переданное повествователем без комментариев. Одно из подобных резюме встречается в первом абзаце 2-й главы, оно начинается с оправдания Стивой своих беззаконных похождений — он еще молод, тогда как его жена стареет, вынашивая и рожая детей, — все это приводит его к «смутному представлению», что «жена давно догадывается, что он не верен ей, и смотрит на это сквозь пальцы». Однако по каким-то причинам Долли ведет себя не так, как Стиве хотелось бы, и абзац заканчивается признанием этого факта: «Ему даже казалось, что она, истощенная, состаревшаяся, уже некрасивая женщина и ничем не замечательная, простая, только добрая мать семейства, по чувству справедливости должна быть снисходительна. Оказалось совсем противное»[36].

Усиливая степень разделения автора и персонажа, повествователь в 3-й главе еще дальше отступает от Стивы, чтобы представить его обобщенным типом — это тип особого рода мягкого либерала, чья политика служит его собственным интересам. В этот момент рассказчик подхватывает нити предшествующего рассказа о поступках и мыслях героя, комментируя их саркастически. Политические взгляды Стивы так же своекорыстны и лишены самокритичности, как и все, что с ним связано, но так

---

[36] Там же.

как политика касается отношения общества к личности, то самопоглощенность Стивы в этой сфере очевидно выглядит более порочной. Здесь повествователь отступает от Стивы еще дальше, приближаясь к первому, состоящему из одной фразы абзацу романа («Все счастливые семьи похожи друг на друга, каждая несчастливая семья несчастлива по-своему»), который представляет собой полное отступление от любого индивидуального характера. В этом абзаце-фразе повествователь дает аналитический, или научный, комментарий к предстоящему повествованию, в нем, однако, нет его моральной оценки. Моральное суждение в еще большей степени удалено — за пределы текста, в эпиграф.

По мере того как повествователь отдаляется от персонажа и приближается к тому уровню обобщения, который представлен в первом абзаце, повествование становится все более аналитическим. Юмор повествователя, когда он отделяет себя от индивидуальных характеров героев, не превращается в шутовской или абсурдный, как это может быть у Гоголя; юмор тонок и ироничен, что является атрибутом аналитического ума. В других случаях, там, где повествование сливается с точкой зрения персонажа, аналитические правила не применяются. Читатель с сочувственной улыбкой принимает дилемму Стивы, его «драму», признавая и прощая его неспособность предпочесть благо других собственному благу, даже если ему это подсказывает разум. Точно так же каждый из нас на своем собственном опыте знает, что в индивидуальном сознании пока еще не действуют правила непротиворечивости и наши желания часто получают приоритет над доводами разума.

Ситуацию, открывающую роман, можно признать особенно смелой и дерзкой: Толстой заставляет читателя отождествить себя со Стивой тогда, когда герой поступает бесчестно. Моралист, таким образом, признает примат жизни над мыслью, примат содержания над попытками прийти в этом случае к обобщениям. Однако существуют и другие, не менее острые моменты самопоглощенности персонажей, когда они ведут себя так, что ни читатель, ни рассказчик не считают их нравственно неправыми.

Примерами могут служить визит Долли к Анне в усадьбу Вронского, праздничное времяпровождение Левина накануне его официального предложения Кити или прощение Карениным Анны. Дело в том, что в романе каждый значительный момент подлинной, неподдельной эмоциональности, направлен ли он ко благу или ко злу, представлен на том же уровне иррационального сознания, которое мы впервые открываем в Стиве. Стандарты, или идеалы, присущи и самому сырому материалу, они его нравственно формируют, и в этом отношении Толстой «Анны Карениной» остается пантеистом, каким он был в «Войне и мире». Чтобы совершить дурной поступок, даже Стива — существуя в гармонии со всем — должен время от времени игнорировать голос совести, таким он изображен в ряде ключевых эпизодов романа. Один из них — когда он пытается убедить Каренина дать Анне развод (кн. 7, гл. 17–22). В других случаях здоровый эгоизм и здравый смысл Стивы — как раз то, что нужно в качестве совета другим персонажам, лишенным этих порожденных естественным эгоизмом качеств. Поэтому он председательствует на вечере, на котором Кити и Левин наконец обручаются, и старается посадить их вместе за стол, чтобы осуществился благополучный и долгожданный результат.

В своем дидактическом искусстве Толстой предоставляет Стиве свободу высказывать собственное мнение и даже защищать себя, и читатель также может занять сторону Стивы. Но в итоге, с помощью иронии, Толстой надеется оторвать нас от краеугольного камня иррационального сознания. Его текст, однако, построен на этом краеугольном камне, и только готовность читателя подчиниться процессу диалектики, основанному на законах нравственного разума, приводит его в итоге к тому уровню генерализации, который необходим для нравственной правоты, как ее понимал Толстой. В любой момент читатель может отказаться от этого, и многие так и поступают. Поразительное правдоподобие толстовской прозы на каждом уровне зависит от ее укорененности в реалиях индивидуального сознания.

В этом платоновское искусство Толстого имеет сходство с искусством Достоевского, о котором речь шла в 3-й главе: оно тоже преимущественно начинается с точки зрения «атомов», а не некоего готового синтеза. В подобного рода искусстве достоевское решение проблемы авторского голоса — простое изгнание авторской речи — Толстому не было доступно. Он стал писателем отчасти из-за потребности в прямом и интимном общении со своим читателем. Как он многократно свидетельствовал в раннем дневнике и рукописях ранних произведений, своего читателя он воспринимал как потенциального близкого друга. Я думаю, Толстой сознавал, что в этом следовал одной из условностей сентиментальной прозы и принял ее потому, что она выражала его непреодолимую потребность близости со своим читателем и влияния на него. В этом он напоминает позднего Гоголя, автора «Выбранных мест из переписки с друзьями» (1847), чью мегаломанию Достоевский пародировал в образе Фомы Фомича Опискина в повести «Село Степанчиково» (1859)[37]. Начиная с первой публикации для Толстого существовала проблема — и раскрыть себя в художественном тексте, как он того хотел и в чем нуждался, и одновременно скрыть себя настолько, чтобы придать тексту художественную достоверность. Достоевскому, несомненно, в силу личных причин, нравилось скрываться за своими персонажами. Тем не менее, как я пыталась показать в предыдущей главе, он также вовлекает своего читателя в тот тип отношений, которые не утрачивают силы, даже будучи скрыты. Психологические расхождения между Толстым и Достоевским в этом плане могут быть столь же важны, как и философские, а возможно, и важнее последних; философское воспитание обоих проходило во многом под воздействием общих учителей, психологическими же различиями они обязаны скорее темпераменту, чем воспитанию.

---

[37] С Гоголем Достоевский соотносил и Подпольного человека: «Что ж это за сила, которая заставляет даже честного и серьезного человека так врать и паясничать, да еще в своем завещании. (Сила эта русская, в Европе люди более цельные, у нас мечтатели и подлецы)» (Достоевский. Т. 16. С. 330). Под «завещанием» Достоевский имеет в виду «Выбранные места из переписки с друзьями».

Тургенев отпускает Толстого на свободу

В начале творческого пути Толстой с целью достижения художественной правды учился у Платона тому, как использовать драматическое действие и жизненные «реалии» в качестве необходимого дополнения к авторской мысли. В середине 1850-х молодой писатель пережил период ученичества у Тургенева, что в дальнейшем помогло ему найти баланс между склонностью к учительству и свободой, необходимой для большого искусства.

27 июля 1853-го юнкер Толстой записал в дневнике: «Читал 3<аписки> О<хотника> Тург<енева>, и как-то трудно писать после него». Позднее, готовя к публикации в 1855 году рассказ «Рубка леса», он посвятил его Тургеневу, признавшись в письме к соредактору «Современника» И. И. Панаеву: «...когда я перечел статью, я нашел в ней много невольного подражания его рассказам»[38]. Это посвящение — единственное у Толстого на протяжении всего творческого пути — свидетельствует о том изначальном впечатлении, которое произвели на него «Записки охотника». Во многих известных работах, посвященных проблеме влияния Тургенева на Толстого, исследователи обращались главным образом к его военным рассказам, написанным в начале 1850-х годов[39]. Мне хотелось бы обсудить правомерность мнения о влиянии на Толстого тургеневских «Записок охотника» в конце того же десятилетия, когда писатели уже стали друзьями. «Утро помещика» и «Казаки», произведения, особенно нравившиеся Тургеневу, стали результатом этого, чуть более позднего, «тургеневского периода» в развитии Толстого-писателя.

Как отметили еще современники, сходство между «Рубкой леса» и «Записками охотника» можно усмотреть в типологии

---

[38] Толстой. Т. 46. С. 170; Т. 59. С. 316 (письмо редактору И. И. Панаеву от 14 июня 1855 года).

[39] Ученые не раз обращались к этой проблеме, начиная с Бориса Эйхенбаума в «Молодом Толстом» (1922). См.: Эйхенбаум Б. М. Молодой Толстой. С. 119, 124–125; Купреянова Е. Н. Эстетика Толстого. М.; Л.: Наука, 1966. С. 135–138; Курляндская Г. Б. И. С. Тургенев и русская литература: учеб. пособие. М.: Просвещение, 1980. С. 182–191; и др.

характеров солдат во введении ко 2-й главе рассказа[40]. Однако толстовские типы более психологичны и менее социальны, и его герои, похоже, не всегда действуют в соответствии с созданным типом. Так, отнесенный к «начальствующему типу» бомбардир Антонов сначала не спешит на помощь к раненому рядовому Веленчуку, его первая реакция на ранение Веленчука — гнев, и для того чтобы заставить Антонова заняться организацией первой помощи товарищу, нужна подсказка старого солдата Жданова, не причисленного вообще ни к какому типу. Таким образом, хотя повествователь Толстого и выстраивает типологию, можно согласиться с мнением Б. М. Эйхенбаума, что как базовый метод создания характера *типология* Толстого не интересует»[41].

Еще до чтения в 1853 году «Записок охотника» Толстой в поисках художественной правды прошел школу обучения у Платона в использовании драматического действия и жизненных «реалий» как необходимого дополнения к анализу. Он отчетливо сознавал, какое напряжение возникает между художественным эффектом его текста и его дидактизмом. Платоновский диалог стал для него образцом смешанного жанра, объединяющего художественный нарратив и философский дискурс, а Тургенев помог ему освободиться от тирании единой точки зрения, какой бы морально убедительной она ни была. Но только лишь в 1855 году, когда Толстой лично познакомился с Тургеневым, он в полной мере испытал глубокое влияние старшего собрата по перу, чью прозу отличало предпочтение реального поэтическому

---

[40] Зависимость автора «Рубки леса» от «Записок охотника» отметил Некрасов, писавший Тургеневу 18 (30) августа 1855 года: «Это очерки разнообразных солдатских типов (и отчасти офицерских), то есть вещь доныне небывалая в русской литературе. И как хорошо! Форма в этих очерках совершенно твоя, даже есть выражения, сравнения, напоминающие "Записки охотника", а один офицер так просто Гамлет Щигровского уезда в армейском мундире. Но все это далеко от подражания, схватывающего одну внешность» (Переписка И. С. Тургенева: в 2 т. М.: Худож. лит., 1986. Т. 1. С. 116).

[41] Эйхенбаум Б. М. Молодой Толстой. С. 92. Во 2-й главе я рассмотрела, как сам Тургенев разрушает типологию в «Записках охотника».

или абстрактному[42]. Конфликтная история личных взаимоотношений двух писателей хорошо известна. Тургенев называл Толстого «Троглодитом» за отсутствие хороших манер и ретроградность взглядов, но в то же время был очарован силой его характера (столь отличного от его собственного), не деформированного ни родителями, ни сверстниками, ни формальным образованием[43]. Толстой, в свою очередь, хотя и пытался скрыть это, был и очарован, и подавлен утонченной образованностью Тургенева и желал большей близости, на которую Тургенев не был способен. После недолгого сближения напряженность между ними начала накапливаться, сгущаясь в горячих точках, одной из которых стала уверенность Толстого в неискренности Тургенева и казавшийся ему ложным тургеневский либерализм, что в итоге в 1861 году чуть не привело к дуэли.

Тургенев, со своей стороны, считал Толстого *излишне* искренним, чересчур откровенным, особенно в его желании упрямо защищать собственное, казавшееся ему единственно правильным, мнение. Такая уверенность в своей моральной правоте могла, на взгляд Тургенева, негативно влиять и на его искусство. В этом отношении Тургенева особенно неприятно поразил рассказ «Люцерн», в письме к В. П. Боткину он определил его как «смешение Руссо, Теккерея и краткого православного катехизи-

---

[42] О влиянии Тургенева на Толстого в этот период писал Г. А. Бялый, отметивший, что Тургенев был тогда озабочен судьбой «Записок охотника», предпринимая с 1856 года — после окончания Крымской войны и смерти Николая I — попытки их переиздания, увенчавшиеся успехом в 1859-м. Бялый обнаруживает связь между «Тремя смертями» Толстого и «Смертью» Тургенева. См.: Бялый Г. А. Русский реализм. От Тургенева к Чехову. Л.: Сов. писатель; Ленингр. отд., 1990. С. 50–55.

[43] Прозвище «Троглодит», заимствованное Тургеневым из оды Шиллера «К радости», Толстой получил от него по причине, которую Тургенев объяснил в письме к М. Н. и В. П. Толстым от 8 (20) декабря 1855 года: «Я его прозвал за его буйность, дикое упорство и праздность — Троглодитом — и даже остервенелым Троглодитом — что не мешает мне, однако, любить его от души и ворчать на него беспрестанно, как рассудительный дядя на взбалмошного племянника». О том же 9 (21) декабря он писал Анненкову: «…он за дикую ревность и упорство буйволообразное получил от меня название Троглодит» (Тургенев. Письма. Т. 3. С. 71, 73).

са»[44]. Догматизм Толстого стал предметом постоянных шуток в том литературном кругу, к которому принадлежали оба писателя. Так, Анненков в 1856 году развлекал жившего за границей Тургенева короткими скетчами с описанием литературных обедов их общих знакомых; по его словам, Толстой «изображал» в разговорах «произвольность личного созерцания, предоставленного самому себе и выпущенного как будто на вечные каникулы»[45].

Пытаясь противодействовать этой тенденции, Тургенев призывал Толстого к «свободе, свободе духовной»[46] и вскоре, отвечая на его несохранившееся письмо, поздравил его с достигнутым успехом:

> ...Вы становитесь свободны, свободны от собственных воззрений и предубеждений. Глядеть налево так же приятно, как направо — ничего клином не сошлось — везде «перспективы» (это слово Боткин у меня украл) — стоит только глаза раскрыть. Дай Бог, чтобы Ваш кругозор с каждым днем расширялся! Системами дорожат только те, которым вся правда в руки не дается, которые хотят ее за хвост поймать; система — точно хвост правды, но правда как ящерица: оставит хвост в руке — а сама убежит: она знает, что у ней в скором времени другой вырастет. Это сравнение несколько смело — но дело в том, что Ваши письма меня утешают[47].

Тургенев не говорит, что Толстому вообще не следует иметь своего мнения, он говорит только, что как художник он должен следовать не тому, в чем заранее уверен, а тому, что *видит* вокруг[48]. Вместо того чтобы оставаться в шорах, в рабстве у собственных «воззрений и предубеждений», следует «глядеть нале-

[44] Там же. С. 244 (письмо от 23 июля (4 августа) 1857 г.).

[45] Переписка И. С. Тургенева. Т. 1. С. 509 (письмо от 29 декабря 1855 г. (10 января 1856 г.)).

[46] «Желаю Вам здоровья, деятельности — и свободы, свободы духовной» (Тургенев. Письма. Т. 3. С. 150; письмо от 16 (28) ноября 1856 г.).

[47] Там же. С. 179–180 (письмо от 3 (15) января 1857 г.).

[48] Об этике «видения» у Тургенева, Толстого, Достоевского и Чехова см. в трех первых главах книги Р. Джексона: Jackson R. L. Dialogues with Dostoevsky: The Overwhelming Questions. Stanford, CA: Stanford University Press, 1995.

во... и направо», видеть «перспективы», чтобы видеть действительность во всей полноте.

Следуя этому совету, Толстой не ставил целью превратиться во второго Тургенева. Он не отказался от приоритета моральных суждений, но стал со временем относиться к ним с большей осознанностью и долей сомнения. Один из первых знаков его реакции на осторожную настойчивость Тургенева можно обнаружить в рассказе «Утро помещика», над которым Толстой работал осенью 1856-го, спустя год после приезда в Петербург, и который в декабре того же года увидел свет. В нем молодой помещик князь Нехлюдов (еще один Нехлюдов) совершает утренний обход своего имения, пытаясь помочь нескольким нуждающимся крестьянским семьям, но совершенно безуспешно. Смирившись с этим, он возвращается домой, садится за рояль и, размышляя об утренних событиях, внезапно понимает, что хотел бы поменяться местами с ямщиком Ильей. Этот рассказ остался единственным опубликованным фрагментом незавершенного «Романа русского помещика», над которым начиная с 1852 года Толстой работал с перерывами, задумав его как «догматический» роман «с целью»[49]. Тургенев уловил в «Утре помещика» этот «догматический» подтекст и в письме к А. В. Дружинину от 13 января 1857 года высказал собственное политическое истолкование толстовского сюжета. Он писал:

> Главное нравственное впечатление этого рассказа (не говорю о художественном) состоит в том, что пока будет существовать крепостное состояние, нет возможности сближения и понимания обеих сторон, несмотря на самую бескорыстную и честную готовность сближения — и это впечатление хорошо и верно...[50]

---

[49] 18 июля 1852 года Толстой записал в дневнике: «Обдумываю план русского помещичьего романа с целью», и 30 ноября того же года: «Роман <...> русского помещика будет догматический» (Толстой. Т. 46. С. 135, 150–151).

[50] Тургенев. Письма. Т. 3. С. 188. Тургенев видит, что дефицит доверия крестьян к помещикам делает невозможными сотрудничество и реальные реформы. Конечно, он сам задокументировал это явление в «Записках охотника», хотя и не изобразил, как позднее в «Отцах и детях», всех трудностей, с ко-

Но Тургенев хвалит «Утро помещика» и за «мастерство языка, рассказа, характеристики», несомненно сознавая глубину той представленной в нем психологической драмы, которая выходит за рамки проблемы крепостного права как такового. Осуществление планов молодого реформатора невозможно не только в силу политических обстоятельств, но и потому, что у крестьян есть собственные мечты и они не хотят принимать помощь Нехлюдова в тех формах, которые ему кажутся полезными. К пониманию этого Нехлюдов приходит во время своего утреннего обхода. Например, одна из крестьянок, казавшаяся ему вполне рассудительной в иных ситуациях, встает на защиту своего ни к чему не способного сына и требует, чтобы Нехлюдов нашел ему другую жену вместо той, которая умерла, не выдержав горя и непосильного труда. Крестьянин, живущий в полуразвалившейся избе, отказывается переехать в новый дом, предпочитая продолжать традицию отцов и дедов.

Так и оставшееся фрагментом, «Утро помещика» самой своей формой дискредитирует изначальную идею автора о создании дидактического романа. Вместо изображения добрых дел и добродетели, чем должен был триумфально увенчаться «Роман русского помещика»[51], Толстой заканчивает «Утро помещика» лирической кодой. Нехлюдов берет аккорды на рояле, погружается в грезы и как будто в сновидении видит свое утро помещика и свои неосуществленные цели. Неспособный реформировать жизнь крестьян, он в поэтической фантазии проникается сочувствием к ним: искусство, способное научить терпимости и сочувствию к крестьянам, заменяет практическую реформаторскую

торыми сталкивается помещик-реформатор. Как уже не раз отмечали исследователи, крепостные крестьяне в «Записках охотника» — это, как правило, дворовые или не вполне типичные крестьяне-одиночки, как Калиныч («Хорь и Калиныч») или Касьян («Касьян с Красивой Мечи»). «Утро помещика» стало началом толстовской таксономии крестьян-земледельцев, лишь иногда упоминаемых, но не описанных в «Записках охотника». (К числу исключений можно отнести Хоря в «Хоре и Калиныче» и крестьянских мальчиков в «Бежином луге».)

51 См.: Толстой. Т. 4. С. 363 («Предисловие не для читателя, а для автора»).

деятельность, что и составляло цель Толстого *как автора*. В этом смысле Нехлюдов становится выразителем изменившихся «воззрений» своего молодого создателя, уже не столь уверенного в моральных задачах искусства. Финальная кода переворачивает первоначальные замыслы Нехлюдова с ног на голову: начав с задачи улучшения жизни крестьян, он заканчивает желанием стать одним из них, жить вольной жизнью ямщика Ильи, проводить жизнь в странствиях.

Письмо Тургенева к Толстому о духовной свободе датировано 3 января 1857 года, а письмо к Дружинину с похвалой «Утру помещика» — 13 января. Два письма, близкие по времени, близки также по языку и общему настрою. В письме к Дружинину Тургенев перед приведенными выше цитатами писал:

> Я прочел его «Утро помещика», которое чрезвычайно понравилось мне своей искренностью и *почти полной свободой воззрения*; говорю: почти — потому что в том, как он себе задачу поставил, скрывается еще (может быть, бессознательно для него самого) некоторое предубеждение[52].

Ключевыми словами здесь являются «воззрение» и «предубеждение». На те же понятия Тургенев обращал внимание Толстого в своем письме от 3 января: «…Вы становитесь свободны, свободны от собственных воззрений и предубеждений».

Толстой никогда до конца не освободится от «предубеждений» в той мере, в какой это могло бы удовлетворить Тургенева, он никогда и не стремился это сделать. Но в «Утре помещика» он по-своему отозвался на тургеневскую критику, и Тургенев, вероятно, это заметил. Если для Тургенева важен акцент на непознаваемости мира и особенно людей, то Толстой сосредоточен на идее не только многообразия роящихся в реальности мнений, точек зрения, но и на их несовместимости. Широчайший мир непохожих друг на друга людей и те сложнейшие задачи, которые он ставит перед каждым отдельным «я», становятся темой повести «Казаки» (1863), вершины раннего толстовского творчества.

---

[52] Тургенев. Письма. Т. 4. С. 188 (курсив мой. — *Д. О.*).

Первое упоминание о том, что позднее станет «Казаками», — это стихотворение «Эй, Марьяна, брось работу», написанное в апреле 1853 года. Позднее в том же году Толстой начал повесть под названием «Беглец» о соперничестве русского офицера и казака за любовь к казачке Марьянке. Об этом он сделал запись в дневнике 28–31 августа, всего спустя месяц после чтения «Записок охотника», и, возможно, именно пример Тургенева вдохновил его на использование в повести материала собственной жизни среди казаков. Во всяком случае, этот ранний набросок «Казаков» представляет собой редкий в творчестве Толстого случай прямого включения в текст его реального знакомого, казака Епифана Сехина, который в первой рукописи назван Епишкой, в последней Ерошкой[53]. Толстой начал с этой рукописи, когда в 1856-м вернулся к своему «Кавказскому роману», и затем интенсивно работал над ней до 1858-го. Завершающий этап работы над этим сюжетом относится к 1860 году.

Примерно на середине работы над «Казаками» повесть увеличилась в объеме и стала многоуровневой, что сам Толстой признал новым явлением в своем творчестве. Он объяснил и его новизну, и возникшие в связи с этим дилеммы в письме из Швейцарии Анненкову от 22 апреля (4 мая) 1857 года.

> Ту серьезную вещь, про которую я вам говорил как-то, я начал в четырех различных тонах, каждую написал листа по три — и остановился, не знаю, что выбрать или как слить, или должен я всё бросить. Дело в том, что эта субъективная поэзия искренности — вопросительная поэзия, — и опротивела мне немного и нейдет ни к задаче, ни к тому настроению, в котором я нахожусь. Я пустился в необъятную и твердую положительную, субъективную сферу и ошалел: во-первых, по обилию предметов, или, скорее, сторон предметов, которые мне представились, и по разнообразию

---

53 О творческой истории повести см.: Опульская Л. Д. Творческая история «Казаков» // Толстой Л. Н. Казаки. М.: Изд-во АН СССР, 1961. С. 352–386. Ссылки на рукописные редакции ниже даются по Т. 4 (21) нового академического издания: Толстой Л. Н. Полн. собр. соч.: в 100 т. М.: Наука, 2002. Т. 4 (21): Редакции и варианты художественных произведений, 1853–1863.

тонов, в которых можно выставлять эти предметы. Кажется мне, что копошится в этом хаосе смутное правило, по которому я в состоянии буду выбрать; но до сих пор это обилие и разнообразие равняются бессилию[54].

К моменту написания этого письма, действительно, существовало четыре начала повести (включая и текст 1853 года, который Толстой подверг правке в 1856-м). После письма, во второй половине 1857-го, Толстой написал еще два начала. До письма им был составлен лишь один дошедший до нас план повести, и четыре ее начала относятся к этому единственному плану как возможности разных «тонов» и «сторон предметов»[55]. Они начинаются по-разному, с разных точек зрения: офицера, приехавшего в казачью станицу; жителей станицы, изображенных повествователем от третьего лица; тех же жителей, изображенных в «тоне» былины. Это последнее задуманное Толстым начало в его дневнике упоминается как «поэтический казак».

Письмо Толстого к Анненкову и черновые редакции начала «Казаков», о которых в нем идет речь, написаны в период его самых интенсивных отношений с Тургеневым[56]. В них отразилось дальнейшее динамическое развитие тех тенденций, которые были очевидны Тургеневу уже в «Утре помещика». Под воздействием Тургенева Толстой временно отходит от «субъективной» поэзии, основанной на психологическом самоанализе и непререкаемом дидактизме — какими они явлены в «Юности», опубликованной в январе 1857 года, — и экспериментирует с формами изображения объективной «действительности», то есть мира

---

[54] Толстой. Т. 60. С. 182.

[55] Первые четыре начала см.: Толстой Л. Н. Полн. собр. соч.: в 100 т. Т. 4 (21). С. 7–70; план романа — с. 23–26; два последних начала — с. 71–81.

[56] В другой своей работе я рассматривала вопрос о том, что могло стать «правилом», которое Толстой пытался найти во всех началах повести, и как это связано с его дружбой с Анненковым, которого больше заботили «правила», а не свобода. См.: Orwin D. Tolstoy's Art and Thought: 1847–1880. Princeton, NJ: Princeton University Press, 1996. P. 73–75; в рус. пер.: Орвин Д. Искусство и мысль Толстого. 1847–1880 / пер. с англ. и науч. ред. А. Г. Гродецкой. СПб.: Академ. проект, 2006. С. 83–86.

природы и мира других людей. Позднее, в 1858 году, он создает третью редакцию первой части повести в форме писем офицера[57]; отказавшись от субъективности, он теперь реинтегрирует ее в текст как одну из точек зрения. Как и все прочие, эта точка зрения ограничена, но в многогранной реалистической эстетике автора она так же законна, как и все другие.

Только на заключительном этапе работы над повестью, начиная с 1860 года, Толстому удается «слить», свести воедино все ранее намеченные повествовательные позиции. Более того, только в 1860 году он задумывает новое начало, где ведущей становится точка зрения главного героя, Оленина, а затем, в четвертой главе, происходит резкое переключение на точку зрения, из которой Оленин полностью исключен[58]. Когда же в десятой главе Оленин возвращается в ткань романа, читатели уже практически забыли о нем.

В окончательной редакции повести представлены несколько нарративных позиций. Повесть начинается повествованием от третьего лица, которое переходит от дальних видов зимних улиц Москвы к фокусированию на Оленине. Заканчивается эта повествовательная последовательность двумя внутренними монологами героя, один из которых изображает то, что можно назвать внутренним пейзажем ума Оленина, другой представляет собой резкое вторжение в этот внутренний пейзаж реальности, представленной впервые появляющимися вдалеке кавказскими горами. Четвертая глава начинается в форме этнографической зарисовки, затем продолжается как повествование от третьего лица, описывающее жизнь казаков. В конце концов, в 10-й главе поток Оленина сливается с казачьим потоком, однако в восприятии читателей эти два потока никогда полностью не соединяются. В отличие от Оленина, они всегда знают о существовании непреодолимой пропасти между ним и казаками. В отличие от него, читатели имеют возможность следить за динамикой отношений между Лукашкой и Марьянкой, тогда как для Оленина существу-

---

[57] См.: Толстой Л. Н. Полн. собр. соч.: в 100 т. Т. 4 (21). С. 56–70.

[58] См.: Там же. С. 261–279.

ет лишь временная возможность ухаживать за ней. Только в конце повествования Оленин узнает о своем истинном положении в станице, тогда как это знание изначально составляло привилегию как читателя, так и автора.

В то же время Толстой сохраняет две повествовательные формы, в которых точка зрения Оленина представлена, — это его дневниковая запись (глава 28) и неотправленное письмо (глава 33). Два эти текста резко противоречат друг другу: первый призывает к самоотверженности и самопожертвованию, второй — к счастью, предполагающему жертву интересами других. Обе вставки от первого лица являются частью толстовского описания личности Оленина и той дилеммы, которая возникает перед ним как представителем цивилизации. В отличие от Ерошки и Лукашки, которые также испытывают чередующиеся импульсы самоотверженной щедрости и эгоцентричных желаний, мыслящий Оленин обязан осознать это противоречие и, чтобы быть последовательным, что не обязательно для казаков, должен сделать выбор в пользу первой потребности, а не второй.

Каков эффект всех этих повествовательных позиций? Ни одна из позиций не в состоянии передать сложность жизни. Мудрость заключается в осознании многообразия мира и несходства людей, в признании реальности внутренней жизни каждого индивидуума и, как следствие, в примирении с этим знанием. Так что, даже если Оленин, дидактический герой Толстого, сознает, что должен выбирать один из двух путей, и даже если повествователь эпизодически произносит дидактические суждения, автор остается над этими проблемами. «Казаки» — наименее дидактическое произведение из всего созданного Толстым, и, помимо прочего, это первый и чистейший продукт влияния на него реалистической эстетики Тургенева, наиболее полно выраженной в «Записках охотника».

На протяжении 1850-х Толстой пытался найти баланс, золотую середину между поэзией и моральной задачей. Иногда, как мы видели в «Люцерне», эта внутренняя борьба открыто врывалась в его творчество, но главным образом она шла за сценой. В случае с «Казаками», его вершинным ранним произведением, попытка автора уделить равное внимание всем возможным точкам зрения заняла годы писания и переписывания. В то же время сама сюжетная драма у Толстого никогда вполне не одерживала верх над его суждениями об этой драме. Дидактическая составляющая его искусства, не созвучная понятиям современности, не только сохранилась в его творчестве, но в поздние годы приобрела еще большее значение. Такие критики, как популист Н. К. Михайловский или много позднее Исайя Берлин, видели в притяжении и отталкивании противоречивых тенденций в его творчестве отражение противоречий его личности. На самом деле открытая дидактика Толстого — тот клей, на котором держится единство его текстов; его моральные суждения составляют существенную часть авторского сознания, формирующего текст в целом. Возможно, молодого льва и укротили встречи с писателями, более искушенными, чем он сам, но они не лишили его способности рычать.

Глава пятая

Романтическая тоска у Тургенева

For nothing can be sole or whole
That has not been rent[1].

Рассмотрев способы защиты субъекта автором в русской психологической прозе, я теперь перехожу к описанию самого субъекта. В процитированном в 1-й главе отрывке из «Анны Карениной» Анна возвращается на поезде из Москвы в Петербург в разгар метели, после того как позволила себе внушить графу Вронскому потребность следовать за ней. В глубине души она знает, что сделала это, и стыдится сделанного; чувство стыда вторгается в чтение английского романа, и внезапно она чувствует, что герою романа «должно быть стыдно и что ей стыдно этого самого»[2]. Так в ходе своего эскапистского чтения Анна оказывается лицом к лицу с хаосом вокруг и внутри себя.

Это модель происходящего с читателями, когда мы занимаемся русским романом с его репрезентацией внутренней жизни. Мы в ней нуждаемся; ни уютные бунгало, ни особняки, ни иные материальные блага не способны полностью удовлетворить наше

---

[1] Последние строки стихотворения У. Б. Йейтса «Блаженная Джейн говорит с епископом». Цитируется оригинал, так как единственный известный перевод Г. Кружкова, по мнению автора книги, нерелевантен смыслу, необходимому в данном контексте. Ср.: Бывает женщина в любви / И гордой и блажной, / Но храм любви стоит, увы, / На яме выгребной; / О том и речь, что не сберечь / Души — другой ценой.

[2] Толстой. Т. 18. С. 107.

стремление к полноте и глубине смысла. Это стремление, стоит лишь заметить его, ведет нас к самоосознанию, что и случается с Анной во время чтения романа. Она и стыдится его, и в то же время неотвратимо стремится и к нему, и к его последствиям.

Такое стремление сродни романтической тоске. Широко известный парадокс, уже упомянутый в Предисловии, заключается в том, что русский психологический реализм имел вполне определенные философские предпосылки в романтизме. Тургенев, по меньшей мере отчасти, ответственен за то, что романтическая тоска стала центральной темой русской психологической прозы. Хотя эстетизм Тургенева, как правило, скрывает этот факт, его произведения, как художественные, так и нехудожественные, были сформированы философскими идеями, которые он усвоил в ходе обширного гуманистического образования.

Свой творческий путь Тургенев начал как поэт-романтик. Его первая сохранившаяся поэма — «Стено», написанная в 1834 году, в шестнадцать лет, была незрелой попыткой подражания байроновскому «Манфреду». Акцент в ней сделан, что типично для юношеской сферы переживаний, в большей степени на проблеме отчуждения, чем на самоанализе. Неизменно мрачный Стено, мятежный до мозга костей, представлен с двух радикально отличающихся точек зрения. Окружающим он кажется сверхъестественно сильным и харизматичным, богом или дьяволом, тогда как сам он чувствует себя трагически беспомощным перед лицом механистичной природы, безразличной и к нему, и к его призрачной возлюбленной, чья смерть, похоже, и вызвала его мятеж против Бога. Поэма состоит из слабо между собой согласованных жалоб героя на судьбу и признаний окружающими его силы. Развязка, невольно комичная в своей искусной сконструированности, объединяет две линии сюжета. От отчаяния Стено совершает самоубийство, тем самым непреднамеренно и в последний момент лишая своего главного врага (чья сестра умерла от безответной любви к Стено) возможности совершить убийство. Это высший предел на шкале юношеской фантазии.

Байроническая поза Тургенева уступает место более примирительному отношению к природе под влиянием романтикаидеалиста Н. В. Станкевича, шеллингианца и фихтеанца, которому природа представлялась скорее живым организмом, чем картезианским механизмом. В черновике письма, написанного в конце 1840-го или начале 1841 года (но так и не отправленного) к автору-романтику Беттине фон Арним, Тургенев высказывает шеллингианскую идею, согласно которой человек, подчиняясь природе, в ней открывает собственную сущность и посредством разума доводит ее до сознания[3]. В первом опубликованном Тургеневым стихотворении «Вечер» (1838) с подзаголовком «Дума» нашла выражение эта шеллингианская программа. Природа в сумерках, спокойная и молчаливая, тем не менее преподает поэту «таинственный урок», и он «внемлет» звучащему в его душе «голосу внутреннему», пророчествующему о будущем, в «думах» постигая его[4]. Задача поэта-романтика — выразить, насколько это возможно, мудрость безгласной природы. Стихотворение было упражнением в *Identitätsphilosophie*, согласно которой вечные законы, написанные в природе, находят таинственное соответствие в законах человеческого разума.

Тургенев никогда полностью не отступал от этой романтической веры. Он всегда считал «святую тоску» (Sehnsucht), стремление к слиянию со Всем одним из благороднейших человеческих качеств. Такое стремление возникает как следствие трагической ограниченности любого индивидуального существования. Оно, в то же время подтверждая его связь с метафизическим бытием, узаконивает индивидуальность человеческого духа. Редкие в тургеневской прозе и скромные персонажи эту связь ощущают напрямую. Можно привести два примера — один старый, традиционный, другой новый: это Касьян в рассказе «Касьян с Красивой Мечи» (в «Записках охотника») и герой одноименной повести Яков Пасынков, «один из последних романтиков», который «без напряжения, без усилия вступал в область идеала»[5]. Оба эти

---

[3] Тургенев. Письма. Т. 1. С. 351–353 (подлинник по-нем.).

[4] Тургенев. Соч. Т. 1. С. 9–10.

[5] Там же. Т. 5. С. 60.

персонажа религиозны, хотя во взглядах Касьяна есть элементы религиозного сектантства[6], а взгляды Якова основаны на идеях немецкой философии. Гораздо чаще такая связь является косвенной — я имею в виду, что в прозе Тургенева многие чувства и страсти проникнуты жаждой слияния со Всем. Когда в «Дворянском гнезде» Лаврецкий любит Лизу; когда в «Первой любви» Владимир боготворит отца и Зину, а отец влюбляется в Зину; когда героиня «Странной истории» Софья связывает свою жизнь с физически отталкивающим, таящим в себе угрозу юродивым Василием и убегает из дома; когда Лежнев в конце «Рудина» защищает идеализм главного героя, сознавая его несовершенство; когда Инсаров в «Накануне» выбирает служение делу своей Родины, и тот же выбор делает Елена, потому что любит Инсарова, — все эти герои, каждый по-своему, действуют, движимые романтической тоской.

Представление о жизни духа, души, каким оно оформилось в России в 1830-е годы, а затем воплотилось в тургеневской прозе, связано со сферой эроса: человек ощущает собственную неполноту и тоскует по завершенности и целостности в чем-то вне себя. Это свойство русского национального сознания отчасти объясняется исторически. Русские восприняли современность в то время, когда немецкие последователи Руссо, такие как Шеллинг и Кант, вносили поправки в предшествующую философскую мысль эпохи Просвещения именно в том, что она игнорировала и что Ричард Велкли назвал «эросом целостности», самой современностью и порождаемым[7]. Проблема, по мнению Велкли, заключается в следующем. Современность, как ее обосновал Декарт и другие мыслители XVII века, призывала к новому началу под руководством философов ради того, чтобы принести облегчение многострадальному человечеству. «Методическое сомнение» было методом, с помощью которого философы Нового времени отказывались от постулатов религии и догматической философии

---

6   Там же. Т. 3. С. 467–468.

7   См.: Velkley R. L. Being After Rousseau: Philosophy and Culture in Question. Chicago: University of Chicago Press, 2002. P. 2.

и заменяли их «подлинными истинами, находящимися внутри личности или "я"». В этом новом руководстве природа должна быть использована ради любых материальных благ, которые может дать, но при этом она больше не может рассматриваться как сфера благотворного порядка, частью которой является человек. В своих духовных верованиях мы теперь можем полагаться только на то, что «находится в нашем собственном сознании».

> Подразумевается, что человеческая природа радикально индивидуалистична. По своей природе мы не принадлежим к какому-то значительному целому, но принадлежим только самим себе, что и стремимся поддержать и сохранить. Суть современного обращения к себе заключается в освобождении от любого рода метафизики. ... То, что «первично для нас» (сознание, «идеи», страсти, права), «первично само по себе»[8].

Как продолжает пояснять Велкли, это необходимое условие для проекта Нового времени порождает свои проблемы. Мыслителей последующих эпох и даже основателей современной мысли беспокоило отсутствие телеологического обоснования свободы и разума, необходимого для легитимации человеческой личности, хотя и не удерживало их от задачи подчинения природы. Не оставлявшая их озабоченность идеей «полноты», или метафизического обоснования основ проекта Нового времени в сознании человека, была впервые в полном объеме сформулирована Руссо и развита его немецкими последователями. Воспринятый главным образом через идеи немецких мыслителей, этот проект имел значительное влияние в России в 1820–1840-х, когда Руссо и его немецкие последователи стали духовными наставниками тех русских мыслителей, которые формировали современное национальное сознание своего народа[9].

---

[8] Ibid. P. 2–3; выделенная цитата находится на с. 3.

[9] Руссо был известен в России уже в середине XVIII века. См.: Лотман Ю. М. Руссо и русская культура XVIII — начала XIX века // Руссо Ж.-Ж. Трактаты. М.: Наука, 1969. С. 555–604; Ж.-Ж. Руссо: Pro и Contra: Антология / сост. А. А. Златопольская. СПб.: Изд-во РХГА, 2005. См. также в главе 1 о влиянии Руссо на Карамзина и в 7-й главе о его влиянии на Достоевского.

Собственная историческая и культурная ситуация в России также повлияла на восприятие немецкой мысли. Последствия революции в мысли, произошедшей в XVII веке, которые я кратко изложила, органично и постепенно развивались во Франции и Англии, а также, хотя и в меньшей степени, в Германии. В Россию, где в 1820-х религиозная жизнь не была реформирована и большинство культурных элит по-прежнему вели традиционный образ жизни, революция пришла из Европы, и достаточно внезапно. Русские адепты были склонны к радикализации зарубежных философских принципов, поскольку в течение многих лет на русской почве не возникло традиции наведения мостов для противодействия их крайним последствиям[10]. В то же время их привлекали те аспекты романтической философии, которые соответствовали их традициям, в большей степени иррациональным и общинным, нежели рациональным и индивидуалистским. Молодые русские последователи европейских идей этого времени скоро осознали, от чего им пришлось отказаться, чтобы стать современными личностями. Слишком резко отбросив национальные ритуалы и традиции, они с метафизической тревогой погрузились в новый голый пейзаж, выстроенный на истинах, опиравшихся только на категории разума. Понятно, что многие из них нуждались в идеях, которые бы заняли место Церкви или самодержавия как объединяющей и возвышающей силы (или как-то заново эти идеи обосновали). Иные же принимали новые идеи с религиозным рвением.

Молодой Тургенев был типичным представителем этого поколения. Он рос в отсталой, несовременной среде, подавлявшей индивидуальность и допускавшей властный и жестокий произвол меньшинства. Его мать, представительница лутовиновского клана деспотичных степных помещиков, привыкшая к жестокости и злоупотреблявшая ею, управляла своими владениями железной рукой, которую без колебаний использовала в отношении как

---

[10] Например, Тургенев сожалел об этом, когда замечал, что русские радикализировали Гегеля, ошибочно полагая, что он считал идеальным буквально все «действительное», включая их самих. См.: Тиме Г. Немецкая литературно-философская мысль XVIII–XIX веков в контексте творчества И. С. Тургенева (генетические и типологические аспекты). Munich: Verlag Otto Sagner, 1997. S. 20.

крепостных, так и собственных сыновей. Тургенев, имея такое наследство, но будучи открыт западным идеям, с которыми познакомился благодаря путешествиям и блестящему образованию, предоставленному ему той же матерью, горячо воспринял современный индивидуализм, каким открыл его прежде всего у Байрона. Но если в шестнадцать лет в «Стено» он с легкостью выбирал свою судьбу в бунтарстве, то уже через короткое время, среди новых друзей в кругу Н. В. Станкевича, был готов признать, что и современная философия допускает для человека возможность гармонии с природой и, следовательно, целостности. И хотя вскоре ему пришлось от этой надежды отказаться, он всегда ощущал потребность в метафизическом обосновании, которое прежде всего ее и вдохновило. Как и многие другие образованные люди его поколения, Тургенев с подозрением относился к обывателям-филистерам, устроившимся в жизни настолько удобно, чтобы не сознавать ее сущностной неполноты[11].

---

[11] В 1840-е внимание в России переключилось с вопросов метафизики на задачи деятельности, дела, и проблема духовной неполноты личности стала политизироваться. Две самостоятельные группы — славянофилы и западники — сформировались вокруг двух потенциальных политических решений проблемы трагедии личности в России. Славянофилы выступали за возвращение к традиционной русской общинности, которая могла дополнить личность участием в органическом социальном сообществе; западники сосредоточились на создании современного государства, которое способствовало бы целостному единству личностей. На протяжении многих лет Тургенева критиковали за то, что он решительно не связывал себя ни с одной из этих групп, предпочитая лавировать между ними. Оставив в стороне спорный вопрос о его политических предпочтениях, хочу сосредоточиться на философских причинах и литературных следствиях того, что привело его к политическим полутонам. Для Тургенева душевная и духовная нецельность личности природна, а не культурна, и поэтому не может быть изменена. Его проза отражает и это свойство человеческой природы, и попытки отдельных людей решить эту проблему. Однако ни одна из подобных попыток, ни традиционная, ни современная, не увенчалась полным успехом, и именно поэтому проза Тургенева представляется непоследовательной на уровне решения проблем. Первое и самое известное исследование тургеневской непоследовательности принадлежит М. О. Гершензону («Мечта и мысль И. С. Тургенева»), продемонстрировавшему, что герои Тургенева могут выбрать личную самореализацию или долг, или, как в случае Лизы в «Дворянском гнезде», поочередно оба пути. Оба пути представляют собой разные варианты решения одной и той же проблемы неполноты личности и романтической тоски.

Отношение Тургенева к философии было неоднозначным, и едва ли сегодня оно окончательно исследовано и понято[12]. В годы студенчества в Берлине он изучал метафизику и был заинтригован тем, что в письме к Т. Н. Грановскому назвал «*die speculativen Freuden*»[13].

> Вердер дошел до *Grund* в отделении от *Wesen* — и я могу сказать, что я изведал хоть l'avant-goût того, что он называет — die spekulativen Freuden. Вы не поверите, с каким жадным интересом слушаю я его чтения, как томительно хочется мне достигнуть цели, как мне досадно и вместе радостно, когда всякий раз земля, на которой думаешь стоять твердо, проваливается под ногами — так мне случалось при Werden, Dasein, Wesen etc.[14]

Обычно это письмо обходят стороной, видя в нем свидетельство того направления, от которого Тургенев вскоре отказался, однако его рассказ о жизни ума с очевидностью демонстрирует, что он сознавал опасность ума на пути к достижению целостности. Он не мог надолго погрузиться в головокружительные и вечно изменяющие радости чистой метафизики и в этом смысле стал антифилософом[15]. К началу 1840-х Тургенев прочитал «Philosophie und Christentum» (1839) Фейербаха и под ее влиянием решительно отошел от абстрактной мысли[16]. Однако

---

[12] Об этой проблеме современного тургеневедения в России см.: Тиме Г. Немецкая литературно-философская мысль XVIII–XIX веков в контексте творчества И. С. Тургенева; passim.

[13] «умозрительными радостями» (*нем.*).

[14] Тургенев. Письма. Т. 1. С. 143; письмо от 8 (20) июня 1839 года.

[15] См.: Clowes E. W. Fiction's Overcoat: Russian Literary Culture and the Question of Philosophy. Ithaca, NY: Cornell University Press, 2004. P. 54–65.

[16] См.: Тиме Г. Немецкая литературно-философская мысль XVIII–XIX веков в контексте творчества И. С. Тургенева. С. 16. Тургенев впервые упоминает чтение «Philosophie und Christenthum» в письме к Т. Н. Грановскому от 18 (30) мая 1840 года (Тургенев. Письма. Т. 1. С. 155). В письме к Полине Виардо от 26 нояб. (8 дек.) 1847 года он называет Фейербаха «единственным *человеком*, единственным характером и единственным талантом» в Германии (Там же. С. 374; подлинник по-франц.). Разумеется, к этому времени он уже был знаком с самым известным сочинением Фейербаха «Сущность христианства» (1841).

тяга к метафизике в процитированном письме весьма значитель-на. Тургенев не отрицает значения философии, и в действительности его творчество, хотя в нем почти нет отсылок к философским трудам, является наиболее отчетливой репрезентацией в русском классическом реализме динамики современной западной мысли, какой я только что ее обрисовала. Художественные тексты Тургенева, далеко не являясь срезами жизни, всегда имеют философское измерение, и, хотя в основном скрытое, они не только им проникнуты, но и, более того, структурированы[17]. Мы знаем, помимо прочего, что он размышлял именно о личностном «я» и о необходимости его обоснования метафизическими идеями. Об этом шла речь в его шутливом письме к Алексею и Александру Бакуниным, написанном 3 (15) апреля 1842 года во время подготовки к экзамену по философии в Петербургском университете. Все философы, которых Тургенев читал, готовясь к экзамену, — Декарт, Лейбниц, Спиноза, Фихте, Кант[18], — внесли свой вклад в идею современного «я». Все они обращались к проблеме отношений между человеческим «я» и Вселенной, которая это «я» должна поддерживать и к пониманию которой это «я» должно стремиться. Чтение как названных Тургеневым, так и других философов создало почву для его собственного продолжавшегося всю жизнь увлечения формами трансцендентализма. Правда, в его творчестве вечный смысл романтического высшего мира (*двоемирие*) раскрывается лишь косвенно, в конкретных образах этого иного мира. (Литература становится в России проводником мысли задолго до рождения философии как таковой, которая «формально» начинается с Владимира Соловьева[19].) Романтическая тоска в произведениях

---

[17] В незрелых произведениях молодого Тургенева философское измерение не было скрытым. Так, например, откликаясь в рецензии в «Современнике» на поэму Тургенева «Разговор» (1845), П. А. Плетнёв критиковал автора за избыточную «метафизичность» (см.: Тургенев. Соч. Т. 1. С. 469).

[18] Тургенев. Письма. Т. 1. С. 192.

[19] Эдит Клюс пишет об интеграции философии и литературы в середине века и их последующем разделении. См.: Clowes E. W. Fiction's Overcoat: Russian Literary Culture and the Question of Philosophy; passim.

Тургенева тесно связана со страстью, особенно с эротической любовью. Его герои тоскуют по цельности в слиянии с природой или с другими людьми, но желанная цельность, что характерно для романтизма, обычно от них ускользает.

Место человека в природе: «Записки охотника»

Тургенев вызывал восхищение своих соотечественников как величайший литературный портретист среднерусского ландшафта; созданные им пейзажи выражают романтическую тоску по целостности в единении с природой. Тургенев любил природу отчасти и по причине ее гармонии и самодостаточности — тех качеств, которых лишен и в которых нуждается человек. В то же время он был солидарен с романтиками, утверждавшими, что люди в своей основе — *та же* природа, и главная задача поэта — раскрыть это единство и восславить его[20]. Но быть полноценной частью гармоничной и целостной природы индивидуум может лишь при определенных условиях, о которых и идет речь в «Записках охотника». Первое и простейшее из этих условий — способность человека к естественной импульсивности, по сути своей эгоцентричная, а порой и аморальная. Примером героя, живущего по воле импульса и, кажется, думающего только о себе, является крестьянин Ермолай, спутник охотника. Во втором очерке цикла «Ермолай и мельничиха» его герой вступает в любовную связь с женой мельника, не любящей мужа. Хотя рассказчик, подслушавший разговор любовников и передающий его читателю, здесь не осуждает Ермолая за его поведение хищника, в другом месте текста, описывая отношения Ермолая с его собственной женой, он отмечает в них «какую-то угрюмую свирепость».

В самодостаточности и моральном одиночестве Ермолая есть что-то асоциальное. Он не груб, как Зверковы, бывшие хозяева жены мельника, чья фамилия указывает на их звероподобие. Но

---

[20] Эта мысль открыто высказана Шиллером в работе «О наивной и сентиментальной поэзии».

мы точно не знаем, любит Ермолай жену мельника или нет. Иное отношение к природе, более сложное и глубокое, менее хаотичное, чем у Ермолая, требует осознанного признания человеческой слабости, что Ермолаю как будто не свойственно.

На другом конце спектра отношений с природой находится Лукерья из «Живых мощей», которой дано обрести радость в жизни, хотя она полностью парализована. Другие персонажи «Записок охотника», расположенные между двумя этими крайностями, как крестьяне, так и дворяне, пытаются найти выход, преодолеть отсутствие личностной цельности и трагизм жизни. В качестве реакции на эту проблему самые неординарные среди крестьян обращаются к народной мистике, не менее сложной, чем ее возвышенный немецкий романтический аналог. Один из таких крестьянских мистиков и идеалистов — Касьян из рассказа «Касьян с Красивой Мечи»[21]. Рассказ выстроен на сравнении Касьяна и охотника-рассказчика, и здесь, в «перевернутой» схеме, типичной для Тургенева, Касьян выступает в роли мыслителя, а охотник-наблюдатель — персонаж, который постоянно находится на периферии крестьянской и дворянской жизни — человека действия. Эта особенность рассказа нуждается в демонстрации посредством более детального анализа текста, поскольку проза Тургенева всегда только показывает и почти никогда не рассказывает.

Как и во многих других очерках цикла, начальная сцена «Касьяна с Красивой Мечи» при ее кажущейся случайности задает тон всему, что за ней следует.

Охотник-повествователь едет в тряской тележке с опытным кучером, который пытается избежать встречи с похоронной процессией. Увидев ее, кучер закрывает глаза, возможно, сочувствуя горю провожающих покойника. Он старается проехать по дороге до того, как путь ему пересечет процессия, так как, по народной примете, встреча с покойником предвещает человеку беду, приближая его собственную смерть. Вскоре после этого перегревается и ломается ось телеги, и этот несчастный случай,

---

[21] Врожденным достоинством и нравственной серьезностью Касьян напоминает Калиныча, героя первого очерка в книге «Хорь и Калиныч».

как и встреча в пути с умершим плотником Мартыном, символизируют трагизм человеческой жизни. Все, что мы строим для защиты и усовершенствования нашей жизни, обречено на уничтожение вместе со строителями.

Встреча с Касьяном происходит в интерлюдии, когда передвигаться в повозке стало невозможно и путешествие прервалось. Касьян живет вне практических маршрутов жизни, вне путешествия по жизни, как если бы принял решение не участвовать в абсолютно бесплодных попытках ее поддержать и сохранить. У него нет постоянной работы в крестьянском сообществе, он чувствует мистическую связь с природой, позволяющей ему, как он уверен, использовать заговоры и налагать заклятия. Как и у Лукерьи, его тело деформировано, но у него сладкий голос певца — его голос был «удивительно сладок, молод и почти женски нежен»[22].

Ниже приводится значительный фрагмент текста, позволяющий нам проникнуть в глубину философского смысла этого рассказа.

> Жара заставила нас, наконец, войти в рощу. Я бросился под высокий куст орешника, над которым молодой, стройный клен красиво раскинул свои легкие ветки. Касьян присел на толстый конец срубленной березы. Я глядел на него. Листья слабо колебались в вышине, и их жидко-зеленоватые тени тихо скользили взад и вперед по его тщедушному телу, кое-как закутанному в темный армяк, по его маленькому лицу. Он не поднимал головы. Наскучив его безмолвием, я лег на спину и начал любоваться мирной игрой перепутанных листьев на далеком светлом небе.
> Удивительно приятное занятие лежать на спине в лесу и глядеть вверх! Вам кажется, что вы смотрите в бездонное море, что оно широко расстилается *под* вами, что деревья не поднимаются от земли, но, словно корни огромных растений, спускаются, отвесно падают в те стеклянно ясные волны; листья на деревьях то сквозят изумрудами, то сгущаются в золотистую, почти черную зелень. Где-нибудь далеко-далеко, оканчивая собою тонкую ветку, неподвижно стоит отдель-

---

22 Тургенев. Соч. Т. 3. С. 110.

ный листок на голубом клочке прозрачного неба, и рядом с ними качается другой, напоминая своим движением игру рыбьего плёса, как будто движение то самовольное и не производится ветром. Волшебными подводными островами тихо наплывают и тихо проходят белые круглые облака, и вот вдруг всё это море, этот лучезарный воздух, эти ветки и листья, облитые солнцем, — всё заструится, задрожит беглым блеском, и поднимется свежее, трепещущее лепетанье, похожее на бесконечный мелкий плеск внезапно набежавшей зыби. Вы не двигаетесь — вы глядите: и нельзя выразить словами, как радостно, и тихо, и сладко становится на сердце. Вы глядите: та глубокая, чистая лазурь возбуждает на устах ваших улыбку, невинную, как она сама, как облака по небу, и как будто вместе с ними медлительной вереницей проходят по душе счастливые воспоминания, и всё вам кажется, что взор ваш уходит дальше и дальше, и тянет вас самих за собой в ту спокойную, сияющую бездну, и невозможно оторваться от этой вышины, от этой глубины...[23]

Здесь, в повторении и усилении ситуации начала очерка, полуденная жара заставляет героев прекратить всякую деятельность. Разница между начальным эпизодом и процитированным заключается в реакции персонажей на суровость, жестокость природы. Кучер старался избежать столкновения с предельным проявлением этой жестокости (смертью), тогда как во втором случае герои произвольно подчиняются природе, прекращая охоту, чтобы отдохнуть.

Когда Касьян входит в рощу, он замолкает и опускает голову. Его «безмолвие» заставляет рассказчика отвернуться от него и обратиться к созерцанию природы. Решающее значение в этом эпизоде имеет символика описаний. Касьян, сидя на стволе *срубленной* березы, растворяется в природе, над ним играют тени листьев. Листья, символизирующие умершие души, — метафора, восходящая к эпохе Античности. (Тургенев прекрасно знал античную литературу, ссылки на нее часто встречаются в его прозе.) Рассказчик называет тело Касьяна *тщедушным*; корень состав-

---

[23] Там же. С. 115–116.

ного прилагательного в данном случае — «душ-», как и в слове *«душа»*. Для читателя здесь важна классическая метафорическая параллель листьев и души.

Грезы рассказчика, возникающие на этом символическом фоне, поразительно субъективны. В них утверждается значительность его индивидуальной жизни — как можно предположить, в качестве реакции на символику смертности вокруг него. Мир, реорганизованный вокруг него и реинтерпретированный им, видящим себя его центром, буквально перевернут с ног на голову. Небо превращается в океан *под* ним, он чувствует себя на его вершине, на самом же деле глядя снизу вверх. Рассказчик сливается с природой, но на *своих* условиях, эти условия подлинны, но ограничены. Природа — великое целое, хотя столпы, на которых она покоится, человеку недоступны и могут восприниматься только интуицией. В этом, казалось бы, скромном небольшом очерке Тургенев демонстрирует всю глубину постижения истины поэтом-романтиком, которому поэтическая интуиция открывает гораздо более глубокие смыслы, чем философу. Всю полноту жизни повествователь способен ощутить в образе океана, где вода предстает метафорой жизни — эти образы часто встречаются в прозе Тургенева. В данном случае рассказчик безопасно дрейфует по поверхности океана. В иных случаях в тургеневской прозе, когда любовь превращается в трагедию, когда герой отвергнут или умирает, он представляет себя на дне моря[24]. Дрожащий лист, напоминающий «игру рыбьего плеса», напоминает и о реальной уязвимости охотника в исследуемом им океане. Но он торжеству-

---

[24] Образы воды, связанные со смертью и сексуальностью, часто встречаются в тургеневской прозе. Героиня «Затишья» (1854) тонет в пруду, когда ее бросает возлюбленный. В «Дворянском гнезде» (1859), когда Лаврецкий возвращается из Франции на родину, узнав о неверности жены, он дважды повторяет: «Вот когда я попал на самое дно реки...», «Вот когда я на дне реки...», живя в старом деревенском доме, унаследованном от тетки (Тургенев. Соч. Т. 6. С. 64; гл. 20). Повествователь в «Асе» (1858) переплывает на лодке Рейн туда и обратно, ухаживая за неуловимой героиней повести. В более поздней повести с рамочным сюжетом, «Вешних водах» (1872), рассказчик вспоминает дни своей молодости и влюбленности в прекрасную Джемму как «вешние воды», промчавшиеся мимо.

ет в состоянии покоя и, погруженный в природу, общается с ней, оставаясь в безопасности внутри собственного «я». Он представляет собой один полюс — именно тот, на котором каждый индивидуум считает себя центром вселенной, главным в отношениях человека с природой, как эту позицию Тургенев описал в 1854 году в рецензии на книгу С. Т. Аксакова «Записки ружейного охотника в Оренбургской губернии»:

> Все мы точно любим природу <...> но и в этой любви часто бывает много эгоизма. А именно: мы любим природу в отношении к нам; мы глядим на нее, как на пьедестал наш. <...> Между тем такого рода воззрение совершенно не согласно с истинным смыслом природы, с ее основным направлением. Бесспорно, вся она составляет одно великое, стройное целое — каждая точка в ней соединена со всеми другими, — но стремление ее в то же время идет к тому, чтоб каждая именно точка, каждая отдельная единица в ней существовала исключительно для себя, почитала бы себя средоточием вселенной, обращала бы всё окружающее себе в пользу, отрицала бы его независимость, завладела бы им как своим достоянием. Для комара, который сосет вашу кровь, — вы пища, и он так же спокойно и беззазорно пользуется вами, как паук, которому он попался в сети, им самим, как корень, роющийся во тьме, земляною влагой. Обратите в течение нескольких мгновений ваше внимание на муху, свободно перелетающую с вашего носа на кусок сахару, на каплю меда в сердце цветка, — и вы поймете, что я хочу сказать, вы поймете, что она решительно настолько же сама по себе — насколько вы сами по себе. Как из этого разъединения и раздробления, в котором, кажется, всё живет только для себя, — как выходит именно та общая, бесконечная гармония, в которой, напротив, всё, что существует, — существует для другого, в другом только достигает своего примирения или разрешения — и все жизни сливаются в одну мировую жизнь, — это одна из тех «открытых» тайн, которые мы все и видим и не видим[25].

---

[25] См.: Тургенев. Соч. Т. 4. С. 516–517 («Записки ружейного охотника Оренбургской губернии С. А—ва. Москва. 1852»). Отметим, что в конце своих грез рассказчик-охотник чувствует себя настолько защищенным от природы, что меняет направление, представляя себя двигающимся вверх, в небо, в его «вышину» и в его «глубину».

Между тем, если Касьян молчит, пока рассказчик грезит, это не значит, что он всего лишь сценический реквизит. Мы видим его как с внешней точки зрения, так и в символической перспективе, и в то же время автор в какой-то мере информирует нас и о его внутренней жизни. Чтобы оценить мысли и воззрения Касьяна, мы должны обратиться к другому эпизоду, который идет непосредственно перед сценой грез рассказчика в роще. Здесь природа предстает совсем иной, поскольку настроение героев совершенно не похоже на их настроение во время отдыха в роще.

И мы пошли. Вырубленного места было всего с версту. Я, признаюсь, больше глядел на Касьяна, чем на свою собаку. Недаром его прозвали Блохой. Его черная, ничем не прикрытая головка (впрочем, его волосы могли заменить любую шапку) так и мелькала в кустах. Он ходил необыкновенно проворно и словно всё подпрыгивал на ходу, беспрестанно нагибался, срывал какие-то травки, совал их за пазуху, бормотал себе что-то под нос и всё поглядывал на меня и на мою собаку, да таким пытливым, странным взглядом. В низких кустах, «в мелочах», и на сечках часто держатся маленькие серые птички, которые то и дело перемещаются с деревца на деревцо и посвистывают, внезапно ныряя на лету. Касьян их передразнивал, перекликался с ними; поршок полетел, чиликая, у него из-под ног — он зачиликал ему вслед; жаворонок стал спускаться над ним, трепеща крылами и звонко распевая, — Касьян подхватил его песенку. Со мной он всё не заговаривал...
Погода была прекрасная, еще прекраснее, чем прежде; но жара всё не унималась. По ясному небу едва-едва неслись высокие и редкие облака, изжелта-белые, как весенний запоздалый снег, плоские и продолговатые, как опустившиеся паруса. Их узорчатые края, пушистые и легкие, как хлопчатая бумага, медленно, но видимо изменялись с каждым мгновением; они таяли, эти облака, и от них не падало тени. Мы долго бродили с Касьяном по сечкам. Молодые отпрыски, еще не успевшие вытянуться выше аршина, окружали своими тонкими, гладкими стебельками почерневшие, низкие пни; круглые губчатые наросты с серыми каймами, те самые наросты, из которых вываривают трут, лепились к этим пням; земляника пускала по ним свои розовые усики;

грибы тут же тесно сидели семьями. Ноги беспрестанно путались и цеплялись в длинной траве, пресыщенной горячим солнцем; всюду рябило в глазах от резкого металлического сверкания молодых, красноватых листьев на деревцах; всюду пестрели голубые гроздья журавлиного гороху, золотые чашечки куриной слепоты, наполовину лиловые, наполовину желтые цветы Ивана-да-Марьи; кое-где, возле заброшенных дорожек, на которых следы колес обозначались полосами красной мелкой травки, возвышались кучки дров, потемневших от ветра и дождя, сложенные саженями; слабая тень падала от них косыми четвероугольниками, — другой тени не было нигде. Легкий ветерок то просыпался, то утихал: подует вдруг прямо в лицо и как будто разыграется, — всё весело зашумит, закивает и задвижется кругом, грациозно закачаются гибкие концы папоротников, — обрадуешься ему... но вот уж он опять замер, и всё опять стихло. Одни кузнечики дружно трещат, словно озлобленные, — и утомителен этот непрестанный, кислый и сухой звук. Он идет к неотступному жару полудня; он словно рожден им, словно вызван им из раскаленной земли.
Не наткнувшись ни на один выводок, дошли мы, наконец, до новых ссечек. Там недавно срубленные осины печально тянулись по земле, придавив собою и траву и мелкий кустарник; на иных листья, еще зеленые, но уже мертвые, вяло свешивались с неподвижных веток; на других они уже засохли и покоробились. От свежих золотисто-белых щепок, грудами лежавших около ярко-влажных пней, веяло особенным, чрезвычайно приятным, горьким запахом. Вдали, ближе к роще, глухо стучали топоры, и по временам, торжественно и тихо, словно кланяясь и расширяя руки, спускалось кудрявое дерево...
Долго не находил я никакой дичи; наконец из широкого дубового куста, насквозь проросшего полынью, полетел коростель. Я ударил; он перевернулся на воздухе и упал. Услышав выстрел, Касьян быстро закрыл глаза рукой и не шевельнулся, пока я не зарядил ружья и не поднял коростеля. Когда же я отправился далее, он подошел к месту, где упала убитая птица, нагнулся к траве, на которую брызнуло несколько капель крови, покачал головой, пугливо взглянул на меня... Я слышал после, как он шептал: «Грех!.. Ах, вот это грех!»[26]

---

[26] Там же. Т. 3. С. 113–115.

Рассказчик охотится, но по мере того, как он это делает, кажется, будто листва удерживает его, а гнетущая жара изматывает. На уровне автора упоминание многих конкретных растений, названия которых могут быть читателю неизвестны, создает «научный» ракурс, дополняющий ощущение особой уплотненности места охоты. Охотник внутри этого пространства стремится расширить его за счет других существ, убивая их. Он таким образом утверждает свою жизнь, свое право на жизнь, сам *факт* своей жизни. Действие происходит в полдень, это временной пик духа жизни, витальности, и рассказчик действует в мире, где все живое стремится к расширению жизненного пространства. Молодые побеги вырастают над мертвыми пнями — так смерть кормит новую жизнь. Нет ни тени, ни места, где бы можно было отдохнуть.

Позже мы узнаем из признания Касьяна, что он также во время этой охоты был занят; он сопровождал рассказчика, произнося заговор, чтобы уберечь от него дичь. Во время отдыха, когда охотник-рассказчик погружается в грезы, отражающие его эгоцентрические желания, Касьян вспоминает о смерти убитого охотником коростеля. Он верит, что у него есть тайная, бессловесная связь с птицей, с которой он себя отождествляет. На протяжении всего текста Касьян ассоциируется скорее с добычей, чем с охотником. Он так же самопоглощен, как охотничьи птицы, и его — так же, как и их, — легко спугнуть.

Охота ассоциируется с действиями и жизненной силой, с витальностью, как потому, что это поиск пропитания, так и потому, что это способ бросить вызов смерти и утвердить жизнь. (Это ведет и к более глубокому пониманию действий Ермолая как охотника и любовника.) Карлик с хрупким, «тщедушным» телом и отсутствием привычки к труду сознает свою смертность, и это сознание ведет его от действий к *мысли*. Он не отказывается от жизни — у него есть маленькая дочь, которую он любит, — но в своих поступках он противоположен охотнику. Когда во время отдыха разговор возобновляется, Касьян свою философию жизни излагает в форме афоризма: «Смерть и не бежит, да и от нее не убежишь; да помогать ей не должно»[27].

---

[27] Там же. С. 117.

Отношение Касьяна к смерти прагматично. Охотник убивает коростеля после того, как герои рассказа перешагивают через срубленные деревья, и их присутствие в тексте должно напомнить нам, что мы не можем жить без убийства. Если мы не признаем этого, то впадем в пустое морализаторство и упустим из вида более глубокие вопросы, к которым и обращается Тургенев. Касьян, конечно, не одобряет купцов, вырубающих деревья ради прибыли, но дерево также нужно и для тележных осей, и Касьян направил охотника на «ссечки», чтобы купить новую ось. Даже у него есть маленькая тележка, даже его маленькая родственница собирает грибы, чтобы их съесть. Не отрицая необходимости убийства ради самосохранения, Касьян осуждает убийство коростеля. В своей сентенции о том, как противостоять смерти, он использует модальную форму «должно», передающую обязательность, делая свой мандат негативным. Мораль Касьяна сводится к *неделанию* определенных вещей, в данном случае к воздержанию от убийства ради спортивного интереса. Он обвиняет в этом охотника-рассказчика, ставшего соучастником смерти.

Как и охотник-рассказчик, Касьян любит жизнь. Приехавший с Красивой Мечи, места, названного так в честь протекающей там реки, он тоже ассоциируется с водой. Но рассказчику он противопоставлен как созерцатель — деятелю. Они оба поэты, но разного рода. Охотник охотится, а затем погружается в грезы, в его поэзии присутствуют образы и отсутствуют пояснения. Касьян и говорит, и поясняет, его речь свободна и произвольна, отвечая его знанию о собственной смертности. Когда он осуждает охоту как спорт, он говорит как пророк. Подслушав пение Касьяна, рассказчик замечает: «Да он сочиняет», передавая этим глаголом творческую природу его речи. Касьян — пример крестьянского поэта, являющегося частью природы; он представляет славянофильскую позицию в отношении к природе, о которой Тургенев писал в рецензии на книгу С. Т. Аксакова. Однако Касьян, говорящий *от лица* природы, едва ли превосходит охотника-рассказчика; он далеко не бесстрастен и слишком вовлечен в действие. Роль поэта как выразителя природы остается только за автором, который «принимает природу как эстетическое руководство, как образец для искусства»[28]. Образцом для Тургенева в этом смысле был Шекспир, что писатель признал в 1864 году в «Речи о Шекспире»:

> Шекспир, как природа, доступен всем, и изучать его должен каждый сам, как и природу. Как она, он и прост и многосложен — весь, как говорится, на ладони и бездонно-глубок, свободен до разрушения всяких оков и постоянно исполнен внутренней гармонии и той неуклонной законности, логической необходимости, которая лежит в основании всего живого[29].

Ни Касьян, ни охотник-рассказчик не являются в полном смысле слова поэтами, подобными Шекспиру. И ни один из них, что типично для Тургенева, не получает в рассказе последнего слова. Вместо этого слово предоставлено отличающимся друг от друга, но вполне имеющим право на существование отношениям человека к природе. Охотник говорит от лица человека, стремящегося к постижению природы, тогда как Касьян с его ограниченными физическими возможностями говорит от лица того, кто не просто терпеливо сносит жизнь, но сохраняет и воспроизводит ее, и как человеческая индивидуальность (а не просто животное) также действует морально[30]. Рассказ в целом призван отобразить «многосложность» природы так же, как и «логическую необходимость, которая лежит в основании всего живого». Внутри этой «необходимости» люди ищут различные жизненные пути, не теряя индивидуальности. Тургенев как автор размышляет об их

---

[28] Jackson R. L. The Root and the Flower: Dostoevsky and Turgenev, a Comparative Aesthetic // Jackson R. L. Dialogues with Dostoevsky: The Overwhelming Questions. Stanford, CA: Stanford University Press, 1995. P. 166–167. В статье дается наглядное изложение эстетики Тургенева.

[29] Тургенев. Соч. Т. 12. С. 327–328. Этот фрагмент цитируется в указанной книге Р. Джексона (Г. 167). Автор также приводит письмо Тургенева к Толстому с высочайшей оценкой Шекспира.

[30] Жизненные устремления охотника и нравственная позиция Касьяна — версии двух типов человеческого поведения, одобряемые Тургеневым. См. об этом в указанной выше работе М. Гершензона.

действиях, не принимая в них участия. Все три позиции, в том числе авторская, по-разному выражают романтическую тоску по цельности, обретаемой в единстве с природой.

Рамочная повесть Тургенева «Андрей Колосов» как зеркало проблемы личностной тоски

Несмотря на убеждения *Identitätsphilosophie*, вполне земной Тургенев сознавал, что потребность человека быть частью природы не находит взаимности[31]. Природа самодостаточна и безразлична к нашему стремлению с ней слиться. Но когда мы обращаемся в поиске полноты и завершенности к нашим ближним, мы испытываем противоречивые чувства к самому объекту наших стремлений. Именно это стало темой первой опубликованной Тургеневым повести «Андрей Колосов» (1844); как мы увидим, проблема личностной духовной тоски оформляет ее как тематически, так и структурно.

В «Пире» Платона, важнейшем тексте о романтической тоске, предложены две контрастные метафоры эроса — это прекрасный, во всех отношениях совершенный юноша и уродливый нищий в лохмотьях. Первый представляет объект любви, возлюбленного; второй — любящего. Два противоположных, но связанных образа могут помочь в понимании героев «Андрея Колосова». Колосов, давший повести заглавие, — это возлюбленный, и не только несчастной Вари, которую он бросает, но и рассказчика, который его боготворит и в открывающем повесть разговоре представляет Андрея примером «необыкновенного человека». Во внешней рамочной истории также присутствует туманный и с трудом идентифицируемый рассказчик от первого лица, единственная функция которого, похоже, заключается в том, чтобы дать внешнее описание второго рассказчика и привлечь к нему внимание читателя. Андрей Колосов высок, красив, хорошо сложен, это юноша с «беззаботно веселыми» глазами и «пле-

---

[31] См.: Ripp V. Turgenev's Russia from «Notes of a Hunter» to «Fathers and Sons». Ithaca, NY: Cornell University Press, 1980. P. 35.

нительной» улыбкой[32]. В тексте он выступает в роли платоновского возлюбленного. Рассказчик, который с первого взгляда
ощущает «неотразимое влечение» к Колосову, — это любящий;
его внешность «небольшого, бледного человечка» и объясняет
его личностную тоску[33]. Рассказчик восхищается Колосовым
издали, а его подопечный, «ангел» с соответствующей фамилией
Гаврилов (от имени архангела Гавриила), самоотверженно ему
служит. Гаврилов оказывает разнообразные услуги Андрею, когда
тот ухаживает за Варей. Когда Гаврилов умирает, рассказчик
берет на себя его роль, но после того, как Колосов бросает Варю,
сам начинает за ней ухаживать. К удивлению рассказчика, Варя,
постепенно исцелившаяся от сердечной боли, причиненной Колосовым, в конце концов принимает его признание в вечной
любви. В тот же момент он охлаждается к ней и расстается с ней
в ситуации, которую сам считает более позорной, чем решительный уход Колосова на более ранней стадии ухаживания. По мере
того как приближается время определиться в намерениях и объясниться с грубым отцом Вари, рассказчик осознаёт, что после
всего произошедшего между ним и Варей он ее не любит. Вместо
того чтобы признаться ей в этом, он без объяснений исчезает
и больше никогда с ней не встречается.

Повествование о поступках рассказчика дано изнутри, о поведении Колосова — извне. Рассказчик считает себя ответственным за собственную психологическую слабость и нехватку само-
понимания. Читатели не имеют возможности узнать, как оценивает свое поведение Колосов, однако нет и намека на то, что он
может быть самокритичным. Когда рассказчик пытается поставить под сомнение нравственную безупречность его поведения
по отношению к Варе, он оправдывает его как вполне естественное. Весна в его сердце уступила место лету, и цветы на яблоне,
под которой он сидел с Варей, превратились в яблоки, оказав-
шиеся, по его словам, кислыми[34]. Колосов совершенно естестве-

---

[32] Тургенев. Соч. Т. 4. С. 10.

[33] Там же. С. 7.

[34] Там же. С. 24.

нен, абсолютно искренен и, похоже, лишен внутренних нравственных противоречий. Именно поэтому он является образцом для рассказчика, который, как выясняется, столь же эгоцентричен, как и Колосов, но много слабее и лицемернее его.

Добродетель, воплощенная Тургеневым в Андрее Колосове, — откровенность, прямота, а не жертвенная мораль. По этой причине, несмотря на высокую оценку реализма автора, повесть не понравилась его современникам. Когда в 1856 году она была вновь опубликована в собрании его «Повестей и рассказов», Тургенева призвал к ответу его друг литературный критик А. В. Дружинин, чей обзор издания включал пространное обсуждение «Андрея Колосова». В письме к Дружинину, комментируя его рецензию, Тургенев согласился, что Колосов слишком эгоистичен для положительного героя, и обещал в будущем пересмотреть свое отношение к подобным персонажам[35]. Однако своего обещания он в полной мере не сдержал. Такие герои, как отец в «Первой любви» или князь Н* в «Дневнике лишнего человека» сохраняют статус положительных, и брошенная князем Лиза защищает его от критики Чулкатурина.

Имея классическое образование, Тургенев не мог не знать, что имя Андрей означает по-гречески «мужественность». Русская фамилия героя повести происходит от слова «колос». Андрей Колосов представляет собой версию гармоничного наивного человека в парадигме, созданной Шиллером в его работе «О наивной и сентиментальной поэзии» (1795–1796), которую Тургенев прекрасно знал[36]. Внутри шиллеровской парадигмы герой повести является объектом любви и желания рассказчика от первого лица, который относится к нему так же, как сентиментальный человек относится к природе. Колосов воплощает гармонию и целостность, которых не хватает рассказчику. В отношениях

---

[35] Тургенев. Письма. Т. 3. С. 203; письмо от 3 (15) марта 1857 г.

[36] См.: Smyrniw W. A Gallery of Idealists and Realists // Critical Essays on Ivan Turgenev. Boston: G. K. Hall, 1989. P. 73–79. Работа Шиллера была переведена на русский язык только в 1850 году, но, конечно, Тургенев читал ее в оригинале, по-немецки.

с Андреем и Варей он обнаруживает то, что называет «*действительностью*», имея в виду собственные комплексы и, как он его видит, собственный «*пошлый*» психологический макияж: он больше похож на рассказчика Жан-Жака в «Исповеди» Руссо», чем Андрей. Осознав это, он оказывается на территории психологического реализма с его «странными тайнами»:

> Помню — эта страшная разница между вчерашним и сегодняшним днем меня самого поразила; в первый раз пришло мне в голову тогда, что в жизни человеческой скрываются тайны — странные тайны... С детским недоумением глядел я в этот новый, не фантастический, действительный мир. Под словом «действительность» многие понимают слово «пошлость». Может быть, оно иногда и так; но, я должен сознаться, что первое появление *действительности* передо мною потрясло меня глубоко, испугало, поразило меня...[37]

Если рассказчик на самом деле не любил Варю, то почему его так к ней влекло? Это одна из загадок, встающих перед читателем в повести Тургенева. Варя, конечно, довольно симпатична, но не в этом состояла для него ее привлекательность. В том варианте «треугольника желания», который Рене Жирар описывает в своем знаменитом критическом исследовании «Обман, желание и роман»[38], Варя становится объектом желания для рассказчика главным образом потому, что привлекала Колосова. На протяжении всего действия рассказчик соперничает с Колосовым, которому стремится подражать и место которого стремится занять. Эта психологическая головоломка и составляет одну из тех пугающих «тайн», которую рассказчик открывает и о себе, и о «действительной» человеческой природе. Колосов не кажется рассказчику частью этой «действительности», так как, насколько

---

[37] Тургенев. Соч. Т. 4. С. 31.

[38] Имеется в виду «Ложь романтизма и правда романа» Рене Жирара (Girard R. Mensonge romantique et vérité romanesque. Paris: Grasset, 1961; англ. пер.: Deceit, Desire and the Novel: Self and Other in Literary Structure / Trans. Y. Freccero. Baltimore: Jons Hopkins University Press, 1965). Данные о русском переводе этой работы не найдены.

мы знаем, его психика несложна, даже прозрачна. Он представляется идеалом для таких «реальных» людей, как рассказчик, потому что абсолютно эгоистичен и в то же время полностью слит с природой. В отличие от рассказчика, Колосов ни в чем не испытывает потребности, или по крайней мере кажется, что это так. Например, рассказчик замечает, что даже когда Колосов ухаживал за Варей, то «не утратил своей свободы; в ее отсутствии он, я думаю, и не вспоминал о ней; он был всё тем же беспечным, веселым и счастливым человеком, каким мы его всегда знавали»[39]. Но Колосов не бог, и поэтому рассказчик не может просто поклоняться ему, он в такой же степени ему завидует, в какой и любит его. Согласно парадигме Рене Жирара, те чувства, которые рассказчик испытывает по отношению и к Андрею, и к Варе, скорее являются продуктом тщеславия, нежели любви. Естественно, что рассказчик в итоге видит их пошлость.

Наше впечатление от Колосова как «необыкновенного человека» зависит от двух вещей. Читатели видят его сквозь оптику боготворящего его рассказчика, также они видят его в молодости, студентом университета. Тургенев подчеркивает важность второго фактора, включая в текст повести строки Байрона (в оригинале, на английском языке): «Oh talk not to me of a name great in story! / The days of our youth are the days of our glory...»[40] Предполагается, что обаяние героя повести заключается в юношеском избытке сил, чувств и уверенности в себе, а не в наличии чего-то особенного, что сохранится и за пределами молодости. Поэтому Колосов в повести присутствует только молодым; рассказчик не знает, что с ним произошло позднее.

Если Андрей Колосов представляет определенный жизненный этап, а не в самом деле исключительную личность, то это относится и к Варе, воплощающей по-детски невинную женственность, и не более того:

---

[39] Тургенев. Соч. Т. 4. С. 19.

[40] Начальное двустишие из стихотворения Байрона «Стансы, написанные на пути между Флоренцией и Пизой» («Stanzas Written on the Road Between Florence and Pisa», 1821).

Мне нравилась ее тихая улыбка; я любил ее простодушно-звонкий голосок, ее легкий и веселый смех, ее внимательные, хотя совсем не «глубокие» взоры. Этот ребенок не обещал ничего; но вы невольно любовались им, как любуетесь внезапным мягким криком иволги вечером, в высокой и темной березовой роще[41].

Тургеневские типы в повести представляют собой вариации шиллеровских типов наивного и сентиментального. Андрей Колосов остается загадкой; вопреки первым впечатлениям, не он, а сам рассказчик является наиболее сформировавшимся характером, который приближается к той степени психологической сложности, какой уже в молодости ее представлял Тургенев. Он — первый пример в тургеневской прозе человека эроса, стремящегося к целостности.

Главные персонажи повести могут быть также интерпретированы как элементы психики в их отношениях друг к другу. Тургенев использует рамочное повествование таким образом, чтобы создать два самостоятельных пространства, в которых могут быть изображены и соотнесены друг с другом тип действия и тип рефлексии[42]. Рассказчик в большей степени излагает свою историю, чем живет внутри нее. Он перемещается между рамкой, в которой персонажи ведут повествование и размышляют, и действием, где он играет роль аутсайдера. Для Колосова нет места в рамочной части, кроме как в качестве объекта повествования; в восприятии рассказчика он являет собой то естественное, спонтанное «я», присутствующее в каждом из нас — наивное «я», которое отступает тогда, когда становится объектом внимания. Как мы видели, в одном из своих принципиальных заявлений, объясняя рассказчику, почему он охладел к Варе, Колосов ведет речь поэтически, а не рассудочно, используя широкую метафору цветущей и от-

---

[41] Тургенев. Соч. Т. 4. С. 18.

[42] Ср. другое, но связанное с предложенным нами объяснение рамочной формы повествования в повести, также о первом у Тургенева «апперцептивном» повествователе: Allen E. Ch. Beyond Realism: Turgenev's Poetics of Secular Salvation. Stanford, CA: Stanford University Press, 1992. P. 158–162.

цветшей яблони, взятую из природы. Андрей не способен рассказать свою историю, потому что вынужден был бы разделить себя на субъекта и объекта повествования, воспроизведя тем самым разделенное «я» современного человека (и романтизма). Он стал бы больше похож на лермонтовского Печорина и меньше на спонтанного, естественного человека[43]. Рамочное повествование позднее станет излюбленной структурой Тургенева, выражающей эту фундаментальную тему его творчества.

Эффект романтической тоски характерен только для Тургенева. Это становится очевидным при сравнении его в этом плане с Достоевским, что мы сделаем в следующей главе. В «Русской идее», впервые опубликованной в 1946 году, Николай Бердяев лишь вскользь упоминает Тургенева, но Достоевского представляет величайшим русским писателем; это происходит потому, что в знаменитой работе Бердяева отражена лишь одна версия русских культурных войн XIX века, в которой Тургенев занимал позицию проигравшего. Достоевский (и Толстой) страстны и даже апокалиптичны, хотя и по-разному. Тургенев элегичен; вкус к этому настроению в литературе, похоже, больше характерен для девятнадцатого, чем для двадцатого века. Как и его молодые современники, Тургенев был романтиком в том смысле, в каком он показан в данной главе, хотя его больше занимала сама романтическая тоска, чем проблема ее удовлетворения. Если использовать шиллеровские категории, он видел в себе сентиментального поэта, жаждущего природной гармонии. Тургенев любит природу, но и обладает самосознанием, поэтому не может просто быть ее частью. Именно таким, несмотря на отличия от них, его восприняли два его младших современника.

---

[43] См. в главе 1 об оценке Белинским «Героя нашего времени». О рамочной структуре романа см.: Powelstock D. Becoming Mikhail Lermontov: The Ironies of Romantic Individualism in Nicholas I's Russia. Evanston, IL: Northwestern University Press, 2005. P. 30–31.

Глава шестая
Критика Тургенева Достоевским

О, я теперь реалистка, Дмитрий Федорович. Я с сегодняшнего дня, после всей этой истории в монастыре, которая меня так расстроила, совершенная реалистка и хочу броситься в практическую деятельность. Я излечена. Довольно! как сказал Тургенев[1].

...его рассказ о жизни не страдает бедностью содержания: он отдал щедрую дань ее бесконечному разнообразию. В этом огромное достоинство Тургенева; ну а огромный его недостаток — присущая ему склонность злоупотреблять иронией[2].

В этой главе Тургенев и его романтическая тоска рассматриваются с позиции Достоевского. Отдавая должное Тургеневу, необходимо помнить, что два писателя настолько расходились во взглядах на природу человека, что суждения Достоевского о Тургеневе с точки зрения последнего не имели никакого значения. Я убеждена, что для Тургенева «я» как таковое является в своей основе конструкцией разума: когда мы, как нам и положено, преимущественно действуем, а не размышляем, наша

---

[1] Достоевский. Т. 14. С. 348 («Братья Карамазовы», кн. 8, гл. 3; слова мадам Хохлаковой).

[2] Джеймс Г. Иван Тургенев // Джеймс Г. Женский портрет / изд. подготовили Л. Е. Полякова, М. А. Шерешевская. М.: Наука, 1981. С. 501 (сер. «Лит. памятники»); пер. М. А. Шерешевской.

личностность растворяется в воле или страсти, которые не являются ни индивидуальными, ни цельными. Индивидуальная воля для Тургенева — иллюзия, вследствие чего он не видел необходимости в поиске ее метафизического (христианского) обоснования, как это вскоре сделал Достоевский. Тургенев прекрасно знает, что абсолютно рациональное поведение для человека невозможно и что жизнь, состоящая только из созерцания и размышления, для человека недостаточна. Он не утверждает, что разум — это всё, что мы есть; если бы это было так, мы не страдали бы от романтической тоски, о которой шла речь в предыдущей главе. Но он представляет и нашу свободу, и нашу человечность — а это фундаментальные основы современной мысли и понимания индивидуальности — принадлежащими сфере разума, а не воли. В этом его категорическое отличие от Достоевского, с точки зрения которого для подлинной свободы людей как индивидуумов свобода должна определяться их волей.

Вновь романтическая тоска: Достоевский и «Андрей Колосов»

Человеческое «я», его стремления и нужды имели для Достоевского с самого начала его литературной деятельности не меньшее значение, чем для Тургенева. Эротическая природа «достоевской» души порождает феномен диалогизма, открытый и документированный Бахтиным. В «Бедных людях» (1846), первом произведении Достоевского, над которым он работал, прочитав «Андрея Колосова», Макар Девушкин переживает трогательную любовь к молодой девушке по имени Варвара (Варя, Варенька). (Читатель вспомнит, что так же звали главную героиню в повести Тургенева.) До знакомства с ней Девушкин не испытывал финансовой нужды, но, как он признался Вареньке, на самом деле он и не жил. Достоевского, как и Тургенева, романтическая тоска восхищает. В отличие от гоголевского Акакия Акакиевича в «Шинели», Девушкин благороден, он нуждается в любви и самоутверждении, а не только в физическом существовании. Своей ранимостью и положением любящего он напоминает повествователя в «Андрее Колосове». Но кто в «Бедных людях» похож на предмет восхищения — Колосова? Только примитивный и грубый степной помещик Быков, сама фамилия которого указывает на его животность, наделен самоуверенностью Андрея без его обаяния. (В конце повести Варенька готовится выйти замуж за Быкова, и Девушкин снова останется один.) А Достоевский не только восхищался повестью Тургенева, но и особо выделял в ней главного героя. В единственном прямом упоминании повести в письме к брату Михаилу Достоевский рекомендует ее и отмечает, что Андрей Колосов похож на своего создателя, с которым он, Достоевский, только что познакомился:

> На днях воротился из Парижа поэт Тургенев (ты, верно, слыхал) и с первого раза привязался ко мне такою привязанностию, такою дружбой, что Белинский объясняет ее тем, что Тургенев влюбился в меня. Но, брат, что это за человек? Я тоже едва ль не влюбился в него. Поэт, талант, аристократ, красавец, богач, умен, образован, 25 лет, — я не знаю, в чем природа отказала ему? Наконец: характер неистощимо прямой, прекрасный, выработанный в доброй школе. Прочти его повесть в «От<ечественных> запис<ах>» «Андрей Колосов» — это он сам, хотя и не думал тут себя выставлять[3].

Из контекста письма очевидно, что Достоевский сравнивает Тургенева с Колосовым. Ирония состоит в том, что неуверенный молодой автор, кажется, почувствовал такое же (романтическое) «неотразимое влечение» к Тургеневу, какое тургеневский повествователь испытывает к Колосову. Увлечение Достоевского обаятельным, аристократичным писателем, который (так ему сперва показалось) ответил ему взаимностью, положило начало длившимся всю жизнь запутанным личным отношениям, подобным описанным Рене Жираром, в которых смешались любовь, ненависть и зависть.

---

[3] Достоевский. Т. 28. Кн. 1. С. 115 (письмо от 16 ноября 1845 г.). Достоевский ошибся в возрасте Тургенева. Родившемуся 28 окт. (9 нояб.) 1818 года, ему только что исполнилось 27 лет, когда Достоевский встретил его.

«…В чем природа отказала ему?» Достоевский не случайно в своем письме к брату называет природу источником тургеневского совершенства. В 1840-х и Достоевский, и Тургенев должны были рассматривать мужественность и гармоничность Колосова как природные явления. Ко времени написания письма брату (16 ноября 1845 года) Достоевский, несомненно, также прочел и рецензию Тургенева на перевод 1-й части «Фауста», выполненный М. Вронченко (1844). Рецензия появилась в февральском номере «Отечественных записок» за 1845 год, то есть спустя полгода после «Андрея Колосова»[4], и обе вещи, несомненно, внутренне связаны. В рецензии Тургенев много внимания уделяет вопросу о позитивном природном эгоизме, который в его повести был представлен в образе главного героя, но не был в ней объяснен.

«Фауст» Гёте, особенно его 1-я часть, — это великое произведение романтизма, говорит Тургенев, и поэтому это «апофеоза личности» («…романтизм есть не что иное, как апофеоза личности). «Фауст», по Тургеневу, «есть чисто человеческое, правильнее — чисто эгоистическое произведение», характерное для Германии, вышедшей из Средневековья. Для Фауста, который в поисках спасения смотрит только на себя, не существует ни человечества, ни общества, и это, по Тургеневу, есть самое крайнее выражение романтизма[5]. Создателя Фауста, самого Гёте, согласно Тургеневу, также заботило только человеческое и земное; он был равнодушен к любого рода религии, как догматической, так и философской. «Он был — поэт по преимуществу, поэт и больше ничего»[6], а это значит, что он был человеком полностью земным, совершенно природным и целиком эгоистичным.

---

[4] Тургенев. Т. 1. С. 195–235. Достоевский начал работу над «Бедными людьми» в январе 1844 года, завершив ее в мае 1845-го (Достоевский. Т. 1. С. 464–465). В этот период вышли в свет как «Андрей Колосов», так и тургеневская рецензия на перевод «Фауста». Другую позицию в вопросе о создании «Бедных людей», начатых в 1838 году, см.: Бем А. Л. Первые шаги Достоевского (генезис романа «Бедные люди») // Slavia. 1933. № 12. С. 134–161; Бем А. Л. Исследования. Письма о литературе / сост. С. Г. Бочарова; предисл. и комм. С. Г. Бочарова и И. З. Сурат. М.: Языки славянской культуры, 2001. С. 58–94.

[5] Тургенев. Т. 1. С. 202–205.

[6] Там же. С. 204.

Образ Гёте как природного человека восходит к статье Шиллера «О наивной и сентиментальной поэзии», где, как известно, Гёте представлял наивного поэта, а сам Шиллер — сентиментального. По Шиллеру, наивный поэт (или человек) гармоничен и естественен, тогда как сентиментальный поэт стремится к утраченной и недостижимой природной гармонии. По Шиллеру, и наивные, и сентиментальные поэты — *«хранители* природы»[7]:

Пока человек является чистой (но, разумеется, не грубой) природой, он действует как нераздельное чувственное единство и как гармоническое целое. Чувства и разум, способность к восприятию и способность к самодеятельности еще не разделились в делах своих и еще не резко противоречат друг другу. Восприятия человека — не бесформенная игра случая; его мысли — не бессодержательная игра воображения: первые происходят из закона *необходимости*, вторые — из *действительности*. Но когда человек вступает в стадию культуры и к нему приложило свою руку искусство, в нем не остается прежнего *чувственного* единства и он может проявлять себя лишь как единство *моральное*, то есть как стремление к единству. Согласие между восприятием и мышлением, *действительное* в первом состоянии, существует теперь лишь *идеально*; оно уже не в человеке, как факт его жизни, а вне его, как мысль, которая еще должна быть реализована. Понятие поэзии есть не что иное, как *возможность для человечности выразить себя с наибольшей полнотой*; если применить это понятие к обоим названным состояниям, то окажется, что там, в состоянии естественной простоты, где человек со всеми его силами действует как гармоническое единство, где вся его природа полностью выражает себя в действительности, — там поэта делает поэтом наиболее совершенное *подражание действительному миру*; напротив, в состоянии культурности, где гармоническое общее действие всей человеческой природы является лишь идеей, поэта образует возвышение действительности до идеала или, что ведет к тому же, *изображение идеала*. И это также те два вида, в которых только и может

---

[7]   Шиллер Ф. Собр. соч.: в 7 т. М.: ГИХЛ, 1957. Т. 6. С. 404; пер. И. Сац.

проявляться поэтический гений вообще. Они, как мы видим, весьма различны; но есть высшее понятие, обнимающее обоих, и нет ничего удивительного в том, что это понятие совпадает с идеей человеческой природы[8].

Молодые Тургенев и Достоевский сознают себя сентиментальными поэтами, зараженными романтической тоской в шиллеровском смысле. Оба писателя видели в природе тот идеал, к которому стремятся их герои, хотя, как мы увидим, реконструируют они этот идеал по-разному. Достоевский также воспринимал разум и рефлексию, которую разум рождает, как существенную и даже морально необходимую часть человеческой природы, но он не выступал за возвращение к природе из психологического хаоса, вызванного рефлексией, считая это невозможным. Люди должны продвигаться сквозь ментальный хаос вперед, к единству личности.

В своем письме к брату Достоевский ошибочно представляет Тургенева наивным поэтом. Тургенев действительно стремится к природной целостности. Андрей Колосов, каким Тургенев изображает его, а рассказчик воспринимает, как будто «со всеми его силами действует как гармоническое единство», а потому и становится для рассказчика объектом любви и зависти. Связь между определением наивного поэта у Шиллера и тургеневской статьей о «Фаусте» более очевидна в первой публикации «Андрея Колосова» (1844), где группа в рамочной части повести ставит перед собой задачу найти не «необыкновенного», но «гениального» человека. В 1840-е годы определение «гениальный» использовалось в кругу Белинского для обозначения человека, близкого к природе (по образцу Николая Станкевича, который мог быть прототипом Андрея Колосова). Когда повесть в 1856 году была переиздана, понятие «гениальный человек» не могло не вызывать коннотаций с романтическим снобизмом, что не входило в авторский замысел, хотя мы не можем быть уверены, что именно по этой причине Тургенев изменил определение «гениальный»

---

[8] Там же. С. 408–409 (курсив мой. — Д. О.).

на «необыкновенный»[9]. Это изменение затушевывает близость Андрея Колосова — очевидную в 1844 году — поэту-романтику, связанному благодаря своей природной «гениальности», хотя и неявно, с гармоничной и цельной трансцендентной действительностью, которую Тургенев в это время ассоциировал с законами природы.

Для Тургенева как автора «Андрея Колосова» идеальный человек должен стремиться к равновесию, к сбалансированности разума и чувства, головы и сердца. Достоевский же в возможность такого баланса не верил. Если ни один персонаж в «Бедных людях», кроме Быкова, не наделен невозмутимостью Колосова, то потому, что Достоевский уже в начале творческого пути изображает мир, в котором ни один взрослый человек не может быть, подобно Андрею Колосову, гармоничным и естественным. Несчастна и далека от состояния природной гармонии, которое помнит в собственном детстве, Варенька, возлюбленная Девушкина[10]. Герои Достоевского испытывают романтическую тоску, но с самого первого шага в литературе он принимает сознательное решение не раскрывать в художественных произведениях собственных идеалов — тех, о которых писал брату в известном письме об авторских задачах в «Бедных людях»: «...я действую Анализом, а не Синтезом»[11]. Он будет изображать героев, стремящихся к идеалам, но не сами идеалы. В образе Андрея Колосова Достоевский признает идеал, который, как он тогда думал,

---

[9] Тургенев. Т. 4. С. 557; это пояснение принадлежит М. О. Габель.

[10] В остроумной реконструкции истории создания повести «Бедные люди», которая, по его словам, прошла по крайней мере три редакции, А. Л. Бем утверждает, что дневник Вареньки с рассказом о ее идиллическом детстве и последующих катастрофах является остатком первой редакции, представлявшей собой рассказ, изложенный в сентиментальной манере Карамзина (см.: Бем А. Л. Первые шаги Достоевского (генезис романа «Бедные люди»)). Убедительное прочтение, в котором прослеживается связь между ранней верой Достоевского в природную добродетель и его христианством, предложено в работе: Ветловская В. Е. Роман Ф. М. Достоевского «Бедные люди». Л.: Худож. лит., 1988.

[11] Достоевский. Т. 28. Кн. 1. С. 118 (письмо от 1 февраля 1846 года).

похож на самого Тургенева. Он, конечно, ошибался, отождествляя Тургенева с Колосовым: Тургенев так же похож на рассказчика в повести, как и на Колосова. С другой стороны, однако, мнение Достоевского отчасти справедливо, так как Колосов воплощает то, к чему и Тургенев, и его рассказчик, возможно, стремятся. Особенно в этом отношении важна свобода Колосова; он будто обладает божественной силой удовлетворять свои потребности, ничем не жертвуя, тогда как и Тургенев, и другие «обыкновенные» смертные вынуждены идти на жертвы.

С позиции зрелого тургеневского реализма совершенная, богоподобная самодостаточность Колосова представляется скорее кажущейся, чем реальной, — у рассказчика (а значит, и у читателя) нет доступа к его внутренней жизни. Если же она реальна, то, возможно, определяется в большей степени молодостью героя, чем его индивидуальностью. Даже у таких тургеневских героев, как «лишний человек» Чулкатурин или повествователь в «Довольно» (1865), бывают моменты, когда они находятся в гармонии с природой и ощущают полноту собственных сил. Очевидно, что Тургенев осознавал несовершенство человеческой личности уже в период работы над «Андреем Колосовым», поскольку именно об этом он говорит в рецензии на «Фауста»:

> Последним словом всего земного для Гёте (так же, как и для Канта и Фихте) было человеческое *я*.... И вот это *я*, это начало, этот краеугольный камень всего существующего, не находит в себе успокоения, не достигает ни знания, ни убеждения, ни даже счастия, простого обыкновенного счастия[12].

В другом месте Тургенев поясняет, что Гёте защищает права «не человека вообще», но «отдельного, страстного, ограниченного человека». Человек томится романтической тоской; он тоскует, потому что не целен. Однако Гёте (и его поклонник Тургенев) видят в нем «несокрушимую силу»:

---

[12] Тургенев. Т. 1. С. 206.

...он <Гёте> показал, что в нем таится несокрушимая сила, что он может жить без всякой внешней опоры и что при всей неразрешимости собственных сомнений, при всей бедности верований и убеждений человек имеет право и возможность быть счастливым и не стыдиться своего счастия. Фауст не погиб же[13].

Гёте защищает индивидуальное «я», каким бы несовершенным и неполным оно ни было, потому что оно «бессмертно» и противостоит всем попыткам интеллекта его разрушить:

...те, которые толкуют о том, что неразрешенные сомнения оставляют за собою страшную пустоту в человеческой душе, никогда искренно и страстно не предавались тайной борьбе с самими собою; они бы знали, что на развалинах систем и теорий остается одно неразрушимое, неистребимое: наше человеческое *я*, которое уже потому бессмертно, что даже оно, оно само не может истребить себя... Так пусть же «Фауст» остается недоконченным...[14]

В каждом живом существе инстинкт самосохранения и борьбы за свое «я» неистребим и естественен; действительно, без него не было бы жизни. В признании этого Тургенев сближается с молодым Достоевским, который также выступает в защиту индивидуальности, несмотря на ее иррациональность и незавершенность.

Но есть и иные аспекты в суждениях Тургенева в его статье о «Фаусте», где он глубоко отличен от Достоевского и где очевидны зарождающиеся различия в эстетике писателей. По тургеневскому определению, совершенный поэт прежде всего должен «страстно» чувствовать и только потом объективировать собственные чувства и анализировать их.

Он был одарен всеобъемлющим созерцанием; всё земное просто, легко и верно отражалось в душе его. С способностью увлекаться страстно, безумно он соединял в себе дар

---

[13] Там же. С. 216.
[14] Там же. С. 218.

постоянного самонаблюдения, невольного поэтического созерцания своей собственной страсти; с бесконечно разнообразной и восприимчивой фантазией — здравый смысл, верный художнический такт и стремление к единству[15].

Таким образом, сфера чувств сущностно важна для поэта (с этим бы Достоевский согласился). Но если бы существовали только чувства и не существовало разума, то не было бы и той точки Архимеда, с которой можно обозревать мир, и вообще невозможно было бы постоянство, стабильность «я». В своей рецензии Тургенев много внимания уделяет критике переводчика «Фауста» Вронченко за его предвзятость по отношению «к философии и разуму вообще» как в переводе, так и в кратком изложении 2-й части трагедии[16]. Возможно, под влиянием самого поэта, которого он изучает, а также своего неизменного наставника Пушкина, возможно, вследствие своей философской подготовленности, возможно, из-за собственного темперамента, а возможно, в силу всех этих причин, вместе взятых, Тургенев выступает в поддержку разума, а потому и за существенную роль в человеческой личности кажущегося негативным «элемента отрицания», постоянного атрибута разума, названного им «рефлексией»: «...рефлексия — наша сила и наша слабость, наша гибель и наше спасенье... Рефлектировать значит по-русски: "размышлять о собственных чувствах"»[17].

---

[15] Там же. С. 204. Тургеневский Гёте соответствует тому русскому образу поэта, который известен по замечательному стихотворению Баратынского «На смерть Гёте», оказавшему в свою очередь влияние на романтиков. См. об этом: Von Gronicka A. The Russian Image of Goethe. Vol. 1: Goethe in the First Half of the Nineteenth Century. Philadelphia: University of Pennsylvania Press, 1968. P. 95–97. См. также обсуждение фон Гроникой одноименной поэмы Тютчева (Ibid. P. 166–167). В то время, когда Тургенев написал рецензию, его влиятельный друг Белинский критиковал Гёте за его эгоизм, и это отразилось в тургеневской статье. См.: Von Gronicka A. The Russian Image of Goethe. Vol. 2: Goethe in the Second Half of the Nineteenth Century. Philadelphia: University of Pennsylvania Press, 1985. P. 7.

[16] См.: Тургенев. Т. 1. С. 220 и след.

[17] Там же. С. 224.

Этим атрибутом разума обладают все современные «живые» люди, что делает их в меньшей степени только эмоциональными, но более рационально-сознательными. Тургенев утверждает, что в этом смысле Фауст так же «рефлексивен», как и Мефистофель, и что обоих героев Гёте извлек из собственной личности: «...восторженные порывы, страстная тоска фантазирующего ученого так же непосредственно вытекли из сердца поэта, так же дороги и близки ему, как и безжалостная насмешка, холодная ирония Мефистофеля...» (Разница между ними в том, что Мефистофель — *весь* рефлексия, *весь* расчет.) В подтверждение этого Тургенев рассказывает «анекдот» из жизни молодого Гёте, когда тот путешествовал по Швейцарии с двумя братьями, немецкими графами Кристианом и Фридрихом Леопольдом Штольбергами, один из которых был страстно влюблен в девушку, на которой не мог жениться, в то время как сам Гёте был влюблен в другую девушку. За обедом молодые люди пили за здоровье своих «любезных», и влюбленный Штольберг предложил разбить и выкинуть за окно стаканы, из которых они пили за здоровье девушек; когда Гёте выкинул за окно свой стакан, ему, как он позднее вспоминал, «показалось, что Мерк стоит за мною и смотрит на меня». Этот самый Мерк, совершивший самоубийство в возрасте пятидесяти одного года, поясняет Тургенев, был реальным прототипом Мефистофеля; Гёте в данном случае точно фиксирует моменты «рефлексии» среди порывов юношеской страсти[18]. Способность увидеть себя со стороны даже в порывах страсти была, конечно, одним из секретов величия Гёте как поэта; без этой способности «я» лишилось бы сознательного существования, люди совершали бы поступки только под действием импульса и желания, а такие великие исповедующиеся писатели, как те, которых мы изучаем, едва ли могли существовать.

В седьмой главе я буду шире рассматривать роль рефлексии в русской психологической прозе; здесь же важно отметить, что Тургенев выступает защитником того, что могло казаться главным источником социального отчуждения современного чело-

---

[18] Там же. О Мерке см. во второй главе.

века — того, что он не принимал и чему стремился противостоять. Имея это в виду, вернемся к строке в его статье, где речь идет о защите человеческого «я»: «...наше человеческое я, которое уже потому бессмертно, что даже оно, оно само не может истребить себя...» В сложном, но точном смысле Тургенев говорит о двух «я», выявляя тем самым разделение личности на ее сущностную часть и наблюдающий взгляд, в то же время объединяя обе части понятием «я». Психологическое вмешательство, побуждаемое разумом, может быть для личности искажающим, лишающим ее гармонии. Как в случае с Гёте, когда он выбрасывает стакан за окно после того, как произносит тост за свою возлюбленную, разум в форме рефлексии может дистанцировать нас даже от самых горячих наших чувств. Но по своей природе человек наделен разумом, и без дистанции, обеспечиваемой разумом, мы никогда не могли бы обрести независимость от чувств и импульсов, этих самых привлекательных врагов моральной свободы и способности суждения. Андрей Колосов может ухаживать за Варей так же, как Фауст за Гретхен или Гёте — за своей возлюбленной, но потребность в любви для Колосова вторична по отношению к потребности в свободе, которая, как поясняет Ричард Велкли в своей книге (о которой шла речь в 5-й главе), для человека Нового времени является sine qua non — необходимым условием для поддержания сознания собственного «я». Колосов богоподобен в своей кажущейся независимости — каким был и Гёте в восприятии Тургенева, — потому что в конечном итоге ему не нужна ни Варя, ни рассказчик, ни кто-либо другой. Подобная независимость составляет идеал Тургенева, даже если она недостижима.

Уже в первой тургеневской повести любовь по степени важности уступает свободе, которой обладает Колосов. Большинство героев Тургенева не наделены самодостаточностью этого персонажа, а значит, и его свободой; когда они выбирают свободу в чистом виде, как это делает, например, Одинцова в «Отцах и детях», это снижает, обедняет их жизненные способности. Но отдавая себя в любви, чему они не в силах сопротивляться, они будут вынуждены отказаться и от того, что сущностно необходимо для их счастья как индивидуальностей: либо от свободы, либо от самодостаточности. Их тоска по любви настолько сильна, что снова и снова в художественной прозе Тургенева они платят за нее эту цену; Базаров делает это в «Отцах и детях», и это возвышает его над Одинцовой. Иногда (но редко) они обретают свободу и самодостаточность *благодаря* любви; это удается, например, Елене в «Накануне», как и менее самодостаточному Литвинову в «Дыме», спасающемуся из сетей демонической Ирины. В иных ситуациях такие герои, как Лиза в «Дворянском гнезде», обретают свободу в сознательной жертве. Во всех случаях именно свобода, а не такие, казалось бы, несовместимые цели, как любовь и долг, и является идеалом, пусть не обязательно тем, которого достигает или к которому сознательно стремится тот или иной тургеневский персонаж.

У Андрея Колосова, кажется, все это есть — и любовь, и свобода, и именно к этому стремятся и молодой Тургенев, и его чуть более молодой поклонник Достоевский. В зрелых произведениях Тургенева, где побеждает и преобладает «действительность», речь уже не идет о возможности для человека быть полностью самодостаточным и свободным. Но «свобода» необходима человеку для удовлетворения романтической тоски, уверенности и независимости. Я перехожу к объяснению философских обоснований «необщинной этики» Тургенева[19]. Его трагическое мироощущение возникает как из самой динамики романтической тоски, так и из его особой интерпретации этого явления. Человеческая индивидуальность ощущает собственную неполноту и стремится к ее преодолению, и это стремление рождает страсти и может также привести к резиньяции в результате поисков человеком возможности единения с природным миром. Этот мир его восхищает своей гармонией и законами, но ничто в нем не подтверждает его

---

[19] Термин принадлежит Э. Аллен (Allen E. C. Beyond Realism: Turgenev's Poetics of Secular Salvation. Stanford, CA: Stanford University Press, 1992. P. 44–54 passim). См. также работу А. Валицкого, который пишет, что Тургенев был озабочен не идеей совершенного общества, а идеей совершенного человека, в котором он видел сочетание «интегрированной гармоничной личности» с «индивидуалистической и рациональной "рефлексией"» (Walicki A. Turgenev and Schopenhauer // Oxford Slavonic Papers. 1962. № 10. P. 1–17).

значения как индивидуальности. Разум, сигнализирующий человеку о его затруднениях, — то, что делает его человеком; разум ответственен за его тоску в той мере, в какой осознает собственное несовершенство и, следовательно, необходимость его преодоления. В то же время разум соответствует вечным законам природы, воспринимаемым им даже без знания их источника. Искусство Тургенева, хотя и прославляет законы природы и выстраивается на основе идей порядка и гармонии, отражает и реальность хаоса в человеческой психике. Но правда также является императивом разума, и Тургенев не скрывает правды о трагическом положении человека. Здесь нет противоречия: одни и те же человеческие способности — ум и воображение — и воспринимают трагедию человека, и вносят в нее свой вклад, разжигая стремление к ее преодолению, и соединяют человека с вечной гармонией, которой он так жаждет. Образ Андрея Колосова — ранняя манифестация любви Тургенева к свободе как высшему благу, в своих зрелых произведениях он предоставит полную свободу автору, который будет осуществлять надзор над его сложными нарративами.

В статье о «Фаусте» Тургенев определяет индивидуумов как «атомы». Именно это слово Достоевский использует в письме к брату от 1 февраля 1846 года для определения индивидуального «я», ставшего объектом его исследования в «Бедных людях»[20]. Он согласен с Тургеневым и Гёте, что это «я» ограничено, но оно достойно того внимания, которое он собирался ему уделить. Как и многие герои Тургенева, и даже больше, чем они, герои Достоевского деформированы воспитанием и жизненными обстоятельствами; они не способны сопротивляться собственной импульсивности, хотя позднее могут сожалеть о ее последствиях. Даже в большей степени, чем Тургенев, Достоевский видел хрупкость, неполноту человеческой личности, ее восприимчивость к внешним влияниям. Его герои, как и герои Тургенева, испытывают страстное стремление к гармонии и цельности. (Это стремление они выражают исторически; совершенно гармоничное состояние

---

[20] Тургенев. Т. 1. С. 206; Достоевский. Т. 28. Кн. 1. С. 117.

возможно представить как в прошлом, так и в будущем.) Больше, чем на мгновение, они не могут погрузиться в одиночество или в гармонию созерцания и размышления, и они никогда или почти никогда не могут стать полностью сами собой и отделиться от мира. Достоевский восхищался силой Андрея Колосова — так же, как позднее силой Базарова, — своевольной, иррациональной и, как он позднее понял, необходимой для жизненной борьбы; но в конечном счете он не рассматривал природные законы как источник силы человеческого разума и духа. По мере того как он глубже это понимал, Достоевский расценивал отступление Тургенева от мира людей, напуганного его психическим хаосом, как поступок робкий и эгоцентричный. И это тоже было самообманом, так как Достоевский в принципе не верил в возможность личностной самодостаточности и цельности.

Двойная роль Тургенева в «Бесах»

В период работы над «Бедными людьми» у Достоевского разногласий с Тургеневым не возникало. Лишь позднее, в романе «Бесы» (1871), он их обнаружил в полной мере, отдавая в то же время Тургеневу (что еще не до конца осмыслено) должную дань. Мы начнем с разногласий, находящихся в центре романной проблематики, а затем вернемся к более нюансированному вопросу об отношении Достоевского к личности и творчеству Тургенева и его версии романтической тоски.

Изобразив Тургенева самодовольным, эгоцентричным писателем Кармазиновым, Достоевский в своей уничтожающей карикатуре сближается с ошибочным отождествлением его в молодости с самоуверенным Андреем Колосовым. Еще до знакомства с романом Тургенев, живший во Франции, был проинформирован своими корреспондентами об атаке Достоевского[21]. Ошеломленная жертва парировала удар своего врага двумя противоречивыми

---

[21] См., например, в письмах Тургенева к Я. П. Полонскому и П. В. Анненкову в конце 1871 года, где он сообщает, что знает, что Достоевский «вывел» его в романе (Тургенев. Письма. Т. 11. С. 86, 162).

способами. С одной стороны, Тургенев старался сделать вид, что нанесенная рана заботит его меньше, чем могла бы; с другой стороны, в письмах он осудил Достоевского за удар ниже пояса. Он повторил то, что уже говорил о ссоре между ними в 1867 году в Баден-Бадене[22]. Тургенев считал, что Достоевский всегда его ненавидел, а злобные и «беспричинные» выходки Достоевского можно было объяснить, по мнению Тургенева, только душевным расстройством. В 1871 году Достоевский все еще был должен Тургеневу деньги, которые тот одолжил ему до ссоры в 1867-м. Когда в 1875 году Достоевский наконец смог вернуть ему долг, Тургенев в шутку написал Анненкову, что не рад возвращению долга, так как это лишило его сладкой иронии сознания того, что человек, публично его оскорбивший, был его должником[23].

Долгое время в этой ссоре читатели преимущественно занимали сторону Тургенева, и только в 1921 году вышла книга Юрия Никольского, выступившего решительным защитником Достоевского[24]. Никольский перечисляет сущностные различия двух писателей, как в характере, так и во взглядах. Достоевский описал ссору в письме к А. Н. Майкову от 16 (28) августа 1867 года, в котором обвинил Тургенева в атеизме, русофобии и германофилии и о публикации которого в 1890 году в качестве своего «послания потомству», по словам Тургенева в письмах к друзьям, договорился с архивариусом[25]. Тургенев утверждал, что не высказывал ни

---

[22] См. в письме Тургенева к Анненкову от 19 нояб. (1 дек.) 1871 года и к М. А. Милютиной от 3 (15) дек. 1872-го (Там же. Т. 11. С. 162; Т. 12. С. 71). Тургенев также распространил слух, что Достоевский отдал ему только 50 талеров, хотя должен был 100. Когда это оказалось ошибкой его памяти, он извинился перед ним через посредника (А. Ф. Онегина); см. его письмо к А. Ф. Онегину от 2 (14) марта 1976 года (Там же. Т. 15. Кн. 1. С. 52).

[23] Там же. Т. 14. С. 137 (письмо от 29 авг. (10 сент.) 1875 года).

[24] Никольский Ю. Тургенев и Достоевский (История одной вражды). София: Российско-Болгарское книгоиздательство, 1921.

[25] См. письмо Тургенева к П. И. Бартеневу от 22 дек. 1867-го (3 янв. 1868 г.), а также письмо к Я. П. Полонскому от 24 апр. (6 мая) 1971 года в ответ на памфлет в «Бесах» (Тургенев. Письма. Т. 8. С. 87–88; Т. 11. С. 87). Согласно комментарию в академическом ПССиП Тургенева, не Достоевский, а Н. П. Барсуков доставил письмо Бартеневу для хранения и позднейшей публикации (Там же. Т. 8. С. 320).

одного из мнений, приписанных ему Достоевским; по его словам, в 1867 году во время визита Достоевского он в основном молчал, тогда как Достоевский ругал «на чем свет стоит» его роман «Дым». Чтобы противодействовать тому, что он расценивал как клевету, порожденную психическим расстройством Достоевского, Тургенев отправил собственное письмо Анненкову с разрешением передать его другим для чтения[26]. На самом деле все обвинения Достоевского были в известной степени справедливы, говорит Никольский. Тургенев не мог верить в персонифицированного Бога после чтения Фейербаха в начале 1840-х, он также сочувственно относился к критической деятельности Давида Штрауса, отрицавшего божественность Христа, как и к Эрнесту Ренану, в своей биографии Христа изобразившему его героем, а не богом. Позднее он прочел Шопенгауэра, чьи произведения углубили его собственный пессимизм и сознание отчужденности от природы[27]. Достоевский был убежденным националистом, Тургенев же в своих воззрениях был более амбивалентен и открыто критиковал Россию. Собственные убеждения он публично предал гласности в «Дыме» (1867) и так же публично провозгласил себя и германофилом, и западником во вступлении к «Литературным воспоминаниям», опубликованном в 1869 году[28]. Таким образом, утверждает Никольский, когда Достоевский приписал все эти убеждения одиозному Кармазинову, он не клеветал на Тургенева.

В 1924 году в статье, посвященной памяти Никольского, А. С. Долинин отвел еще одно обвинение Тургенева: что рассказ, который Достоевский пародирует в печально известной речи Кармазинова «Мерси», был одним из тех, которые он превозносил до небес,

---

[26] Там же. Т. 8. С. 87.

[27] Исследователи расходятся в мнении о времени чтения Тургеневым Шопенгауэра, но это случилось не позднее начала 1850-х. См. об этом: Walicki A. Turgenev and Schopenhauer; Kelly Aileen M. Toward Another Shore: Russian Thinkers Between Necessity and Chance. New Haven, CT, and London: Yale University Press, 1998. P. 91–118. Сигрид Маклафлин относит знакомство Тургенева с Шопенгауэром к 1854 году (McLaughlin S. Schopenhauer in Russland: Zur literarischen Rezeption bei Turgenev. Wiesbaden: Otto Harrassowitz, 1984). К 1840 году Тургенев уже был знаком с работами Фейербаха (см. выше, примеч. 15 к 5-й главе).

[28] Тургенев. Т. 11. С. 8–9.

опубликовав его в собственном журнале «Эпоха». Долинин согласен с Никольским в том, что и другие произведения Тургенева, кроме «Призраков» (1864), пародируются и в романе, и в речи Кармазинова[29]. Достоевский на самом деле сочувственно отозвался о «Призраках», которые ему поначалу понравились, поскольку он прочитал и понял их не вполне адекватно. Первоначально он воспринял рассказ как выступление против современного общества и был с этим согласен, и только после перечитывания понял, что «Призраки» были личной и субъективной жалобой Тургенева. «Дым», который Достоевский ненавидел, прояснил для него истинную природу политических взглядов Тургенева. Потугин, тургеневский рупор в романе, развенчивает русскую идею, которую Достоевский горячо поддерживал; Кармазинов, как утверждал Долинин, был задуман как продолжение Потугина — так же, как Раскольников в «Преступлении и наказании» вырос из Базарова.

Несмотря на все это, моральный смысл злой карикатуры на Тургенева в «Бесах» вызывает сомнения. Достоевский не был бы первым или последним выдающимся писателем, вершащим личную вендетту таким образом, и невозможно поверить, что он не предполагал нанести Тургеневу удар. В то же время читатели романа не раз отмечали, что портрет Кармазинова — лишь один из тургеневских элементов в романе, настолько этими элементами насыщенном, что Никольский окрестил его «Отцами и детьми» Достоевского[30]. Джозеф Франк отметил, что Достоевский с энтузиазмом поддержал замечание Аполлона Майкова о том, что герои «Бесов» напомнили ему «состарившихся тургеневских персонажей»[31]. В рукописях,

---

[29] См.: Долинин А. С. Тургенев в «Бесах» // Долинин А. С. Достоевский и другие. Статьи и исследования о русской классической литературе. Л.: Худож. лит., 1989. С. 163–187. Они включают «Довольно», «Казнь Тропмана», «Дым» и статью «По поводу "Отцов и детей"». Среди них «Довольно» и «Казнь Тропмана» — те произведения Тургенева, в которых он, по мнению Достоевского, особенно настойчив в толковании своих убеждений и, кроме того, демонстрирует то, что Достоевский считал устаревшим стилем.

[30] Никольский Ю. Тургенев и Достоевский. С. 60. Ранее в процессе создания романа Достоевский действительно упоминал его как «Отцы и дети».

[31] Frank J. Dostoevsky: The Miraculous Years, 1865–1871. Princeton, NJ: Princeton University Press, 1995. P. 423.

относящихся к «Бесам», открываются две вещи: то, что Достоевский присвоил Кармазинову только отрицательные черты Тургенева, и то, что Кармазинов был задуман не просто (и даже не в первую очередь) как пародия на Тургенева.

Зная это, читатель может свободно искать как в рукописях, так и в печатном тексте романа более глубокой и полной оценки Достоевским Тургенева и его творчества. Хотя Достоевский вкладывает в образ Кармазинова свою неприязнь к Тургеневу как человеку, а также придает ему определенные черты, которых не принимал в его творчестве, в других местах романа он отмечает и свой долг перед Тургеневым[32]. В отличие от своей карикатуры Тургенев парит над романом как наставник и первопроходец, поставивший проблему неполноты человеческой личности и ее неудовлетворенных потребностей, к которой Достоевский с разных сторон обращается и в «Бесах», и во всех своих зрелых сочинениях. Более того, в Тургеневе как авторе, в его лучших вещах, Достоевский высоко ценит приверженность правде, какой бы неудобной она ни была для созданных им героев и для него самого. Чтобы понять степень и пределы влияния тургеневской концепции романтической тоски на Достоевского, мы должны сначала точно определить его отношение к Кармазинову.

Кармазинов и Тургенев

Черновые записи к «Бесам» Достоевский начинает с декларации: «NB. *Все дело в характерах*»[33]. В тетрадях, занимающих почти триста страниц в 11-м томе академического ПССиП

---

[32] Самое подробное исследование того, насколько Достоевского беспокоила проблема литературного влияния, см.: Catteau J. Dostoevsky and the Process of Literary Creation / Transl. A. Littlewood. Cambridge: Cambridge University Press, 1989 (особенно в главе 3, p. 33–62). Стратегия Достоевского, по мнению Катто, состоит в том, чтобы отделить важнейшие идеи его наставников от их личностей, чтобы эти идеи могли быть восприняты как его собственный, синкретический проект.

[33] Достоевский. Т. 11. С. 58.

Достоевского, он делает наброски характеров своих персонажей, прощупывает их границы и расставляет их парами друг против друга. Одна из таких пар — Кармазинов и Степан Трофимович; по записным тетрадям видно, что эти двое были объединены в сознании создателя романа. Вместе они представляют поколение отцов 1840-х по отношению к сыновьям 1860-х[34]; более того, Кармазинов в большей степени является духовным отцом Петра Верховенского, чем его биологический отец Степан Трофимович[35].

Работа над романом началась в конце 1869 года[36]. Как и многие другие персонажи романа, Кармазинов приобретает фамилию только на позднем этапе творческой истории. Долгое время он именуется просто «Великий писатель», персонаж, впервые упомянутый в том же фрагменте, что и «Грановский», а под этим именем до поздних редакций был известен Степан Трофимович. Великий писатель впервые появляется вместе с Великим критиком, это ведущие светила, которых княгиня (прототип Варвары Петровны) пытается завлечь в свой салон в Петербурге[37]. Ни «Писатель», ни «Критик» не идентифицированы.

Среди почти двух десятков упоминаний Великого писателя в последующих черновых вариантах он ни разу не появляется так, чтобы рядом с ним не находился Грановский / Степан Трофимович. Эти двое — соперники и антагонисты; «слухи о прибытии» Великого писателя «беспокоят» Грановского[38]. Кармазинов, который как будто не испытывает такого страха перед Гра-

[34] См.: Никольский Ю. Тургенев и Достоевский. С. 61–63. Никольский также связывает картину Теньера и портрет Гёте, висящие в гостиной Степана Трофимовича (Достоевский. Т. 10. С. 72; «Бесы»), с ассоциацией Теньера с Гёте, присутствующей в рецензии Тургенева на перевод «Фауста» 1845 года (Никольский Ю. Тургенев и Достоевский. С. 67; примеч.); см. также: Достоевский. Т. 12. С. 291, примеч.; Тургенев. Т. 1. С. 210.

[35] См. об этом в цитированной выше работе А. С. Долинина, также: Frank J. Dostoevsky: The Miraculous Years, 1865–1871. P. 462–463.

[36] См.: Достоевский. Т. 12. С. 164.

[37] Там же. Т. 11. С. 66.

[38] Там же. С. 115.

новским, как тот перед ним, напоминает bête noir Голядкина, главного героя ранней повести Достоевского «Двойник», написанной в 1840-х. Как и в «Двойнике», в окончательной редакции «Бесов» помрачение рассудка Степана Трофимовича составляет параллель успеху его двойника Кармазинова и в какой-то степени с ним связано. Параллели между Степаном Трофимовичем и Кармазиновым продолжаются и в развязке романа. Оба выступают на благотворительном вечере. Кармазинов обещает уйти, прочитав прощальное «Мерси», и затем просто исчезает из текста. Можно предположить, что, как и некоторые стареющие эстрадные певцы в наши дни, он на некоторое время продлит свои прощальные гастроли за пределами романа. Степан Трофимович, напротив, поражает всех, в том числе и рассказчика, действительно уходя из дома и умирая в дороге. На этот раз он благородно исполнил на деле то, чем угрожал на словах.

Возвращаясь к черновикам романа, стоит отметить поразительный факт: когда Великий писатель упомянут впервые, но его образ еще не получил никакого развития, он не ассоциируется с Тургеневым, чье имя появляется только среди людей 1840-х, интересующих Достоевского: «55 лет. Литературные воспоминания. Белинский, Грановский, Герцен (А. и Б. "Охота тебе с таким дураком говорить"). Тургенев и проч.»[39].

Эти предварительные записи таковы, что нельзя сделать определенного вывода о том, включен ли в них Тургенев как автор или как объект литературных воспоминаний, возможны сразу оба варианта. Но мы точно знаем, что Достоевский читал тургеневские воспоминания о Белинском, так как в черновиках «Бесов» он их цитирует[40].

Великий писатель появляется на той же странице и в том же разделе тетради, что и Тургенев (вместе с другими общественны-

---

[39] Там же. С. 65. Ссылку на А. и Б. позже в «Дневнике писателя» за 1873 год Достоевский объяснит как кульминацию анекдота, рассказанного ему Герценом, о разговоре последнего с Белинским; см.: Там же. Т. 12. С. 332–333.

[40] См.: Никольский Ю. Тургенев и Достоевский. С. 63; также: Достоевский. Т. 11. С. 73.

ми деятелями), но по положению на странице достаточно далеко от него. После своего первого появления в рукописи Великий писатель в ней долго не появляется и упоминается вновь только почти через тридцать страниц. В этом более позднем эпизоде князь А. Б. (Ставрогин), впервые упомянутый в черновиках как «страстный, гордый и безалаберный человек»[41], становится более жизнерадостным, даже поэтичным, и поэтому не может быть охарактеризован просто как нигилист. Одновременно, по мере того как Достоевский испытывал степень нравственной слабости и беспринципности этого персонажа, Грановский / Степан Трофимович перемещался в сторону нигилистического лагеря. Достоевский делает для себя пометку:

> Очертить *завтра* все лица, т. е. Князь и Воспитанница [прототип Даши. — *Д. О.*], — скромный идеал и настоящие хорошие люди.
> Грановский не настоящий идеал, отживший, самосбивающийся, гордящийся, карикатурный[42].

В конце концов Грановский опускается до низшего предела, и, когда это происходит, вновь появляется Великий писатель.

> Грановский соглашается наконец быть нигилистом и говорит: «Я нигилист». Объясняется с Успенским [прототип Липутина или Виргинского. — *Д. О.*], ибо сына боится, заезжает к Успенскому. Слухи о том, что Тургенев нигилист, и Княгиня еще больше закружилась.
> ? Приезд Великого писателя[43].

Великий писатель появляется на сцене именно в тот момент, когда Грановский переступает границу, от которой, однако, сразу отступает — в следующем же абзаце.

---

[41] Достоевский. Т. 11. С. 58.

[42] Там же. С. 99.

[43] Там же. С. 102.

Грановскому говорят: «Наше поколение было слишком литературное. В наше время действующий (передовой) человек мог быть только литератором или следящим за литературой. Теперь же поколение более действующее».
«Уличные мысли!» — отвечает Грановский.

Так в текст вступает Великий писатель, и Достоевский подтверждает то, что написал о Грановском при самом первом его появлении: «Чурается нигилизма и не понимает его»[44]. Великий писатель будет двойником Грановского / Степана Трофимовича, действующим на арене, с которой Степан Трофимович ассоциируется, но на которую на самом деле не вступает. Снова и снова в черновиках Великий писатель называет себя нигилистом и выслуживается перед прототипом Петра Верховенского, который назван Студентом и Нечаевым[45].

Только теперь, в том фрагменте, где образ Великого писателя впервые получает развитие, он тематически связывается с Тургеневым, который, как и Великий писатель, идентифицирован как нигилист. К тем, кому Грановский адресовал реплику «Уличные мысли!», мог относиться и Тургенев, поскольку в тексте он упоминается как нигилист, с которым княгиня хотела бы встретиться. Возможно, только здесь Достоевскому пришло в голову смоделировать Великого писателя именно на Тургенева. Впоследствии в черновиках Великий писатель приобретает все те черты — атеизм, русофобию и германофилию, — которые Достоевский приписывал Тургеневу в письме к А. Н. Майкову после ссоры в 1867 году.

Вместе с тем продолжаются и параллельность, и контраст Великого писателя с Грановским / Степаном Трофимовичем.

---

[44] Там же. С. 65.

[45] Там же. С. 114, 120 («Великий писатель провозглашает себя нигилистом»), 127 («Великий писатель: "Я нигилист". О поэзии и Мадонне»), 170, 172 (здесь Великий писатель находится неподалеку и говорит с Писаревым, а Грановский спорит с Нечаевым), 222 (особенно ясный эпизод, где Степан Трофимович отрицает свою связь с нигилистами, а в следующем же абзаце Великий писатель ассоциируется с нигилистическим смехом), 235 (здесь Великий писатель льстит Нечаеву), 288.

В черновиках Великий писатель / Кармазинов не раз утверждает, что он атеист, в то время как Грановский / Степан Трофимович уклоняется от ответа на аналогичный вопрос и даже в конце концов заявляет о своей вере в Бога[46]. Если Великий писатель — русофоб и германофил, то Грановский / Степан Трофимович и в черновиках, и в романе и в этом сохраняет амбивалентность[47].

Амбивалентность сама по себе является личностной чертой Степана Трофимовича, которую он разделил с Тургеневым-человеком. С самого начала Достоевский задумал Грановского / Степана Трофимовича со следующими «характерными чертами»: «Всежизненная беспредметность и нетвердость во взгляде и в чувствах, составлявшая прежде страдание, но теперь *обратившаяся во вторую природу*»[48]. Эта цитата заканчивается комментарием (в скобках): «Сын над этой потребностью насмехается». Амбивалентность Степана Трофимовича, подобная рудинской, является на самом деле добродетелью — в той степени, в какой удерживает его от заглатывания идеологии нигилистов[49]. В черновиках Степан Трофимович обвиняет сына в слишком сильном сосредоточении на уме и рассудке и сопутствующем недостатке чувств[50]. Достоевский называет Степана Трофимовича «чувствительным» и связывает эту черту с литературной «патетической школой»[51]. Но нельзя сказать, что у его сына вообще нет чувств, он любит себя «страшно», «как младенец»[52]. Его незрелый нарциссизм соединяется с полным отсутствием эмпа-

---

[46] Об атеизме Великого писателя см.: Там же. С. 114, 288; о вере Степана Трофимовича: Там же. С. 68–69, 166, 176, 232.

[47] См., например, спор между Шатовым и Грановским о том, любили ли люди 1840-х годов Россию, как утверждает Грановский, или только себя, по словам Шатова (Там же. С. 75).

[48] Там же. С. 65.

[49] Сравнение Степана Трофимовича с Рудиным принадлежит Дж. Франку (Frank J. Dostoevsky: The Miraculous Years, 1865–1871. P. 453).

[50] Достоевский. Т. 11. С. 68, 78, 123.

[51] Там же. С. 120, 123.

[52] Там же. С. 150–151.

тии, что как раз имеет в виду Степан Трофимович, называя сына «бесчувственным». Эти черты сына много говорят и о его политической философии, согласно которой общество должно строиться на любви каждого его члена исключительно к самому себе[53]. И напротив, часто ложнопатетическая «чувствительность» Степана Трофимовича включает эмпатию. Что касается Великого писателя, то и в черновиках, и в окончательном тексте романа он комически эгоцентричен, совпадая в этом, как и во многом другом, с нигилистами.

Черновые тетради демонстрируют, что Достоевский, отождествляя Тургенева с Кармазиновым, дает выход собственному раздражению против него, но главная функция Кармазинова в романе — быть демоническим двойником Степана Трофимовича и людей 1840-х годов. Умный, но лишенный поэзии Кармазинов становится карикатурой на Тургенева, а не объективным портретом писателя, которого Достоевский уважал на протяжении всей жизни. Ему было прекрасно известно, что подлинный Тургенев был столь же амбивалентен в отношении стольких же вещей, как и Степан Трофимович. Средоточием таланта Тургенева-писателя была его способность к сопереживанию, следовательно, и к изображению множества разнообразных типов. Последовательность и настойчивость Тургенева в защите художественной свободы также уравнивает его со Степаном Трофимовичем, а его позиция апологета литературы и поэзии только усиливается по мере углубления кризиса в романе.

Базаров в «Бесах»

Кармазинов никогда не смог бы создать самого сложного тургеневского персонажа — героя «Отцов и детей» Евгения Базарова. Достоевский глубоко восхищался «Отцами и детьми» и, по мнению Тургенева, был одним из немногих современников,

---

[53] Там же. С. 169–271.

кто понял роман[54]. В «Зимних заметках о летних впечатлениях», опубликованных в его журнале «Время» в 1863 году, Достоевский отозвался о Базарове как о герое «беспокойном и тоскующем (признак великого сердца), несмотря на весь его нигилизм»[55]. В «Бесах» Степан Трофимович выступает критиком Базарова, назвав его «неясной смесью Ноздрева с Байроном». Нигилисты не похожи на мрачного Базарова, говорит Степан Трофимович сыну: «Они кувыркаются и визжат от радости, как щенки на солнце, они счастливы, они победители!»[56]

Объяснение такому смещению перспективы можно найти здесь же, в черновиках «Бесов», где Достоевский, как и Степан Трофимович, критикует Тургенева за создание неправдоподобного героя («фиктивное лицо, не существующее вовсе»). Похоже, с самого начала он связывал образ Базарова со Студентом / Нечаевым, о котором несколько ранее в набросках записал: «Прост, прям»[57]. Люди 1840-х, и в первую очередь Тургенев, ошибались в своем отношении к Базарову, он был ими «на пьедестал поставлен»[58]. Достоевский поддерживает вариант интерпретации Базарова, предложенный в 1862 году в известной статье Писарева[59]. Этот пламенный молодой руссоист выступал за замену норм цивилизации, которые считал условными, на природные нормы. Он защищал Базарова и от правых, и от левых как человека, жившего только для себя и собственного удовольствия. Писаревскую интерпретацию Базарова Достоевский нашел бы более

---

[54] Тургенев писал об этом в двух письмах Достоевскому от 18 (30) марта и 22 апр. (4 мая) 1862 года, также в известном письме к К. К. Случевскому от 14 (26) апр. 1862-го (Тургенев. Письма. Т. 5. С. 36–37, 61). В письме к В. П. Боткину от 26 марта (7 апр.) 1862 года Тургенев цитирует Достоевского, назвавшего «Отцов и детей» его лучшим произведением, одного уровня с гоголевскими «Мертвыми душами» (Там же. С. 46).

[55] Достоевский. Т. 5. С. 59.

[56] Там же. Т. 10. С. 171.

[57] Там же. Т. 11. С. 66. Достоевский вписал фамилию «Базаров» и подчеркнул ее. Мы, конечно, не знаем, когда он это сделал; это могло случиться позднее в процессе работы над романом, когда он вернулся к данной странице.

[58] Там же. С. 72.

[59] См.: Писарев Д. И. Полн. собр. соч. и писем: в 12 т. М.: Наука, 2001. Т. 4.

адекватной своим нигилистам, если бы прочитал критическую статью Герцена «Еще раз Базаров», опубликованную в 1868 году. Герцен считал неважным, верно ли понял Писарев тургеневского героя: «Важно то, что он в Базарове узнал *себя* и *своих* и добавил чего недоставало в книге»[60]. Критически важные страницы, где Достоевский связывает своего студента-нигилиста с Базаровым, усеяны упоминаниями Писарева[61].

Однако собственная стратегия Достоевского в романе опровергает его критику Базарова. Действительно, он превращает Петра Верховенского в писаревскую версию Базарова и корректирует утверждение Писарева, что такого рода человек может быть способен на самопожертвование. Но Петр Верховенский — не единственный наследник Базарова, и даже не самый главный. Главным должен был быть Ставрогин, князь, которого, как отмечает Э. Василек, не понимал и сам Достоевский, бесконечно перерабатывая его образ в черновиках[62]. Поражает в этом персонаже то, что Достоевский не упрощает его, как это делает Писарев в отношении Базарова. В какой-то момент в черновиках он сравнивает его с гоголевским Ноздревым в «Мертвых душах».

> NB. Человек легкомысленный, занятый одной игрою жизнью, изящный Ноздрёв, делает ужасно много штук, и благородных, и пакостных, и он-то [персонаж, чью сюжетную судьбу Достоевский обдумывает. — Д. О.] вдруг и застреливается, между делом слушает Голубова (один раз).
> Только пустой и легкомысленный, а под конец оказывающийся глубже всех человек, и больше ничего[63].

В другом месте, когда Достоевский пытается определить масштаб своего героя, он представляет его иначе: «И т. д., всякому свой эпитет, а главное — о *Князе*. Крупные две-три черты. И, уж

---

[60] См.: Герцен А. И. Собр. соч.: в 30 т. М.: Наука, 1960. Т. 20. Кн. 1. С. 335,

[61] См.: Достоевский. Т. 11. С. 71–72.

[62] См.: Dostoevsky F. M. The Notebooks for «The Possessed» by Fyodor Dostoevsky / intro. and ed. E. Wasiolek, trans. Victor Terras. Chicago: University of Chicago Press, 1968. P. 14.

[63] Достоевский. Т. 11. С. 119.

конечно, он не идеал, ибо ревнив, упрям, горд и настойчив, молчалив и болезнен, т. е. грустен (трагичен, много сомнений)»[64].

Это байронический Ставрогин. В итоге, поскольку Достоевский так и не решается окончательно предпочесть одну версию Ставрогина другой, он создает смесь Ноздрева и Байрона, точно такую же, как охарактеризовал Базарова Степан Трофимович.

Привитая гоголевской фигуре байроническая ветвь делает Ставрогина «трагичным», и это отличает его от Кармазинова, с образом которого в черновиках Достоевский ассоциирует именно недостаток трагизма[65]. Ставрогин не может быть счастливым и удачливым нигилистом, поскольку этот образ составлял часть «Жития Великого грешника» — мастерского замысла Достоевского, наиболее близкого «Бесам», но так никогда и не воплощенного. Герой этого сюжета, с которым Достоевский в значительной степени отождествлял себя самого, должен был быть искателем истины и основ моральной добродетели; в то же время он должен был быть просвещенным, умным и способным к самым глубоким жизненным переживаниям, включая все страсти и искушения, которым вообще подвержен человек. В своих уже цитированных ранее положительных характеристиках Базарова Достоевский признавал его духовное родство в исканиях с Великим грешником, невзирая на то, что идеология Базарова скрывала от него правду о самом себе. Трагедия такого героя, как писал Достоевский чуть позднее о типе Подпольного человека, заключается в том, что он знает о существовании добра, но утратил веру в возможность его достижения[66].

Статьи Страхова о Тургеневе как источник «Бесов»

Итак, Достоевский извлекает пользу из лучших литературных произведений Тургенева, даже когда в «Бесах» его окарикатуривает и оскорбляет как личность. Последняя часть изложения

---

[64] Там же. С. 99.

[65] Там же. С. 115.

[66] Там же. Т. 16. С. 329–330.

сложной трактовки Тургенева в романе Достоевского касается одного из ее возможных источников: речь о статье Н. Н. Страхова «Два письма Н. Косицы», появившейся в журнале «Заря» в сентябре и декабре 1869 года[67]. Хотя вопрос о влиянии Страхова на Достоевского в достаточной степени изучен, мне это влияние представляется недооцененным; можно быть уверенными, что эти два «письма» Достоевский внимательно прочитал. В 1871 году, имея в виду время, когда они были опубликованы, он писал Страхову:

> Нет, так нельзя, Николай Николаевич. Вы не можете бросать так Ваше большое дело. [Страхов подумывал о переходе от критики к переводу. — Д. О.] У нас нет критика ни одного. Вы были, буквально, единственный. Я два года радовался, что есть журнал [«Заря»], главная специальность которого, сравнительно со всеми журналами, — критика. <...> Я упивался Вашими статьями, я ваш страстный поклонник и твердо уверен, что у вас есть и кроме меня достаточно поклонников и что во всяком случае надо продолжать[68].

Общие положения Страхова в двух письмах, возможно, помогли Достоевскому сформулировать стратегию в отношении тургеневского вопроса в «Бесах». В первом, озаглавленном «За Тургенева», Страхов утверждает, что в «Отцах и детях» и еще в большей степени в «Дыме» Тургенев мог ошибаться в суждениях, но всегда

---

[67] См.: Страхов Н. Два письма Н. Косицы // Страхов Н. Критические статьи об И. С. Тургеневе и Л. Н. Толстом (1862–1885). 4-е изд. СПб., 1901. С. 69–79, 80–97. «Письма» опубликованы как адресованные «в редакцию».

[68] Достоевский. Т. 29. Кн. 1. С. 207. В специальной литературе уже отмечалось влияние этих статей на Достоевского; так, Ю. Никольский рассматривал разногласия Достоевского и Страхова с Тургеневым (Никольский Ю. Тургенев и Достоевский. С. 82–84; см. также: Батюто А. И. «Признаки великого сердца»: К истории восприятия Достоевским романа «Отцы и дети» // Русская литература. 1977. № 2. С. 21–37). Об общих отношениях Достоевского и Страхова см.: Orwin D. Strakhov's World as a Whole: A Missing Link Between Dostoevsky and Tolstoy // Poetics. Self. Place. Essays in Honor of Anna Lisa Crone / eds. N. Boudreau, S. Krive and C. O'Neill. Bloomington, IN: Slavica, 2007.

был безошибочен как поэт, он поэт *вопреки себе*[69]. Второе письмо («Еще за Тургенева») стало ответом на только что опубликованную статью Тургенева «По поводу "Отцов и детей"»[70], в которой он писал, что в «Отцах и детях» не был правильно понят, тогда как на самом деле был согласен с Базаровым во всем, кроме его «воззрений на художество». В письме «Еще за Тургенева» Страхов выбирает роль защитника Тургенева «против него самого», чтобы доказать, что не Тургенев-автор, а Тургенев-читатель своего романа выступает сторонником Базарова и нигилизма. Тургенев в своей статье сетует на то, что изобразил Базарова слишком «объективно» и поэтому недостаточно сочувственно. Страхов отвечает, что *как поэт* Тургенев любит всех своих героев и сочувствует им, в том числе и таким малопривлекательным персонажам, как Гамлет Щигровского уезда[71]. Страхов отмечает «живость и глубину этого сочувствия», но настаивает, что Тургенев «более свободно относится к своим творениям»:

> ...он, как это бывает с поэтами, умеет подниматься в сферу идей и воззрений, стоящую выше уровня его героев, он глядит на изображаемые им явления с некоторой поэтической высоты, с которой они открываются ему в своем истинном свете и в своих надлежащих размерах[72].

---

[69] В этом «письме» Страхов возвращается к собственной статье 1862 года об «Отцах и детях».

[70] Статья входила в «Литературные воспоминания» Тургенева, опубликованные в 1869 году в издании его Сочинений (Тургенев. Соч. Т. 11. С. 86–97). Она появилось вместе с текстами «Вместо вступления» и «Гоголь» в 1-м томе, вышедшем в конце ноября 1869-го. Как поясняют комментаторы академического ПССиП Тургенева, эти и другие мемуары имели целью в том числе и обоснование политической и социальной позиции Тургенева на момент их написания (Там же. С. 321). В опубликованных в 1869-м мемуарах, к которым относятся и воспоминания о Белинском, подробно излагаются убеждения Потугина в «Дыме». Именно они были измельчены для мельницы Достоевского, и он косвенно ссылается на них в черновиках «Бесов».

[71] В рассказе из «Записок охотника» под тем же заглавием («Гамлет Щигровского уезда»). См.: Страхов Н. Критические статьи об И. С. Тургеневе и Л. Н. Толстом (1862–1885). С. 83–84.

[72] Там же. С. 85.

Далее Страхов показывает, как в той самой статье об «Отцах и детях», в которой Тургенев утверждает, что отождествлял себя с Базаровым, он отступает от этого утверждения. Он приводит цитаты из тургеневской статьи о «радостях и горестях» творческого процесса, которые, по Тургеневу, не сводятся к выражению авторских предпочтений. На самом деле, писал Тургенев, «точно и сильно воспроизвести истину, реальность жизни — есть высшее счастье для литератора, даже если эта истина не совпадает с его собственными симпатиями». В той же части статьи Тургенев признавался: «...я прежде всего хотел быть искренним и правдивым», и чуть выше: «...я честно, и не только без предубежденья, но даже с сочувствием отнесся к выведенному мною типу...»[73] Итак, заключает Страхов, «истина» и «реальность жизни» превыше всего для Тургенева-поэта:

> Художник, следовательно, признает для себя руководством нечто непонятное и таинственное, независимое от его идей и убеждений, превышающее его разум, его частные соображения, нечто абсолютное, не нуждающееся ни в каких оправданиях, не пользу, не наслаждение, не патриотизм, не общественное мнение и т. п., а *правду*, благоговейное проникание в то, чем и как обнаруживает себя *жизнь*. Этот авторитет, широкий и неуловимый для нехудожнического смысла, очевидно, освобождает художника от всех других авторитетов, дает ему полнейшую независимость от них[74].

Упомянув о ссылке Тургенева на авторитет Пушкина, на его слова о «свободном уме» поэта в «бессмертном сонете» «Поэту» («...дорогою свободной / Иди, куда влечет тебя свободный ум...»), Страхов продолжает цитировать ту же статью «По поводу "Отцов и детей"»: «Без свободы в обширнейшем смысле, — в отношении к самому себе, к своим предвзятым идеям и системам, даже к своему народу, к своей истории, — немыслим истинный художник»[75].

---

[73] Тургенев. Соч. Т. 11. С. 88, 90, 87.

[74] Страхов Н. Критические статьи об И. С. Тургеневе и Л. Н. Толстом (1862–1885). С. 91 (курсив в цитате мой. — Д. О.).

[75] Там же. С. 92.

После этого Страхов обращается к оправданию Тургеневым своего «славянофильского» романа «Дворянское гнездо»: этот роман, как признаётся Тургенев, несмотря на то что он «коренной, неисправимый западник», «считающий славянофильское учение ложным и бесплодным», написан им потому, «что в *данном случае — таким именно образом, по моим понятиям*, сложилась жизнь, а я прежде всего хотел быть искренним и правдивым»[76].

В интерпретации Страхова Тургенев как читатель собственных произведений предстаёт в статье «По поводу "Отцов и детей"» морально слабым и лицемерным, заискивающим перед критиками своего романа. Но Страхов защищает Тургенева как поэта. Возможно, это и вдохновило Достоевского на двойственную стратегию в «Бесах», где он в образе Кармазинова нападает на Тургенева-человека и одновременно в других фрагментах романа неявно признаёт его сильные стороны как поэта и даже опирается на них. Двойственность отразилась в статье «По поводу "Отцов и детей"», где Тургенев и поддерживает современные радикальные взгляды, и, как это продемонстрировал Страхов, защищает свою творческую свободу. Помимо прочего в статье звучал ложнопатетический мотив прощания с литературой, близкий прощальному слову Кармазинова в «Бесах».

Однако этим долг Достоевского статьям Страхова не исчерпывается. Самый глубокий упрёк Тургенева Достоевскому по поводу карикатуры в «Бесах» состоял в том, что он сделал его союзником и даже защитником Нечаева, то есть Петра Верховенского. Дж. Франк утверждает, что это «совершенно оправдано» в рамках «символического мифа о творчестве Достоевского»:

> Кармазинов отвечает за престиж Петра Верховенского в обществе так же, как Тургенев отвечал за престиж Базарова и его отпрысков в реальной жизни, и он выступает в роли наставника и защитника молодого человека. «Я, как приехал, уверил их всех, что вы чрезвычайно умный человек, и теперь, кажется, все здесь от вас без ума»[77].

---

[76] Там же. С. 88, 90. Страхов цитирует тургеневскую статью, но акценты расставляет сам.

[77] См.: Достоевский. Т. 10. С. 286; Frank Joseph. Dostoevsky: The Miraculous Years, 1865–1871. P. 462–463.

Комментарий Кармазинова, отмеченный Франком, открывает в этой сцене деталь, важную для наших целей. По мере работы Достоевского над черновиками Кармазинов делает «гадкую шутку», которую Верховенский в своем нарциссизме не подхватывает. Публика от него «без ума», так как Кармазинов уверил всех, что он «чрезвычайно умный человек».

> *Великий писатель* говорит Нечаеву: «Я уверил их здесь всех, что вы чрезвычайно умный человек, и они от вас без ума (Губернаторша)». NB. А Варвара Петровна в противоположность Губернаторше завела вечера и *переманила* Нечаева. Соперничество помогло славе и *объясняет* успех Нечаева. Нечаев для своих целей их мирит.
> *Нечаев* не понял язвительного остроумия в словах Великого писателя. Тот думает про себя: «Он не только не понял моего остроумия, но ему и дела нет, что он не понял». NB.) Таким образом Великий писатель способствовал распространению славы Нечаева и послужил основанием к его славе[78].

Хотя Кармазинов и льстит Верховенскому, он не принимает ни его самого, ни его дела. Кармазинов — скептик и аналитик, и именно так Страхов в двух своих письмах изображает Тургенева. Вот что Страхов говорит о Тургеневе-писателе, не о человеке:

> Вот, в самом деле, человек до страсти, до болезни увлеченный идеею прогресса. Он следит за нею со всею зоркостью своего поэтического ума; он беспрестанно ищет, он ждет с минуты на минуту — вот-вот эта идея воплотится, вот она примет живые черты. Но, пожираемый желанием видеть свой идеал в действительности, поэт в то же время полон беспощадного анализа и самого пронзительного скептицизма. Им обладает в высшей степени тот бес, о котором один из критиков говорит в шуточных стихах, намекающих, впрочем, на серьезные мысли:
> «Бес отрицанья, бес сомненья,
> Бес, отвергающий прогресс»[79].

---

[78] Достоевский. Т. 11. С. 235.

[79] Страхов Н. Критические статьи об И. С. Тургеневе и Л. Н. Толстом (1862–1885). С. 78. Это часть пространной цитаты из статьи Страхова 1862 года об «Отцах и детях».

«Свободный ум», который восхищает в Тургеневе и Страхова, и Достоевского, присутствует и у Кармазинова, как в его низшей форме, «язвительного остроумия», так и в более привлекательной способности осознать и оценить масштаб кризиса в России. Оба таланта проявились в его продолжительной речи, обращенной к Петру Верховенскому, в окончательном тексте романа[80]. Есть и еще один персонаж в романе, ценящий аналитические способности Кармазинова, о которых ему рассказал Петр Верховенский, — это Ставрогин.

> — Знаете еще, что говорит Кармазинов: что в сущности наше учение есть отрицание чести и что откровенным правом на бесчестье всего легче русского человека с собой увлечь можно.
> — Превосходные слова! Золотые слова! — вскричал Ставрогин. — Прямо в точку попал. Право на бесчестье — да это все к нам прибегут, ни одного там не останется! А слушайте, Верховенский, вы не из высшей полиции, а?[81]

Что Кармазинов осознаёт, а Ставрогин ценит, это «свободу» русского ума от моральных ограничений. Свободный ум Тургенева открывает ему как чистому аналитику подобные истины, но дальше он не идет. В еще одной статье, появившейся в «Заре» (февраль 1871 года), которую Достоевский мог также прочесть с интересом, Страхов приписывает негативизм Тургенева его знакомству в 1840-х годах с работами Макса Штирнера и других авторов, которых называет «настоящими нигилистами»[82]. В черновиках романа имеется фрагмент, где речь идет об органичном для Кармазинова консерватизме, и это соответствует идее Страхова о том, что ум, подобный тургеневскому, должен в конечном счете отвергать «прогресс» (под которым Страхов подразумевает стремление к идеям социального переустройства). Этот

---

[80] См.: Достоевский. Т. 10. С. 286–288.

[81] Там же. С. 300.

[82] Страхов Н. Последние произведения Тургенева [1871] // Страхов Н. Критические статьи об И. С. Тургеневе и Л. Н. Толстом (1862–1885). С. 107.

фрагмент имеет заглавие (подчеркнутое) «Нечаев и Кармазинов», а поскольку персонаж именуется Кармазиновым, он был создан на позднем этапе творческой истории романа.

> Кар<мазинов>: «Руководящей великой идеи нет, есть au jour le jour, всегда так было. Мы, консерваторы, всего более нигилисты, мне всегда так казалось. У вас по крайней мере энтузиазм. Убил ямщика — *энтузиазм расстроенных нервов.* <...> Я пригляделся к нашим консерваторам вообще, и вот результат: они только притворяются, что во что-то веруют и за что-то стоят в России, а в сущности мы, консерваторы, еще пуще нигилисты. <...> Хороший повар, имение. Спешу реализовать свое имение и убраться. Когда это будет?» (т. е. революция)[83].

«Энтузиазм», подпитывающий нигилизм, противоречит его рационализму, потому что энтузиазм должен служить какому то идеалу, и как таковой он не может быть чисто рациональным. Вот что имеет в виду Кармазинов. Такие люди, как он, — консерваторы-нигилисты, — последовательны: они действительно не верят ни во что, кроме себя и собственных интересов, что и должно соответствовать позиции радикалов.

Заключение

Конечно, и для самого Тургенева важен в «Отцах и детях» энтузиазм Аркадия и даже Базарова, тогда как подлинные нигилисты публично выражать воодушевление не могли. Более того, в отличие от Кармазинова, Тургенев ни в жизни, ни в творчестве не был наделен сознанием самоудовлетворенности[84]. Кармазинова не беспокоят следствия его собственного рационализма

---

[83] Достоевский. Т. 11. С. 288–289.

[84] Детальное объяснение мучительного «шопенгауэрианского» нигилизма Тургенева см. в работе: Kelly A. M. The Nihilism of Ivan Turgenev // Kelly A. M. Toward Another Shore: Russian Thinkers Between Necessity and Chance. New Haven, CT, and London: Yale University Press, 1998. P. 91–118.

и атеизма. Даже больше, чем Петр Верховенский, он доволен собой и поэтому, как говорит в черновиках Степан Трофимович сыну, не способен к развитию: «Вы последние, и именно потому, что считаете себя первыми. В самодовольствии вашем осуждение ваше. Таким нет развития»[85]. Напротив, Тургенев, каким его представляет Страхов в своих статьях, «пожираем желанием видеть свой идеал в действительности». Страхов не отрицает в Тургеневе романтической тоски по полноте и цельности, по единению с чем-то большим, чем он сам. Однако, на взгляд Страхова — и Достоевский согласился бы с ним, — приговор Тургеневу выносит его собственный чрезмерно рациональный ум, отвергающий любые идеалы. По убедительной формулировке Юрия Никольского, Тургенева волновала проблема свободы от догм, тогда как Страхова и Достоевского занимала проблема свободы воли, которая в конечном счете связана с идеалами[86].

Персонаж в «Бесах», на которого подлинный Тургенев более всего похож, — Ставрогин. Как и Ставрогин, подлинный Тургенев тоскует по добродетели, или идеалу, но не надеется на возможность его достижения. Как и Ставрогин, он одержим, опять же в понятиях и категориях Страхова, «бесом» анализа и негативизма; в лучших его произведениях его приверженность анализу глубока и искренна. Могла ли повлиять метафора Страхова из рецензии на «Отцов и детей» на выбор Достоевским названия для романа? Этого, конечно, нельзя знать наверняка, но сам метафорический язык устанавливает связь между Страховым и Достоевским.

Можно представить русскую культуру Нового времени, а внутри нее русское понимание психики как стремления к цельности и разнообразные попытки ее достижения[87]. В этой перспективе Тургенев выглядит неудачником не только как человек, но и как

---

[85] Достоевский. Т. 11. С. 260.

[86] См.: Никольский Ю. Тургенев и Достоевский. С. 84. Именно свободу от догм Тургенев старался привить молодому Толстому; см. подробнее в 4-й главе книги.

[87] См.: Carden P. The Expressive Self in «War and Peace» // Canadian-American Slavic Studies. 1978. № 12 (Winter). P. 519–534.

писатель, поскольку идеи цельности в своих произведениях не воплотил; именно таким Страхов представил его в трех статьях, которые рассматривались выше. Достоевский выступил критиком Тургенева за то, что тот не взял на себя ответственности за следствия собственных поэтических прозрений. Если Тургенев отрекался от них, как сделал это в статье «По поводу "Отцов и детей"», то Достоевский в таких произведениях, как «Бесы», наследовал их, присваивал и развивал (как он это видел) до невыносимых выводов. Достоевский и современнее (в своей радикальной психологии безбожника), и традиционнее, даже можно сказать, средневековее (в своем христианстве), чем Тургенев. Тургенев напоминает античных писателей стоическим отношением к безбожному мирозданию, но это также делает его современным. Совершенно по-разному Тургенев и Достоевский походят на римского двуликого бога Януса, смотрящего и в будущее, и в прошлое.

Глава седьмая

Рефлексия как инструмент понимания в русской психологической прозе

Лирический род — это, в сущности, простейшее словесное облачение момента эмоции, ритмический возглас вроде того, которым тысячи лет тому назад человек подбадривал себя, когда греб веслом или тащил камни в гору. Издающий такой возглас скорее осознает момент эмоции, нежели себя самого как переживающего эмоцию. Простейшая эпическая форма рождается из лирической литературы, когда художник углубленно сосредоточивается на себе самом как на центре эпического события, и эта форма развивается, совершенствуется, пока центр эмоциональной тяжести не переместится и не станет равно удаленным от самого художника и от других. Тогда повествование перестает быть только личным. Личность художника переходит в повествование, развивается, движется, кружит вокруг действующих лиц и действия, как живоносное море. Именно такое развитие мы наблюдаем в старинной английской балладе «Терпин-герой»; повествование в ней в начале ведется от первого лица, а в конце — от третьего. Драматическая форма возникает тогда, когда это живоносное море разливается и кружит вокруг каждого действующего лица и наполняет их всех такой жизненной силой, что они приобретают свое собственное нетленное эстетическое бытие. Лич-

> ность художника — сначала вскрик, ритмический
> возглас или тональность, затем текучее, мерцающее
> повествование; в конце концов художник утончает
> себя до небытия, иначе говоря, обезличивает себя[1].

Романтическая тоска — побочный продукт картезианской философской системы. Определив место любого конкретного знания в разуме человека, Декарт отделил разум как от внешнего мира объектов, так и от внутреннего мира эмоций[2]. В этой главе мы сосредоточим внимание на механизме, благодаря которому это становится возможным, — рефлексии.

Само сознание осуществляет определенную степень отделения как от внешнего мира, так и от собственных действий и импульсов индивидуума; в той степени, в какой люди были сознательными, они всегда рефлексировали. Слово «рефлексия» впервые обрело современный философский смысл в трудах британского философа Джона Локка, который определил ее (в «Опыте о человеческом разумении», 1690) как «то наблюдение, которому ум подвергает свою деятельность и способы ее проявления, вследствие чего в разуме возникают идеи этой деятельности»[3]. В философии акцент на разделении «разума» и его «деятельности» тоже является неизбежным следствием картезианской революции, согласно которой стандарты для понимания всех вещей и суждений о них находятся внутри нас, а не в некоем внешнем источнике метафизической истины, как было в схоластике, которую заменили картезианские идеи. «Все вещи» должны включать и нас самих; если подчинение предписанию дельфийского

---

[1] Слова Стивена Дедала в 5-й главе романа Джеймса Джойса «Портрет художника в юности» (Джойс Д. Портрет художника в юности. М.: Терра, 1997; пер. М. Богословской-Бобровой).

[2] См.: Abrams M. H. The Mirror and the Lamp: Romantic Theory and the Critical Tradition. Oxford: Oxford University Press, 1953. P. 64–65.

[3] Локк Дж. Сочинения: в 3 т. М.: Мысль, 1985. Т. 1: Опыт о человеческом разумении. С. 155; пер. А. Н. Савина (Locke J. An Essay Concerning Human Understanding: 2 vols. New York: Dover, 1959. Book 2, chapter 1, section 4). В другом значении термин использовался в схоластике.

оракула «познай себя» является, по Сократу, первым требованием философии, тогда разум должен сознавать и судить сам себя. Фундаментальное значение авторефлексии для философии было признано еще с древних времен, однако изобретение Локком для нее философского термина указывает на то, в какой степени философская мысль Нового времени антиметафизична и сфокусирована на индивидуальном «я»[4]. Аналогичным образом термин «рефлексия» был использован Барухом Спинозой и Готфридом Лейбницем[5].

Тургенев обратился к понятию «рефлексия» в 1840 году в рецензии на перевод 1-й части «Фауста», выполненный М. Вронченко[6], но не он ввел его в русский журналистский дискурс. Как мы видели в 1-й главе, Белинский, наставник Тургенева, уже использовал его в 1840 году в своей известной статье о первом издании «Героя нашего времени» Лермонтова[7]. В этой статье Белинский намеренно отказывается от подробного рассмотрения рефлексии как философского принципа (хотя именно так ее определяет) и вместо этого фокусируется на ее психологической функции. Все проявления рефлексии, на которые ссылался Белинский, в том числе и в работе о «Герое нашего времени», негативны, поскольку мешают непосредственному, спонтанному выражению чувств и мыслей и поэтому ведут к страданию и дисгармонии. Но Белинский также отмечает и положительную роль, которую может играть рефлексия, поскольку она позволяет индивидууму выносить суждения и корректировать собственные импульсы и действия:

---

[4] «Эти два источника, повторяю я, т. е. внешние материальные вещи, как объекты ощущения и внутренняя деятельность нашего собственного ума как объект рефлексии, по-моему, представляют собой единственное, откуда берут начало все наши идеи» (Локк Дж. Сочинения. Т. 1. С. 155).

[5] См. в трактатах «Об усовершенствовании разума» Спинозы и «Новые опыты о человеческом разуме» Лейбница.

[6] Об использовании этого слова Тургеневым см. в 6-й главе.

[7] Статья появилась в 1840 году в «Отечественных записках» (Т. 10, 11; № 6, 7); Белинский В. Г. Полн. собр. соч.: в 13 т. М.: АН СССР, 1954. Т. 4. С. 193–270.

...это состояние [рефлексия] сколько ужасно, столько же и необходимо. Это один из величайших моментов духа. Полнота жизни — в чувстве, но чувство не есть еще последняя ступень духа, дальше которой он не может развиваться. При одном чувстве человек есть раб собственных ощущений, как животное есть раб собственного инстинкта. Достоинство бессмертного духа человеческого заключается в его разумности, а последний, высочайший акт разумности есть — мысль. В мысли — независимость и свобода человека от собственных страстей и темных ощущений. Когда человек поднимает в гневе руку на врага своего, — он следует чувству, его одушевляющему; но только разумная мысль о своем человеческом достоинстве и о своем братстве со врагом может удержать этот порыв гнева и обезоружить поднятую для убийства руку. Но переход из непосредственности в разумное сознание необходимо совершается через рефлексию, более или менее болезненную смотря по свойству индивидуума. Если человек чувствует хоть сколько-нибудь свое родство с человечеством и хоть сколько-нибудь сознает себя духом в духе, — он не может быть чужд рефлексии. Исключения остаются только или за натурами чисто практическими, или за людьми мелкими и ничтожными, которые чужды интересов духа и которых жизнь — апатическая дремота[8].

Рефлексирующий человек определяется Белинским как «переходный этап от бессознательной непосредственности человека к полноте и гармоничности разумного существования»[9]. От этого гегельянского понимания рефлексии как одного из механизмов прогресса несложен переход к пониманию ее Тургеневым — в его рецензии на русский перевод «Фауста» — как фундаментальной основы творческого процесса[10]. В статье о «Герое нашего времени» Белинский утверждал, что структура романа Лермонтова, которую он описал как состоящую из «нескольких рамок, вложенных

---

[8] Там же. С. 254.

[9] Егоров Б. Ф. Белинский В. Г. // Русские писатели: 1800–1917: Биографический словарь. М.: Сов. энциклопедия, 1989. Т. 1. С. 211.

[10] См. в 6-й главе.

в одну большую раму» и не складывающихся в единое целое, отражает рефлексивную личность Печорина и, вероятно, его создателя[11]. Структура «Андрея Колосова» Тургенева, с ее разделением на рамочное созерцательное (рефлексивное) и внутреннее активное повествовательное пространство, уже демонстрирует, насколько близко к сердцу Тургенев как автор психологической прозы воспринял этот урок в самом начале своего творческого пути. Однако Тургенев был не единственным автором русской психологической прозы, использовавшим в повествовании потенциал рефлексии; так же поступал и Достоевский, его младший современник, возможно, им вдохновленный.

Как известно, Достоевского восхищала рецензия Тургенева на перевод «Фауста», в которой было дано объяснение роли рефлексии в творческой практике Гёте; Достоевский, несомненно, принял его к сведению. Он также восхищался статьей Тургенева «Гамлет и Дон Кихот» (1860), еще одной его вариацией на тему рефлексирующего и непосредственного человека, и усваивал тургеневский опыт[12]. Возможно, он читал также и статью Белинского о «Герое нашего времени», в которой критик признал лермонтовский роман художественно менее удачным, чем «Евгений Онегин», так как Лермонтов в меньшей степени отделял себя от Печорина, чем Пушкин от своего эпонимического героя[13]. В «Записках из Мертвого дома» Достоевский, со всей очевидностью соединяя собственный опыт политзаключенного с совершенно иной природы личной трагедией рассказчика Горянчикова, указывает читателям, что *не он* является вымышленным повествователем, от которого еще более дистанцирует себя, добавляя дополнительный слой, представленный редактором-повествователем.

---

[11] Белинский В. Г. Полн. собр. соч. Т. 4. С. 267.

[12] Frank J. Dostoevsky: The Miraculous Years, 1865–1871. Princeton, NJ: Princeton University Press, 1995. P. 11–12. О реакции Достоевского и Тургенева на перевод «Фауста» см. в 6-й главе.

[13] Белинский В. Г. Полн. собр. соч. Т. 4. С. 266–267. См. в 3-й главе о долге Достоевского В. Ф. Одоевскому в этом отношении.

Согласно свидетельству Страхова в его мемуарах 1883 года, Достоевский сознавал собственную двойственность, которую называл «рефлексией».

> С чрезвычайной ясностию в нем обнаруживалось особенного рода раздвоение, состоящее в том, что человек предается очень живо известным мыслям и чувствам, но сохраняет в душе неподдающуюся и неколеблющуюся точку, с которой смотрит на самого себя, на свои мысли и чувства. Он сам иногда говорил об этом свойстве и называл его рефлексиею. Следствием такого душевного строя бывает то, что человек сохраняет всегда возможность судить о том, что наполняет его душу, что различные чувства и настроения могут проходить в душе, не овладевая ею до конца, и что из этого глубокого душевного центра исходит энергия, оживляющая и преобразующая всю деятельность и все содержание ума и творчества[14].

Если бы Достоевский уже не знал о «свойстве» рефлексии, то, возможно, благодаря рецензии Тургенева на перевод «Фауста» мог бы убедиться, что писатель, стремящийся к подлинному пониманию и изображению человека, не мог его достигнуть только посредством эмпирического наблюдения. Писателю необходима способность к рефлексии, с помощью которой он может как лично пережить все возможное для человека, так и осмыслить пережитое. Именно таков метод Достоевского, позволяющий ему точно передать внутреннюю жизнь своих героев, и именно в этом смысле, по утверждению Страхова, все его герои автобиографичны: «Достоевский — субъективнейший из романистов, почти всегда создававший лица по образу и подобию своему»[15]. Связь между рефлексией и искусством писателя Достоевский четко обозначил в отрывке из «Дневника писателя» за 1873 год, посвященном Герцену:

---

[14] Страхов Н. Н. Воспоминания о Фёдоре Михайловиче Достоевском // Ф. М. Достоевский в воспоминаниях современников: в 2 т. М.: Худож. лит., 1990. Т. 1. С. 382 (курсив мой. — Д. О.).

[15] Там же. С. 424.

> Это был художник, мыслитель, блестящий писатель, чрезвычайно начитанный человек, остроумец, удивительный собеседник (говорил он даже лучше, чем писал) и великолепный рефлектёр. Рефлексия, способность сделать из самого глубокого своего чувства объект, поставить его перед собою, поклониться ему и сейчас же, пожалуй, и насмеяться над ним, была в нем развита в высшей степени[16].

Герцен предстает здесь и тщеславным, и резко самокритичным — именно таким, каким воспринимал самого Достоевского Страхов. Ниже в этой главе я рассматриваю функции рефлексии у Достоевского — как для создания собственного эмпатического художественного мира, так и для его защиты от опасностей субъективистской предвзятости. Одновременно с работой над своими «субъективнейшими» романами он учился защищать себя от дионисийских крайностей собственных персонажей, которых создавал, по крайней мере частично, по своему образу и подобию. Подобно врачу, он должен был избегать слишком близкого контакта со своими пациентами, даже несмотря на то, что они были его кровными родственниками. Основным текстом в моем исследовании будут самые открыто автобиографические среди художественных текстов Достоевского «Записки из Мертвого дома», в которых, как я покажу, содержится скрытый комментарий о соотношении автобиографического (фактуального) и фикционального повествования.

Двойные задачи автора в «Записках из Мертвого дома»

У Достоевского были две основные идеи, которые он стремился воплотить в своих беллетризованных тюремных мемуарах[17]. В первую очередь он хотел нарисовать сочувственный, но лишен-

---

[16] Достоевский. Т. 21. С. 9.

[17] В своей фундаментальной книге об «Идиоте» Робин Фойер Миллер выделяет два ключевых момента в эстетике Достоевского в целом: 1) для своих произведений у него всегда есть идея или то, что он иногда называет «синтезом»;

ный сентиментальности портрет арестантов, встреченных им в сибирском остроге, где он провел четыре года в начале 1850-х. Свое намерение писатель высказал в 1861 году в обзоре «Выставка в Академии художеств за 1860–1861 годы», отметив, что в картине В. И. Якоби «Партия арестантов на привале» отсутствует справедливый взгляд на изображенных людей, которые, как бы ни были ужасны их преступления, остаются людьми: «Так давайте же нам их как людей, если вы художник; а фотографиями их пусть занимаются френологи и судебные следователи»[18]. В «Записках из Мертвого дома» Достоевский стремился изобразить арестантов людьми, и это оценили его современники; Аполлон Григорьев, например, писал, что в своем новом произведении автор, как до этого в «Бедных людях», преодолел «отрицательную гоголевскую манеру» через сострадание к тем, кого он изображает[19]. Вторая идея Достоевского в этом произведении была личной. В 1870-е и 1880-е годы Страхов рассматривал эту идею в свете поздней христианской философии Достоевского и «духовного обновления», пережитого через приобщение на сибирской каторге к «народной правде». Такое прочтение Досто-

---

2) начиная с «Бедных людей» и позднее он всегда скрывает автора и свою идею передает косвенно, через рассказчика, а также и иными способами. См.: Miller R. F. Dostoevsky and «The Idiot»: Author, Narrator, and Reader. Cambridge, MA: Harvard University Press, 1981.

[18] Достоевский. Т. 4. С. 290. Обзор, о котором идет речь, был опубликован в журнале «Время» (1861. № 10); см.: Достоевский. Т. 19. С. 151–168. Публикация не подписана, однако, по мнению комментаторов академического Собрания сочинений, она по крайней мере частично принадлежала Достоевскому.

[19] В статье «Стихотворения Н. Некрасова», напечатанной в журнале «Время» (1862. № 7. Отд. II. С. 17) Ап. Григорьев писал: «Новое отношение к действительности, к быту, к народу, смутно почувствовавшееся в стихотворении Некрасова, почувствовалось тоже и в протесте "Бедных людей", протесте против отрицательной гоголевской манеры, в первом еще молодом голосе за "униженных и оскорбленных", в сочувствии, которому волею судеб дано было выстрадаться до сочувствия к обитателям "Мертвого дома"» (цит. по: Достоевский. Т. 4. С. 295). Поэт и критик Аполлон Григорьев сотрудничал с братьями Достоевскими в их журнале «Время».

евский поддержал в «Дневнике писателя» за 1876 год (февраль, гл. 1, ч. 3), и аналогичные аргументы привел в статье «Три речи в память Достоевского», опубликованной в 1884 году, его протеже философ Владимир Соловьев[20].

В обзоре «Выставка в Академии художеств за 1860–1861 годы» раскрывается взаимосвязь между двумя целями автора в «Записках из Мертвого дома». Разница между фотографией и произведением искусства, как здесь ее объясняет Достоевский, зависит от того, как описан объект в каждом из них.

> Фотографический снимок и отражение в зеркале — далеко еще не художественные произведения. <...> Нет, не то требуется от художника, не фотографическая верность, не механическая точность, а кое-что другое, больше, шире, глубже. Точность и верность нужны, элементарно необходимы, но их слишком мало; точность и верность покамест только еще матерьял, из которого потом создается художественное произведение; это орудие творчества. В зеркальном отражении не видно, как зеркало смотрит на предмет, или, лучше сказать, видно, что оно никак не смотрит, а отражает пассивно, механически. Истинный художник этого не может; в картине ли, в рассказе ли, в музыкальном ли произведении непременно виден будет он сам; он отразится невольно, даже против своей воли, выскажется со всеми своими взглядами, с своим характером, с степенью своего развития. <...> Эпического безучастного спокойствия в наше время нет и быть не может; если б оно и было, то разве только у людей, лишенных всякого развития, или одаренных чисто лягушечьей натурой, для которых никакое участие невозможно, или, наконец, у людей, вовсе выживших из ума. Так как в художнике нельзя предполагать этих трех печальных возможностей, то зритель и вправе требовать от него, чтобы он видел природу не так, как видит ее фотографический объектив, а как человек. В старину сказали бы, что он должен смотреть глазами телесными и, сверх того, глазами души, или оком духовным[21].

[20] Достоевский. Т. 4. С. 298.
[21] Там же. Т. 19. С. 153–154.

Рассказчик в «Записках из Мертвого дома» проходит путь от страха и отвращения к народу, когда он попадает в острог, к иной точке зрения, сложившейся ко времени его отъезда с каторги[22]; он обретает способность смотреть на тех, кто его окружает, «глазами телесными и, сверх того, глазами души». Такая трансформация является второй, личной «идеей» автора в «Записках...», но она также является ключом к первой, общественной «идее» — сочувственному изображению арестантов. Да и кроме того, когда Достоевский писал «Записки...» незадолго до отмены крепостного права, ни он, ни кто-либо другой из среды благонамеренного дворянства едва ли мог превратить отравленное сословной ненавистью крестьянство в граждан новой, объединенной России. Задача писателей состояла в освобождении себя от всех проявлений, даже глубоко скрытых, собственного рабовладельческого менталитета, что требовало от них прежде всего увидеть и принять истину о себе самих, о своей стране и ее обитателях. В традиции таких книг, как «Записки охотника» Тургенева, «Записки из Мертвого дома» доносят истину о народе до читателя, показывая, как пришел к этой истине и принял ее повествователь.

Интроспективный реализм

Форма произведения отражает его двойные задачи. Серия «заметок» или «записок» позволяет Достоевскому максимально гибко включать в текст «действительность», и в то же время это интроспективные мемуары вымышленного рассказчика, у которого есть имя и краткая история, приведенная во «Введении» вымышленным редактором. Когда Толстой, большой поклонник «Записок из Мертвого дома», приводил их в статье «Несколько слов по поводу книги "Война и мир"» (1868) в качестве примера

---

[22] См.: Мочульский К. Достоевский. Жизнь и творчество. Париж: YMCA-PRESS, 1947; Frank J. Dostoevsky: The Stir of Liberation, 1860–1865. Princeton, NJ: Princeton University Press, 1986. P. 218–219; Jackson R. L. The Art of Dostoevsky: Deliriums and Nocturnes. Princeton, NJ: Princeton University Press, 1981. P. 41.

смешанного жанра, характерного для русской литературы, он, возможно, имел в виду особую роль повествователя в созданной Достоевским вариации очерков[23]. Со своей стороны, Достоевский чрезвычайно высоко оценивал «записки» как Толстого (особенно «Севастопольские рассказы»), так и Тургенева, и вне всякого сомнения имел их в виду, когда писал «Записки из Мертвого дома». После освобождения из заключения в 1854 году он прочитал «Записки охотника» и ранние рассказы Тургенева «залпом», они произвели на него «упоительное впечатление»[24]. В 1861 году в своем манифесте «почвенничества» («Ряд статей о русской литературе») он высоко оценил военные рассказы Толстого, которые, в свою очередь, были обязаны своим рождением «Запискам охотника»[25]. Как в «Записках из Мертвого дома», так и в предшествовавших им очерках изображены и среда, ранее читателям неизвестная, и путь познания рассказчиком этой среды.

Жанр очерков, использованный тремя авторами, включает документальные элементы. Самые «реальные» из них — потому, что язык, взятый из реальности, в отличие от запомнившихся сцен или даже характеров отдельных лиц не может быть изменен в угоду авторским идеям, — это диалектные слова и выражения, к некоторым из которых даются пояснения в примечаниях к текстам. Подобные пояснения в примечаниях встречаются в «Записках из Мертвого дома», но многие слова и выражения включены в текст без комментариев. В Сибири Достоевский вел записи

---

[23] См.: Толстой. Т. 16. С. 7; см. также письмо Толстого от 22 февр. 1862 г. с первым упоминанием «Записок из Мертвого дома» (Там же. Т. 60. С. 419). О «Записках из Мертвого дома» как «психологическом очерке» см.: Цейтлин А. Г. Становление реализма в русской литературе. М.: Наука, 1965. С. 290–291. Цейтлин выделяет субъективность повествователя у Достоевского и его фокусирование на психологии как черты, нетипичные для жанра.

[24] Достоевский. Т. 26. С. 66 («Дневник писателя». 1877. Ноябрь, гл. 1).

[25] См. во «Введении» к «Ряду статей о русской литературе» (Время. 1861. № 1. Отд. II; Достоевский. Т. 18. С. 57). Почвенничество — движение, флагманом которого являлся журнал «Время», основанный Достоевским вместе с братом Михаилом, Ап. Григорьевым, Н. Страховым и другими. О долге Толстого тургеневским «Запискам охотника» см. в 4-й главе.

в тетради, фиксируя рассказы, ситуации, характеры арестантов; в своей книге он позднее использовал более 200 из 522 записей[26]. Такие включения имеют самостоятельную функцию, которая не исчерпывается неким «поэтическим» назначением[27]. Это также относится ко многим реальным персонажам и их историям, введенным Достоевским в текст в гораздо большей степени, чем в любом другом его художественном произведении. Во многих случаях писатель может изменить их, чтобы они служили его поэтическим идеям, но многое из того, что взято из реальности, не подвергается полной трансформации, становясь отчасти иллюстрацией некоего более масштабного принципа, отчасти этой функции не выполняя. Достоевский подчеркивает ценность подобных реалий в тексте, когда в него вмешивается редактор, сообщая, что преступник, которого повествователь Горянчиков считал в первой части отцеубийцей, на самом деле им не был. Этот факт остается известным только редактору, но он скрыт от Горянчикова[28].

В то же время Достоевский оперирует реальными данными так, чтобы они соответствовали его поэтическим задачам, и вмешательство редактора с информацией о невиновности отцеубийцы имеет очевидную художественную цель, которую мы кратко обсудим. Актуализация народного языка из Сибирской тетради, например, происходит параллельно с открытием повествователем гуманности арестантов. Первая глава, озаглавленная «Мертвый дом», содержит описание острога, арестантов и их поведения, но в ней почти нет разговоров между заключенными[29]. Несколько

---

[26] См.: Достоевский. Т. 4. С. 275. В академическом Достоевском отмечена каждая вставка из сибирской тетради в окончательный текст.

[27] Почти двадцать лет спустя в 10-й книге «Братьев Карамазовых» Достоевский использует одну из записей в сибирской тетради именно для демонстрации того, как крестьяне могли удивить дворян своим умным, острым словом (см.: Belknap R. L. The Genesis of «The Brothers Karamazov»: The Aesthetics, Ideology, and Psychology of Making a Text. Studies of the Harriman Institute. Evanston, IL: Northwestern University Press, 1990. P. 47).

[28] Ср.: Достоевский. Т. 4. С. 15–16 и 194–195.

[29] Там же. С. 13.

общих замечаний в этой главе, состоящих из высказываний, по большей части собранных в Сибирской тетради, приписываются коллективу, но не индивидуальностям. Разговоры, взятые из тетради, появляются только во 2-й главе, озаглавленной «Первые впечатления», где повествователь рассказывает о том, как арестанты обмениваются оскорблениями; здесь их реплики и одна из драк заимствованы из тетради[30]. Так, выстраивая маленькую сцену во 2-й главе в пространстве за пределами казарм, Достоевский использует девятнадцать записей из Сибирской тетради, в основном это разговоры. Подобные сцены «обыкновенны» в тюрьме, но их совершенно невозможно представить тем, кто их не видел.

> Я нарочно привел здесь пример самых обыкновенных каторжных разговоров. Не мог я представить себе сперва, как можно ругаться из удовольствия, находить в этом забаву, милое упражнение, приятность? Впрочем, не надо забывать и тщеславия. Диалектик-ругатель был в уважении. Ему только что не аплодировали, как актеру[31].

Воспроизведенные из Сибирской тетради фрагменты разговоров — документальные факты, с помощью которых Достоевский изобретательно воссоздавал внутреннюю жизнь людей, встреченных на каторге. Из Сибирской тетради мы узнаем, что «обыкновенные разговоры» взяты Достоевским из жизни; использование подобного документального материала обеспечило конкретность и оригинальность характеров, которые также поданы Достоевским как типы. Для выражения своих чувств арестанты искажают порядок слов в предложениях и придумывают неологизмы, раскрывая свою внутреннюю жизнь без средств анализа, абстрактного и обобщающего по своей природе.

Анализ повествователя выстраивается на основе реалий, в которых неожиданно открываются первые признаки гуман-

---

30 Там же. С. 23–25, 302.

31 Там же. С. 25.

ности арестантов. Такие же звероподобные, как и первые описания их столкновений, арестанты все-таки ведут борьбу не зубами и когтями, а словами, а такая стратегия недоступна для животных. В 1-й главе рассказчик наблюдает внешние проявления ужасающих его покорности и конформизма в лагерной жизни, не только внешне навязанных охранниками и собаками, но и внутренних, исходящих от самих осужденных, так как почти все они рабски одержимы желанием произвести впечатление на других. «Вообще тщеславие, наружность были на первом плане», — сообщает повествователь[32]. Во 2-й главе внешний конформизм начинает разрушаться по мере того, как повествователь наблюдает за борьбой заключенных за собственное достоинство. Борьба ведется с помощью языка, очень индивидуального и не подчиняющегося правилам Мертвого дома. По мысли Роберта Джексона, христианские идеи Достоевского в изображении арестантов заключены в убеждении, что человек свободен даже тогда, когда Мертвый дом пытается в нем эту свободу разрушить: «Достоевский <...> видит в жестоком, безответственном и часто капризном поведении заключенных сущностное проявление неугасимой воли к свободе. Но это воля порождаема не верой в Богом данную, исполненную смысла вселенную, но отчаянием»[33].

Зависимые, подавляемые крестьяне и солдаты в очерках Тургенева и Толстого также находят способы отстаивать свою свободу, и тогда они предстают в большей степени индивидуальностями и в меньшей — типами. Но вся сценография «Записок из Мертвого дома» и личные предпочтения автора делают их центральной темой индивидуальную свободу и достоинство; уроки, которые писатель извлек из пребывания в Мертвом доме, стали значительным этапом на пути создания им самого оригинально-

[32] Там же. С. 12–13.

[33] Jackson R. L. The Art of Dostoevsky. P. 139. Об отсутствии свободы как квинтэссенции тюремной жизни см. в работе В. А. Недзвецкого, сравнивающего в этом плане тюрьму с фаланстерами Фурье (Недзвецкий В. А. Отрицание личности: «Записки из Мертвого дома» как литературная антиутопия // Известия АН СССР. Сер. лит. и языка. 1997. Т. 56. № 6. С. 14–22).

го типа — Подпольного человека[34]. Как и многие осужденные, которых Достоевский встретил на каторге, Подпольный человек исполнен ненависти, и Достоевский не делает ничего, чтобы эту черту смягчить. В отличие от Макара Девушкина в «Бедных людях» или мечтателя в «Белых ночах», некоторые типы арестантов Достоевский просто не мог представить, пока не приобрел опыт, побывав на каторге. Хотя, будучи христианским социалистом, он, отправляясь в Сибирь, мог ожидать, что найдет там сообщество страдающих, однако едва ли это ему удалось. Как писателю, свидетелю и человеку ему выпала намного более трудная задача. Безоговорочное сочувствие людям из Подполья, даже жалость, а порой и сострадание к ним — важнейшие элементы зрелого искусства Достоевского; по мнению Р. Джексона, «Записки из Мертвого дома» рассказывают о том, как повествователь Достоевского достиг уровня сочувственного понимания, вопреки ненависти к нему большинства объектов его повествования.

Так вторая поэтическая идея книги — приобретение знаний повествователем, его воспитание — развивается в согласии с первой. (Во 2-й главе рассказано о его растущем понимании обстановки, она является также частью *его* собственной истории.) Как и первая поэтическая «идея» Достоевского, вторая также основана на фактах — его собственном опыте, но в обоих случаях эти факты реорганизуются, а порой и изменяются там, где это необходимо для художественной задачи писателя. Только один небольшой пример: Горянчиков попадает на каторгу в январе, как и Достоевский (в 1850-м), но в отличие от писателя, освобожденного через четыре года, Горянчиков проводит в остроге десять лет. Достоевский сохраняет январь, середину зимы, как символ отчаяния повествователя в начале его срока, но делает приговор более длительным, как для того, чтобы продлить страдания своего героя, так и для того, чтобы дать ему больше времени для наблюдений за арестантами.

---

[34] Jackson R. L. The Art of Dostoevsky. P. 160–166. «Сам Подпольный человек появляется в "Записках из подполья" как трагический узник потерявшей веру эпохи, узник, обреченный на пытки и унижение бесконечного движения по беговой дорожке в им же созданной и ему предназначенной вселенной» (Ibid., P. 165–166).

Несмотря на сообщение редактора во «Введении», что он извлек лишь две или три главы из значительной по объему рукописи, рассказ Горянчикова не прочитывается как фрагмент; в девятой из десяти глав второй части он действительно сообщает, что готов закончить свой рассказ: «Мне хотелось представить весь наш острог и всё, что я прожил в эти годы, в одной наглядной и яркой картине»[35]. Книга, как поясняет рассказчик в этом же месте, не является полным хронологическим изложением всего его (не говоря о Достоевском) каторжного опыта.

> Если писать по порядку, кряду, всё, что случилось и что я видел и испытал в эти годы, можно бы, разумеется, еще написать втрое, вчетверо больше глав, чем до сих пор написано. Но такое описание поневоле станет наконец слишком однообразно. Все приключения выйдут слишком в одном и том же тоне, особенно если читатель уже успел, по тем главам, которые написаны, составить себе хоть несколько удовлетворительное понятие о каторжной жизни второго разряда[36].

Повествователь считает, что его задача как писателя выполнена, если читатель сумел такое представление составить. Но исходя из двух взаимосвязанных идей книги, он приводит и другие, личные причины для ее окончания:

> К тому же меня самого берет иногда тоска при этих воспоминаниях. Да вряд ли я и могу всё припомнить. Дальнейшие годы как-то стерлись в моей памяти. Многие обстоятельства, я убежден в этом, совсем забыты мною. Я помню, например, что все эти годы, в сущности один на другой так похожие, проходили вяло, тоскливо. Помню, что эти долгие, скучные дни были так однообразны, точно вода после дождя капала с крыши по капле. Помню, что одно только страстное желание воскресенья, обновления, новой жизни укрепило меня ждать и надеяться[37].

---

[35] Достоевский. Т. 4. С. 220.

[36] Там же.

[37] Там же.

Взятое во всей полноте, объяснение здесь рассказчиком причин завершения книги — последний из нескольких включенных в повествование металитературных комментариев, объясняющих форму книги. Глава 2-я первой части «Первые впечатления» начинается с записи, предвосхищающей только что процитированный фрагмент из предпоследней главы книги:

> Первый месяц и вообще начало моей острожной жизни живо представляются теперь моему воображению. Последующие мои острожные годы мелькают в воспоминании моем гораздо тусклее. Иные как будто совсем стушевались, слились между собою, оставив по себе одно цельное впечатление: тяжелое, однообразное, удушающее.
> Но всё, что я выжил в первые дни моей каторги, представляется мне теперь как будто вчера случившимся. Да так и должно быть[38].

«Записки из Мертвого дома» — это *Bildungsroman*, структура которого зависит прежде всего от понимания Достоевским самого процесса воспитания, приобретения знаний. Новому мы уделяем больше внимания, поэтому рассказчик помнит почти все, что с ним случилось в начале его пребывания в остроге, и почти ничего из того, что случилось потом. Этим правилом восприятия диктуется темп книги. Достоевский дает главы 2-ю, 3-ю и 4-ю под общим заглавием — «Первые впечатления»; главы 5-ю и 6-ю он называет «Первый месяц» и 7-ю — «Новые знакомства». Вместе эти шесть глав, охватывая лишь один месяц из десяти лет пребывания рассказчика в остроге, занимают более четверти его повествования. Первая часть, заканчивающаяся празднованием Рождества и занимающая более половины повествования, охватывает только первый год. Вторая часть включает все оставшееся время заключения рассказчика, но, как мы уже отметили, в конце он повторяет, что забыл большую часть того, что с ним случилось позднее. Как только он привыкает к рутине тюремной жизни, он больше не обращает на нее внимания и не помнит ее.

---

[38] Там же. С. 19.

Такой акцент на первых впечатлениях и наблюдениях рассказчика на каторге имеет и соответствующую художественную цель. Он должен представить своим читателям «наглядную и яркую картину» тюремной жизни, не надоедая им ее однообразием, на которое он жалуется в обоих только что процитированных отрывках.

Книгу формирует эмоциональная реакция повествователя на его жизненную ситуацию. В 1-й главе первой части он начинает с контраста между «острогом», в который он будет заключен, и «далеким, вольным небом», представляющим мир, который он оставил позади. Затем в конце первого абзаца он поворачивается спиной к большому миру, чтобы повернуться лицом к «особенному уголку», который он «принимается описывать»; чтобы понять людей, населяющих этот уголок, он должен сам испытать их клаустрофобию. Хотя рассказчик находится в этом «уголке», в 1-й главе его воспоминаний он еще не составляет его часть. Касаясь собственного вступления в этот «уголок», он подчеркивает свое незнание того, что его ждет.

> Усатый унтер-офицер отворил мне наконец двери в этот странный дом, в котором я должен был пробыть столько лет, *вынести столько таких ощущений, о которых, не испытав их на самом деле, я бы не мог иметь даже приблизительного понятия. Например, я бы никак не мог представить себе: что страшного и мучительного в том, что я во все десять лет моей каторги ни разу, ни одной минуты не буду один?*[39]

Это не какой-то внешний феномен, который рассказчик не может себе представить, когда входит в Мертвый дом, а его собственный опыт присутствия там. В этом первом абзаце воспоминаний он исполняет для читателя роль проводника; возможно, когда Достоевский писал его, он помнил знаменитое толстовское описание в первом севастопольском рассказе госпиталя с ранеными и умирающими солдатами[40]. Как будто по прину-

---

[39] Там же. С. 10 (курсив мой. — *Д. О.*).

[40] Он мог думать также и о Дантовом «Аде», ассоциации с которыми вызывают позднее сцены в бане.

ждению, как посторонние, но завороженные туристы, читатели проводят первую ночь вместе с повествователем, запертые в казармах, среди «шума, гама, хохота, ругательств, звука цепей, чада и копоти, бритых голов, клейменых лиц, лоскутных платьев, всего — обруганного, ошельмованного...» Увидев все это, мы, как туристы, заключаем вместе с рассказчиком: «...да, живуч человек! Человек есть существо ко всему привыкающее, и, я думаю, это самое лучшее его определение»[41].

Мы пока не знаем, значит ли это, что нет предела для разрушений, налагаемых обстоятельствами на человека. Важно в этом случае то, что, как мы уже отметили, непростительное и непостижимое преступление, упомянутое в 1-й главе первой части, — отцеубийство, никак, казалось бы, не повлиявшее на убийцу, — оказывается во второй части преступником не совершенным. Человек может приспособиться ко всем обстоятельствам, но человеческая природа едва ли беспредельно податлива; задача рассказчика — в обезображенных арестантах, населяющих Мертвый дом, найти человека.

По мере того как внутренняя жизнь рассказчика развивается под давлением непредставимых для него ранее «ощущений», меняется и его восприятие сотоварищей-арестантов. Далее в 1-й главе появляются «фотографии» Мертвого дома и его обитателей с их «клеймеными» лицами и страшными преступлениями. Они кажутся похожими друг на друга и внешне, и психологически: «*С первого взгляда* можно было заметить некоторую резкую общность во всем этом странном семействе; даже самые резкие, самые оригинальные личности, царившие над другими невольно, и те старались попасть в общий тон всего острога»[42]. Но уже в 1-й главе рассказчик сообщает о наблюдениях, противоречащих общему правилу. Он рассказывает об арестантах, «понелюдимее и помрачнее характером», которые на небольшом пространстве за казармами «любят ходить в нерабочее время, закрытые от всех глаз, и думать свою думушку. Встречаясь с ними во время этих

---

[41] Там же.

[42] Там же. С. 12 (курсив мой. — *Д. О.*).

прогулок, я любил всматриваться в их угрюмые, клейменые лица и угадывать, о чем они думают»[43]. Появляются затем и первые рассказы об арестантах, «умерших» от утраты свободы и семьи. Их мы находим во втором абзаце, перед описанием рассказчиком (в третьем) адской первой ночи в казарме, когда он реагирует только на внешние впечатления от арестантов.

Примечательно, что это первое сочувственное объяснение бедственного положения арестантов вырастает из осознания рассказчиком собственной переполняющей его мертвящей утраты, высказанного в первом абзаце. Сочувствие к судьбе осужденных зависит от его способности соотнести в воображении их внутреннюю жизнь с собственной. Чтобы понять их даже в той степени, в какой он это делает, он должен пережить те же ощущения и чувства, что и они. Он не входит непосредственно в чужую психику, и едва ли Достоевский верит, что это возможно. Неспособность полного слияния одного субъекта с другим — правило психологии, также выстраивающее форму книги и, как увидим, помогающее объяснить особенности ее повествователя.

Для того чтобы повествователь стал надежным свидетелем, он должен понять точку зрения осужденных, для этого он должен целиком и полностью стать одним из них. В первой части книги, соответственно, описана трансформация сознания рассказчика в сознание осужденного. Завершающие штрихи этого процесса проявятся позже — ночью, после театрального представления (глава 10-я). Снова, как и в 1-й главе, мы находимся в казарме, которая теперь, однако, кажется населенной страдающими душами, а не бесами.

> Но вот уже глубокая ночь. Я вздрагиваю и просыпаюсь случайно: старик всё еще молится на печке и промолится там до самой зари; Алей тихо спит подле меня. Я припоминаю, что, и засыпая, он еще смеялся, толкуя вместе с братьями о театре, и невольно засматриваюсь на его спокойное детское лицо. Мало-помалу я припоминаю всё: последний день, праздники, весь этот месяц... в испуге приподымаю

---

[43] Там же. С. 9.

голову и оглядываю спящих моих товарищей при дрожащем тусклом свете шестериковой казенной свечи. Я смотрю на их бедные лица, на их бедные постели, на всю эту непроходимую голь и нищету, — всматриваюсь — и точно мне хочется увериться, что всё это не продолжение безобразного сна, а действительная правда. Но это правда: вот слышится чей-то стон; кто-то тяжело откинул руку и брякнул цепями. Другой вздрогнул во сне и начал говорить, а дедушка на печи молится за всех «православных христиан», и слышно его мерное, тихое, протяжное: «Господи Иисусе Христе, помилуй нас!..»

«Не навсегда же я здесь, а только ведь на несколько лет!» — думаю я и склоняю опять голову на подушку[44].

Вопреки желаниям рассказчика, его нынешняя жизнь — не ночной кошмар, от которого у него есть надежда вскоре пробудиться. После освобождения, когда он пишет мемуары, мир тюрьмы снова отступает в область сна: «Давно уж это было; всё это снится мне теперь, как во сне»[45].

Видеть и не видеть глазами души

Как мы убедимся, в понимании нами других существуют границы, даже когда мы разделяем их страдания. Однако в той мере, в какой повествователь переходит на точку зрения осужденных, он видит вещи, невидимые вне ее. Он живет жизнью осужденных, которые, как он замечает уже в 1-й главе, плохо спят: «Арестанты почти все говорили ночью и бредили. Ругательства, воровские слова, ножи, топоры чаще всего приходили им в бреду на язык. "Мы народ битый, — говорили они, — у нас нутро отбитое, оттого и кричим по ночам"»[46].

Арестанты также зависят от сладких снов о свободе (пусть только временных и только в тюрьме), таких же, как и у повест-

---

44   Там же. С. 130.
45   Там же. С. 11.
46   Там же. С. 16.

вователя в те моменты, когда он принимает реальность своего положения[47]. Именно потребностью в свободе объясняется большая часть саморазрушительных и эксцентричных поступков, о которых рассказывает повествователь, и едва ли он мог осознать это, если бы сам не жаждал свободы, не мечтал о ней днем и ночью. В этом убеждает отрывок (в 9-й главе второй части), который я уже подробно цитировала, где он признаётся, что только надежда на новую жизнь и планы на будущее придавали ему сил[48]. Этот отрывок включен в главу под названием «Побег», помогая найти объяснение тому внутреннему побуждению, которое заставляет некоторых арестантов вопреки всему пытаться вырваться из тюрьмы. Отрывок этот также перекликается со вторым абзацем 1-й главы первой части, в котором рассказчик наблюдает за «угрюмыми» арестантами, гуляющими за казармами и «думающими свою думушку». Как и они, он наслаждается возможностью изоляции; как и они, он считает дни до освобождения и планирует будущее. Это еще один пример сочувствия рассказчика своим товарищам по острогу — он разделяет и их положение, и, возможно, их мысли.

Повествователю легко понять, как неутоленная любовь к свободе может заставить арестанта совершить попытку побега из тюрьмы, поскольку рассказчик разделяет эту любовь, хотя может ее иначе выражать. Труднее оправдать насилие вплоть до убийства, и особенно отсутствие раскаяния, которые он наблюдает у арестантов. Здесь мы начинаем достигать пределов в понимании других — тех пределов, которые вызывают у повествователя в остроге самые острые страдания и чувство одиночества: «Я сказал уже, что в продолжение нескольких лет я не видал между этими людьми ни малейшего признака раскаяния, ни малейшей тягостной думы о своем преступлении и что большая часть из них внутренно считает себя совершенно правыми. Это факт»[49].

---

[47] Там же. С. 37, 66, 79.

[48] Там же. С. 220.

[49] Там же. С. 15.

Этим утверждением начинается длинный абзац в 1-й главе первой части, где трижды повторяется понятие «точка зрения»[50]. В первом случае рассказчик отмечает, что, признавая «факт» отсутствия у осужденных раскаяния, «преступление, кажется, не может быть осмыслено с данных, готовых точек зрения, и философия его несколько потруднее, чем полагают». Ниже он размышляет о том, что общество избирает такие формы наказания для преступников, что они не только не исправляются, но как будто даже получают оправдание в собственных глазах: пройдя наказание, преступник «считает себя очищенным, сквитавшимся. Можно судить, наконец, с таких точек зрения, что чуть ли не придется оправдать самого преступника». Тем не менее в следующем предложении он продолжает: «Но, несмотря на всевозможные точки зрения, всякий согласится, что есть такие преступления, которые всегда и везде, по всевозможным законам, с начала мира считаются бесспорными преступлениями и будут считаться такими до тех пор, покамест человек останется человеком». Примером подобного преступления является отцеубийство, о котором мы уже упоминали, убийство дворянином собственного отца с целью финансовой выгоды. Что поражает рассказчика непостижимостью в этом преступлении, это кажущееся отсутствие раскаяния у убийцы.

Роберт Джексон свое исследование посвятил политическим последствиям отсутствия раскаяния, которое Достоевский наблюдал у сокаторжников. Он объясняет разворот Достоевского в этом вопросе в 1870-е годы как политически мотивированный: если крестьяне не считали себя ответственными за преступления, совершенные против других сословий, значит, социальный раскол в российском обществе был слишком глубок, чтоб его можно было залечить, и Достоевский не мог надеяться на создание новой, единой нации. Анализ ученого демонстрирует разницу между художественными прозрениями Достоевского в «Записках из Мертвого дома» и его политической и моральной повесткой

---

[50] Там же.

в 1870-е[51]. Нет сомнения в том, что по причинам, изложенным Джексоном, ранние представления писателя о чувстве моральной ответственности у крестьян были более пессимистичными, чем поздние. Однако, если взглянуть на две эти позиции с другой точки зрения, они представляются более близкими, чем считает Джексон.

Существовала и личная причина для особого внимания Горянчикова к этой проблеме. Он сам совершил непростительное преступление, убив из ревности жену в первый год брака[52]. Сразу после этого он сдался в полицию. Поскольку у Горянчикова очень сильна совесть, как и у многих, хотя и не у всех дворян в остроге, он не может представить себе человека без совести. Сильный голос совести не может предотвратить преступления, но рождает раскаяние, которое Горянчиков-рассказчик переживает так остро, что после освобождения из острога впадает в глубокую депрессию и умирает, «ни разу не позвав к себе лекаря»[53].

Как честный свидетель Горянчиков должен признать, что многие арестанты из крестьян, казалось, не чувствовали раскаяния в своих преступлениях. Отсутствие раскаяния во многих

---

[51] В главе «Среда» в «Дневнике писателя» за 1873 год Достоевский утверждал, что все преступники, которых он встретил на каторге, считали себя виновными, но все они очистились через страдания. См.: Jackson R. L. The Art of Dostoevsky. P. 115. А в «Записках из Мертвого дома», пишет Джексон, «Горянчиков находит в Мертвом доме обреченных людей. Его "Сцены из Мертвого дома" [его название воспоминаний] возвращают их в круг искупления. Задача воскрешения похороненной человечности арестантов и выдвижения на первый план их отчаянного стремления к достоинству и свободе была несовместима с моралистическим или религиозным дидактическим подходом, направленным на обвинение осужденного в неспособности понять наказуемость и зло собственных деяний. В своих поздних работах, однако, Достоевский стремился сочетать идеализацию духовной и религиозной восприимчивости людей с критическим и даже моралистическим отношением к преступлению и ответственности за него» (Ibid. P. 140). Вот почему, заключает Джексон, в главе «Среда», в отличие от «Записок из Мертвого дома», Достоевский говорит, что народ не отрицает своих преступлений и признает вину преступника (Ibid. P. 141).

[52] Достоевский. Т. 4. С. 6–7.

[53] Там же. С. 8.

случаях можно объяснить социологически. Когда жертвы преступления принадлежали к правящим классам, ни сам преступник, ни его сокамерники его не обвиняли[54]. Роберт Джексон отмечает, как часто рассказчик «Записок из Мертвого дома» говорит об арестантах как о детях, объясняя явное отсутствие у них угрызений совести по отношению к своим преступлениям отчасти этой детскостью, которая, в свою очередь, является одним из следствий их социального статуса рабов[55]. Кроме того, существуют люди, способные совершать чудовищные преступления, такие как не имеющие оправдания убийства невинных детей, просто потому, что наслаждаются жаждой крови и проявлением власти над другими вплоть до их убийства. Рассказы о подробностях таких преступлений ходят по острогу, и каждый арестант признает их подлинность; в этом смысле заключенные «грамотны» («Никто здесь никого не мог удивить»)[56]. Рассказчик отмечает далее: «Только в остроге я слышал рассказы о самых страшных, о самых неестественных поступках, о самых чудовищных убийствах, рассказанные с самым неудержимым, с самым детски веселым смехом»[57]. В этой системе наслаждений есть одно странное исключение, о котором рассказчик упоминает несколько ранее:

> Помню, как однажды один разбойник, хмельной (в каторге иногда можно было напиться), начал рассказывать, как он зарезал пятилетнего мальчика, как он обманул его сначала игрушкой, завел куда-то в пустой сарай да там и зарезал. Вся казарма, доселе смеявшаяся его шуткам, закричала как один человек, и разбойник принужден был замолчать; не от негодования закричала казарма, а так, потому что *не надо* было *про это* говорить, потому что говорить *про это* не принято[58].

---

[54] Рассказчик прямо заявляет (во 2-й главе второй части, «Продолжение»), что ни один заключенный не чувствует себя виновным в преступлении, совершенном «против начальства»: «Совесть его спокойна» (Там же. С. 147).

[55] См.: Jackson R. L. The Art of Dostoevsky. P. 117, 132–133.

[56] Достоевский. Т. 4. С. 11–12.

[57] Там же. С. 15.

[58] Там же. С. 12.

Казалось бы, не может быть предела цинизму ожесточенных и жестоких арестантов, составляющих большую часть тюремного населения. Табу (*не надо*) по отношению к рассказу реального исполнителя чудовищного преступления (в отличие от сплетен о подобных преступлениях) проясняет тот факт, что арестанты выступают против публичных свидетельств о его исполнении, но также и то, что они способны представить его подробности. Какое бы деяние ни могли представить люди в воображении, они также вполне способны его совершить; этим объясняется табу на то, что может как искушать человека, так в то же время и решительно отвергаться его человеческой сутью. В другом месте, в 3-й главе второй части, рассказчик предупреждает о том, что «свойства палача в зародыше находятся почти в каждом современном человеке».

Я не знаю, как теперь, но в недавнюю старину были джентльмены, которым возможность высечь свою жертву доставляла нечто, напоминающее маркиз де Сада и Бренвилье. Я думаю, что в этом ощущении есть нечто такое, отчего у этих джентльменов замирает сердце, сладко и больно вместе. Есть люди как тигры, жаждущие лизнуть крови. Кто испытал раз эту власть, это безграничное господство над телом, кровью и духом такого же, как сам, человека, так же созданного, брата по закону Христову; кто испытал власть и полную возможность унизить самым высочайшим унижением другое существо, носящее на себе образ божий, тот уже поневоле как-то делается не властен в своих ощущениях. Тиранство есть привычка; оно одарено развитием, оно развивается, наконец, в болезнь. Я стою на том, что самый лучший человек может огрубеть и отупеть от привычки до степени зверя. Кровь и власть пьянят: развиваются загрубелость, разврат; уму и чувству становятся доступны и, наконец, сладки самые ненормальные явления. Человек и гражданин гибнут в тиране навсегда, а возврат к человеческому достоинству, к раскаянию, к возрождению становится для него уже почти невозможен. <...> Свойства палача в зародыше находятся почти в каждом современном человеке. Но не равно развиваются звериные свойства человека. Если же в ком-нибудь они пересиливают в своем развитии все другие его свойства, то такой человек, конечно, становится ужасным и безобразным[59].

Если, как утверждает повествователь Достоевского, маркиз де Сад был адвокатом того типа поведения, который впоследствии приобрел его имя, то, по версии истории писателя, Иисус Христос ввел «закон», по которому каждый человек — мой брат[60]. Первые узаконили «ощущения», вызывающие удовольствие власти над другими; вторые ввели нравственные законы, противодействующие этим ощущениям даже в тех случаях, как следует из приведенной цитаты, когда не вполне могли их контролировать.

Тщательно скрыто в этом описании садизма как социальной болезни признание, что его истоки можно найти в определенного рода естественных «ощущениях». У таких брутальных персонажей, главным примером которых является арестант Газин, в душе нет свойств, противостоящих порочным инстинктам; существо с уродливым телом и «безобразной, непропорционально огромной головой», Газин изощренно служит своим «ощущениям», не имея атрибутов высшего разума, который мог бы разнообразить его поведение — делать его попеременно то более преступным (он мог бы более жестоко планировать свои преступления), то более нравственным (у него могла бы просыпаться совесть). За исключением его сознательной жестокости Газин кажется нечеловеком. Он предстает своего рода природной силой, и чрезвычайно важен тот факт, что его удается легко отвлечь от убийства рассказчика и его товарища (часть первая, глава третья). В его внутренней жизни, в его сознании совершенно отсутствует нравственная рефлексия.

Порывистость, спонтанность отличает Газина от более изощренных садистов, многие из которых принадлежат к числу офицеров. Правда, ходили слухи, что Газин любил пытать и «резать маленьких детей, единственно из удовольствия»; однако

---

[59] Там же. С. 154–155.

[60] Более подробно «закон» изложен в размышлениях Достоевского, связанных со смертью его первой жены (Там же. Т. 20. С. 172–173).

достоверного подтверждения этому в тексте нет; в то же время в остроге были офицеры со сложившимся пыточным ритуалом[61]. Как показывает Достоевский, цивилизация не обязательно порождает в людях зло, но она позволяет злу выходить за пределы его естественной спонтанности, от Газиных — Калибанов — к маркизам де Садам. Примечательно, что последнее имя упоминается не в главе о Газине, а только в 3-й главе второй части, где повествователь рассуждает о неограниченной жажде власти и о том, как она может отравлять общество. В первой части мы узнаем, что некоторые качества людей, даже когда они находятся в тюрьме, прежде всего определяются их природой; они могут быть слабыми или сильными, хорошими или плохими, в различных сочетаниях. И уже во вторую очередь, согласно рассуждениям повествователя во второй части, обстоятельства способствуют укреплению одних качеств и подавлению других. Конечно, в тюрьме людей калечит главным образом их окружение, хотя одни — например, Газин — просто могут представлять естественное зло, тогда как другие — как дагестанец Алей — естественное добро[62]. Устойчивое, стабильное зло требует времени, чтобы стать привычным для отдельных людей, а затем и для общества. Это происходит через эволюцию сознания.

Где в этой парадигме находится сам Горянчиков? Как женоубийца он сам испытывал чувства и совершал действия в соответствии с теми «ощущениями», которые заставляют людей их совершать; поэтому он имеет возможность и представить эти «ощущения», и рассказать о них. Это личная причина, по которой он не сомневается в их существовании. Возможно, Достоевский

---

[61] Сравним Газина (С. 40–41) с поручиком Смекаловым (С. 150–151). Грубость отличает поручика Жеребятникова от «забавника» Смекалова (С. 147–150); фамилия первого, производная от слова «жеребец», говорит о его животной природе; фамилия второго восходит к словам «смекать», «смекалка».

[62] Достоевский направляет читателей к сопоставлению фрагментов о природе и цивилизации, помещая их в параллельные главы в первой и второй частях. В каждой части имеется серия из трех глав с общим заглавием: в первой части — «Первые впечатления», во второй — «Госпиталь», и соотносимые фрагменты расположены во второй и третьей главах этих серий.

создал вымышленного повествователя, чтобы убедить официальную цензуру в том, что он не сообщает напрямую о реалиях в остроге, где находился сам. Однако, создавая Горянчикова, он политическую необходимость превращает в художественный триумф. Рассказчик в «Записках из Мертвого дома» не является персонажем, последовательно воплощенным, и это сделано автором намеренно[63]. В многочисленных и легко узнаваемых в тексте эпизодах Достоевский сообщает о собственном опыте политзаключенного, Горянчиков же присутствует в нем как человек, способный представить внутреннюю жизнь преступника, поскольку сам является таковым.

Но самопознание занимает Горянчикова только в пределах его желания проникнуть в сознание преступника. Он по собственному опыту знает, что можно убить, и в то же время в столь же естественном для него опыте действия совести он открывает силу душевного раскаяния. Вопреки очевидным собственным наблюдениям и рассказанным фактам, касающимся других, он, комментируя предположительное отцеубийство во 2-й главе первой части, протестует против собственных наблюдений об отсутствии раскаяния у других арестантов.

Горянчиков не претендует на знание абсолютной истины о чувстве раскаяния у осужденных. Он рассказывает читателю о том, что наблюдал, но при этом ясно дает понять, что в конечном итоге может только догадываться о действии совести в сознании другого человека. В отрывке, который мы рассматривали в 1-й главе первой части, «факт», который он выдвигает, заключается в том, что он никогда не «видел» никакого раскаяния у своих сотоварищей-арестантов, но даже здесь он замечает: «...кто может сказать, что выследил глубину этих погибших сердец и прочел в них сокровенное от всего света?» Далее он утверждает, что «покамест человек останется человеком», можно делать определенные нравственные обобщения, которые бросают вызов какой-

63 О других причинах введения в повествование двух рассказчиков см.: Perlina N. Vico's Concept of Knowledge as an Underpinning of Dostoevsky's Aesthetic Historicism // Slavic and East European Journal. 45.2 (Summer 2001). P. 323–342.

либо конкретной «точке зрения». Исходя из этих обобщений, Горянчиков может признать отсутствие раскаяния в отцеубийце, только признав следующее определение преступления: «Такая зверская бесчувственность, разумеется, невозможна. Это феномен; тут какой-нибудь недостаток сложения, какое-нибудь телесное и нравственное уродство, еще не известное науке, а не просто преступление»[64]. В поисках истины рассказчик здесь опирается не на проникновение в сознание предполагаемого отцеубийцы, а на собственный нравственный кодекс, который, по его убеждению, распространяется на всех. Но даже и здесь он не утверждает, что каждый отцеубийца *должен* испытывать угрызения совести; он настаивает лишь на том, что кто не чувствует раскаяния, тот подобен чудовищу Газину и другим, встреченным им в остроге, и не имеет ничего, что могло бы научить нас нравственным законам, внутренне присущим всем здоровым людям[65].

В другом месте, много позднее, в 7-й главе второй части («Жалоба»), Горянчиков разъясняет свою позицию о возможности обобщений в познании человеческой природы. Он утверждает, что мечты о свободе со всеми их индивидуальными странностями являются «самой характерной чертой» острога и что каждый арестант мечтает об одном: «Цель у всех наших была свобода и выход из каторги»[66]. Но ниже он поправляет себя:

> Впрочем, вот я теперь силюсь подвести весь наш острог под разряды; но возможно ли это? Действительность бесконечно разнообразна сравнительно со всеми, даже и самыми хитрейшими, выводами отвлеченной мысли и не терпит

---

[64] Достоевский. Т. 4. С. 15–16.

[65] Потенциал истории арестанта Ильинского (см. о нем в примечаниях к академическому Достоевскому: Там же. С. 284–285) и его предполагаемого отцеубийства не исчерпывается в «Записках из Мертвого дома». В «Братьях Карамазовых» в отцеубийстве ложно обвиняют Дмитрия Карамазова; настоящий убийца Смердяков, также, возможно, сын Фёдора Карамазова, воплощает, по мысли Р. Белнапа, тип непостижимого зверства (см.: Belknap R. L. The Genesis of «The Brothers Karamazov»: The Aesthetics, Ideology, and Psychology of Making a Text. P. 57–65).

[66] Достоевский. Т. 4. С. 196, 197.

резких и крупных различений. Действительность стремится к раздроблению. Жизнь своя особенная была и у нас, хоть какая-нибудь, да всё же была, и не одна официальная, а внутренняя, своя собственная жизнь[67].

Понятие «раздробление» Достоевский использует и в «Братьях Карамазовых», описывая чувства Алеши, покидающего дом отца после того, как Дмитрий пытался убить старика: «Ум его был тоже как бы раздроблен и разбросан, тогда как сам он вместе с тем чувствовал, что боится соединить разбросанное и снять общую идею со всех мучительных противоречий, пережитых им в этот день»[68].

«Раздробление» происходит из естественного стремления людей отделиться от объединяющих их общих истин. Это один из факторов, рождающих романтическую тоску по утраченному целому. Как я покажу далее, в конечном счете именно это раздробление, или диверсификация, а не просто условия тюремной жизни объясняет отчужденность каждого арестанта. В действительности отчужденность является одним из условий человеческой жизни[69]. Хотя все обобщения должны подтверждаться эмпирическими наблюдениями, никакое обобщение не может объяснить каждое отдельное «реальное» событие. Если применить это правило к фрагменту об отцеубийстве в 1-й главе первой части, мы увидим, что обе возможности, предложенные повествователем, могли быть верны. Отцеубийство могло быть «феноменом», выходящим за рамки общечеловеческих нравственных законов, или же мог быть верен инстинкт повествователя, основанный на собственном глубоком понимании этих законов, и в этом случае, вопреки всем свидетельствам, отцеубийца мог оказаться невиновен в преступлении, за которое был осужден. Свидетельство редактора о его невиновности содержится в на-

---

[67] Там же. С. 197.

[68] Там же. Т. 14. С. 132.

[69] О разнообразных формах отчуждения в книге см.: Смирнов И. П. Отчуждение в отчуждении: О «Записках из Мертвого дома» // Wiener Slawistischer Almanach. 1981. № 7. P. 37–48.

чале 7-й главы второй части и непосредственно предшествует заявлению рассказчика об ограниченности любого рода обобщений как средства познания реальности.

Примечательно, что, как мы уже сказали, сам Горянчиков так никогда и не узнает о невиновности отцеубийцы; как наблюдатель он никогда не может быть уверен во внутренней жизни других, если только реальность не позволяет ей раскрыться. Поэтому в своих мемуарах, позднее, в 7-й главе второй части, даже прокладывая путь к широчайшим обобщениям о внутренней жизни своих сокамерников, он старается выстроить надежную ограду из квалифицирующих определений для примеров, на которых основана его дедукция. Вот фрагмент, где он рассказывает об арестанте, лишившемся надежды, но верившем, что его поддержит молитва:

> Старик был с виду спокоен (я уже говорил о нем), но по некоторым признакам, *я полагаю*, душевное состояние его было ужасное. Впрочем, у него было свое спасение, свой выход: молитва и идея о мученичестве. Сошедший с ума, зачитавшийся в Библии арестант, о котором я уже упоминал и который бросился с кирпичом на майора, *вероятно*, тоже был из отчаявшихся, из тех, кого покинула последняя надежда...[70]

Как и Тургенев — и вопреки мнению о нем Тургенева, — Достоевский не утверждает, что способен полностью осветить внутреннюю жизнь других[71]. Поэтому осужденные могут раскаиваться, а могут и не раскаиваться, этого мы наверняка не знаем, а Достоевский мог утверждать в 1873 году в отрывке из «Днев-

---

[70] Достоевский. Т. 4. С. 197 (курсив мой. — Д. О.).

[71] Об эстетике Тургенева в этом отношении см. во 2-й главе. В научной литературе уже отмечалось, насколько трудно было Горянчикову понять тюремную среду. См., например: Туниманов В. А. Творчество Достоевского, 1854–1862. Л.: Наука, 1980. С. 93 и след. Самое подробное исследование того, как непознаваемость другого акцентирована Достоевским в психологии и портретах персонажей, см. в работе: Чирков Н. М. О стиле Достоевского. М.: АН СССР, 1963. С. 7–79.

ника писателя», процитированном Р. Джексоном, что они способны к раскаянию. Здесь мы достигаем внешних границ авторефлексии как инструмента для понимания других — и Достоевский осознаёт этот предел. Несмотря на его способность проникновения в чужие души, чужая субъективность в конечном счете остается в его прозе тайной.

Рефлексия и исповедь

Воссоздавая чужую субъективность, автор русской психологической школы в то же время, хотя бы косвенно, являет себя в своих персонажах. В «Записках из Мертвого дома» Достоевский исследует мотив тайной исповеди и ее причины.

О том, что Горянчиков — убийца, мы знаем только из рассказа повествователя-редактора; нигде в своих мемуарах, какими они даны рамочным рассказчиком, сам Горянчиков ни разу не упоминает этого важнейшего факта. Читая его мемуары, следует признать, как это делает Роберт Джексон, что самые глубокие страдания рассказчика — и Достоевского — связаны с его осознанием той глубины ненависти и отчуждения, которые большинство арестантов испытывают к нему и его сословию. По мысли Джексона, «Записки из Мертвого дома» представляют результат успешных усилий повествователя — и в конечном счете Достоевского — в преодолении чувств горечи и страха, вызванных этим открытием. В отличие от Подпольного человека, существа, живущего моментом и неспособного противостоять импульсивным порывам, «Горянчиков-мемуарист (в противоположность арестанту) приобрел верный взгляд на вещи и в результате преодолел все глубоко враждебные чувства, ослепившие его при первых встречах с рядовыми осужденными»[72]. Нравственное самопреодоление Горянчиков совершает благодаря рефлексии, позволившей ему дистанцироваться от собственных «глубоко враждебных чувств».

---

[72] Jackson R. L. The Art of Dostoevsky. P. 45.

Джексон убедительно раскрывает в воспоминаниях Горянчикова следы его личных страданий, но связывает их с утратой свободы и с «глубокими страданиями самого Достоевского», вызванными чувствами злобы и ненависти во время пребывания в заключении[73]. Среди этих следов — история раненого орла, чей страх и стремление к свободе должны отождествляться с чувствами Горянчикова и Достоевского[74]. Но есть и другая, менее воодушевляющая история, с которой Горянчиков также себя отождествляет. Я имею в виду главу «Акулькин муж», единственный рассказ среди десятков в этой книге, который имеет заглавие и выделен в отдельную главу. Очень короткая, эта глава включает и рассказ Горянчикова о том, как он случайно подслушал эту историю; Достоевский в этой вставной новелле, где ее герой, Шишков, убивает из ревности жену (как и Горянчиков), намечает связь героя истории с автором мемуаров[75]. Шишков, убийца и рассказчик истории, также похож на Горянчикова физически. Шишкову, как и Горянчикову, около тридцати лет; редактор-повествователь сообщает во «Введении», что, когда он познакомился с Горянчиковым, тот был «лет тридцати пяти» и, как и Шишков, маленького роста, худой[76]. Духовно, однако, они очень разные. Вот как описывает Горянчикова редактор-повествователь:

---

[73] Ibid. P. 54–57.

[74] Ibid. P. 55–56.

[75] В интерпретации К. Олер (см.: Oeler K. The Dead Wives in the Dead House: Narrative Inconsistency and Genre Confusion in Dostoevskii's Autobiographic Prison Novel // Slavic Review: American Quarterly of Russian, Eurasian and East European Studies 61.3 (Fall 2002). P. 519–534) эта связь служит основой для обсуждения роли социального детерминизма и индивидуальной нравственной ответственности в романе; автор приходит к выводу, что Достоевский не отдает предпочтения ни тому, ни другому, отсюда и «нарративная непоследовательность» во «Введении» и основном корпусе романа в отношении предполагаемого искупления и спасения Горянчикова. Иную интерпретацию функции вставной новеллы см.: Rosenshield G. Akul'ka: The Incarnation of the Ideal in Dostoevskij's «Notes from the House of the Dead» // Slavic and East European Journal 31.1 (Spring 1987). P. 10–19.

[76] Достоевский. Т. 4. С. 6–7, 166.

Если вы с ним заговаривали, то он смотрел на вас чрезвычайно пристально и внимательно, с строгой вежливостью выслушивал каждое слово ваше, как будто в него вдумываясь, как будто вы вопросом вашим задали ему задачу или хотите выпытать у него какую-нибудь тайну, и, наконец, отвечал ясно и коротко, но до того взвешивая каждое слово своего ответа, что вам вдруг становилось отчего-то неловко и вы, наконец, сами радовались окончанию разговора. Я тогда же расспросил о нем Ивана Иваныча и узнал, что Горянчиков живет безукоризненно и нравственно <...> что он страшный нелюдим, ото всех прячется, чрезвычайно учен, много читает, но говорит весьма мало и что вообще с ним довольно трудно разговориться. <...> К тому же у нас все знали его историю, знали, что он убил жену свою еще в первый год своего супружества, убил из ревности и сам донес на себя (что весьма облегчило его наказание). На такие же преступления всегда смотрят как на несчастия и сожалеют о них. Но, несмотря на всё это, чудак упорно сторонился от всех и являлся в людях только давать уроки[77].

Вот Шишков в описании Горянчикова:

Был он небольшого роста, худощавый; глаза какие-то беспокойные, а иногда как-то тупо задумчивые. Случалось ему что-нибудь рассказывать: начнет горячо, с жаром, даже руками размахивает — и вдруг порвет али сойдет на другое, увлечется новыми подробностями и забудет, о чем начал говорить. Он часто ругивался и непременно, бывало, когда ругается, попрекает в чем-нибудь человека, в какой-нибудь вине перед собой, с чувством говорит, чуть не плачет... На балалайке он играл недурно и любил играть, а на праздниках даже плясал, и плясал хорошо, когда, бывало, заставят... Его очень скоро можно было что-нибудь заставить сделать... Он не то чтоб уж так был послушен, а любил лезть в товарищество и угождать из товарищества[78].

---

[77] Там же. С. 6–7.

[78] Там же. С. 166.

По темпераменту Горянчиков и Шишков противоположны. Сделав двух героев похожими физически и поместив их вместе в «рассказ» — такое жанровое определение имеется в подзаголовке главы «Акулькин муж», — Достоевский заставляет вдумчивого читателя сравнивать двух женоубийц. По своей структуре, со вступлением-пояснением, рассказ напоминает рамочные повествования Тургенева. Отличается же он тем, что Горянчиков подслушивает исповедь Шишкова, а не предлагает собственную. Однако сама повествовательная структура, как и поведение Горянчикова в рассказе, предполагают глубокое сходство между двумя персонажами. Избранный Шишковым собеседник — «угрюмый педант, холодный резонер и дурак с самолюбием» Черевин — «совершенно равнодушен» к его рассказу. Но Горянчиков, случайный слушатель Шишкова, прилагает огромные усилия, чтобы его услышать. Поначалу он не может разобрать, о чем они говорят, но внимательно вслушивается, пока не начинает их понимать. Понятно, что его внимание возрастает по мере того, как он понимает, что Шишков тоже убил жену в приступе ревности и гнева. Из «Введения» мы знаем, каким вдумчивым слушателем был Горянчиков; как и в тургеневских рамочных повестях, он занимает в рассказе созерцательное повествовательное пространство, тогда как Шишков — человек действия, исповедующийся в силу внутренней необходимости и в том же импульсивном состоянии, в котором совершает прочие поступки. Как рассказчик истории Шишков должен вновь погрузиться в собственное прошлое, но его мечтательное настроение, в отличие от вдумчивости Горянчикова, отстраненно. Шишков признается в убийстве, не раскаиваясь в нем. Единственным признаком его покаяния становится сама его исповедь, которую он, несомненно, не первый раз судорожно повторяет; равнодушный Черевин, его пьяненькая аудитория, разумеется, его к этому не принуждал и не провоцировал. Мы знаем, что Горянчиков также чувствовал потребность в исповеди. Разбирая бумаги, из которых он извлек «Записки из Мертвого дома», редактор-повествователь обнаружил среди них «повесть» с «какими-то странными, ужасными воспоминаниями, набросанными неровно, судорожно, как будто по какому-то принуждению»[79]. Конечно, это признание Горянчикова в убийстве, вырвавшееся у него, но не опубликованное редактором. Можно предположить, что рассказ «Акулькин муж», надежно удаленный от Горянчикова, но составивший часть его воспоминаний о жизни в остроге, занимает в тексте место написанной им интимной исповеди. Как только это становится очевидным, мы понимаем, что внимательный слушатель Горянчиков находится по отношению к исповеди Шишкова в том же положении, какое занимает созерцательный, рефлексивный человек в рамочных повестях Тургенева по отношению к собственному импульсивно-непосредственному прошлому.

Чистое раскаяние, как правило, молчаливо; исповедь, выходящая за рамки простого подтверждения вины, всегда становится самооправданием, так как *объясняет*, как могло совершиться неправомерное действие. Собственная исповедь Горянчикова могла быть до полной непонятности искажена его раскаянием в содеянном; Шишков спокойнее, он более склонен к самооправданию, и потому его рассказ яснее. Между строк его рассказа мы ощущаем, что чувство вины в нем поверхностно, что в рассказчике нет свободы. По отношению к Шишкову Горянчиков занимает такое же положение, как его сознание по отношению к собственным поступкам, совершенным, подобно Шишкову, под властью страстей, ему не понятных. Горянчиков винит себя в своем преступлении, а Шишков — нет[80]. Достоевский предлагает сложный параллелизм, делая Горянчикова и Шишкова физически похожими, но духовно противоположными.

---

[79] Там же. С. 8. Эти «судорожные» воспоминания, никогда не предназначавшиеся для печати, отражали кровоточащие эмоции человека, чья фамилия может прочитываться как производная от глагола «гореть» и существительного «горе».

[80] Льюис Бэгби предполагает, что Шишков потенциально мог испытывать раскаяние во время исповеди. См.: Bagby L. Dostoyevsky's «Notes from a Dead House»: The Poetics of the Introductory Paragraph // Modern Language Review. 1986. № 1. P. 139–152. Мог, но не раскаивался; мы уверены в том, что Горянчиков действительно раскаивался.

В психологическом реализме исповедь необходима, она представляет собой прямое высказывание субъекта. Проблема, конечно, заключается в том, что откровенная публичная исповедь в такой же степени составляет акт самооправдания, как и рефлексии[81]. Писатели могут исповедоваться во всем, скрываясь за собственным текстом, и именно так поступают представители русской психологической школы. Говоря голосами других, автор может высказать правду, которую он, возможно, узнал из самоанализа, без характерных для открытой исповеди жалоб. Вероятно, именно мастерское использование Достоевским механизма «рефлексии» сделало его особенно внимательным к тому, чтобы очистить свои произведения от субъективности и создать как можно большую дистанцию между собой как повествователем и завершенным текстом. Эту необходимость он демонстрирует в «Записках из Мертвого дома» тем же способом, каким Горянчиков вводит в повествование свое страшное преступление. В 1-й главе первой части он сообщает, что у каждого арестанта «была своя повесть, смутная и тяжелая, как угар от вчерашнего хмеля»[82]. Слово «повесть» здесь — то же слово, которым редактор-повествователь называет «странные, ужасные воспоминания» Горянчикова. Вместо того чтобы рассказать собственную историю, Горянчиков включает в текст чужую — рассказ «Акулькин муж», в который он горячо вслушивался, проснувшись среди ночи, как будто это был его собственный кошмарный сон.

Как и Достоевский, Горянчиков — писатель, поэтому Достоевский мог использовать его для демонстрации тех элементов творческого процесса, которые предпочитал не обсуждать напрямую. Страхов утверждал, что Достоевский не знал об автобиографической основе многих своих персонажей; в противном случае это могло помешать его творчеству. Но мы знаем точно, что отношения между личностью писателя и его материалом занимали

---

[81] Об этой проблеме в произведениях Достоевского см.: Miller R. F. Dostoevsky and Rousseau: The Morality of Confession Reconsidered // Robert L. J., ed. Dostoevsky: New Perspectives. Upper Saddle River, NJ: Prentice-Hall, 1984. P. 82–97.

[82] Достоевский. Т. 4. С. 11.

Достоевского. Об этом свидетельствует роман «Униженные и оскорбленные», опубликованный в 1861 году (сразу после «Записок из Мертвого дома»), где повествователем является умирающий писатель. Первоначальный подзаголовок романа, впоследствии отброшенный, был «Из записок "неудавшегося литератора"»[83]. Эксплицируя в персонаже личный элемент, Достоевский отдал ему собственное прошлое: первую книгу автора, в которой узнаваемы «Бедные люди», читает и хвалит Белинский[84]. В «Записках из Мертвого дома» опыт жизни Горянчикова в остроге близок опыту Достоевского в том, что он приходит к пониманию товарищей по заключению (и к большему отождествлению себя с ними). В отличие от Горянчикова, Достоевский не совершал убийства, но можно с уверенностью сказать, что он мог испытывать жестокие чувства, способные, по его представлению, привести к убийству, и, как Горянчиков, стыдился этих чувств. Не вызывает сомнения и то, что потребность в исповеди и одновременное желание скрыть собственную личность питали страстное стремление Достоевского к творчеству. Одним из образцов для его исповедального искусства была «Исповедь» Руссо, с которой Белинский сравнил его в письме к П. В. Анненкову незадолго до того, как порвал отношения со своим бывшим протеже. Прочитав «Исповедь», Белинский, по его признанию в письме, «возымел сильное омерзение» к ее автору: «Он так похож на Достоевского, который убежден глубоко, что все человечество завидует ему и преследует его»[85].

С одной стороны, здесь Белинский говорит о Руссо как о человеке и сравнивает его с Достоевским-человеком; с другой стороны, важно, что его представление о личности Руссо формируется из чтения «Исповеди». Белинский, как и Достоевский, как и другие русские читатели «Исповеди», полагает, что Жан-Жак, повествователь в этом произведении, идентичен автору. Досто-

---

[83] Подзаголовок впоследствии был изменен на «Роман в четырех частях»; наблюдения Страхова см. в его «Воспоминаниях о Федоре Михайловиче Достоевском».

[84] Достоевский. Т. 3. С. 211, 188, 324.

[85] Белинский В. Г. Полн. собр. соч. Т. 3. С. 338 (письмо от 15 февр. 1848 г.).

евский, чтобы читатели не отождествляли его с повествователями-писателями в его произведениях, говорящими от первого лица, или дает им другие имена, или отделяет себя от них с помощью вымышленного персонажа, например редактора.

«Исповедь» Руссо, основополагающий для Нового времени пример жанра, действительно полна самооправданий и, особенно в поздних частях, жалоб на современников. В этом отношении это несбалансированное и даже раздражающее произведение, но это не значит, что в ней не изображены подлинные страсти и тревоги отдельного человека. Возможно, в своей открытости «Исповедь» честнее любого произведения Достоевского, ей подражающего. Рене Жирар в своей блестящей и эксцентричной книге о Достоевском помещает Руссо и Достоевского в литературный проект того времени, назвав его «романтическим манихейством», где последекартовское человеческое «я» желает для себя Божественности и в то же время продолжает ждать одобрения и поддержки от других.

> Литература мобилизуется в конфликте Я и Другого, начиная играть оправдательную роль, которую мы всё еще отмечаем в ней в наше время. Руссо подтверждает, что, вооруженный «Исповедью», он предстанет перед высшим трибуналом. Книга Жизни вытесняется книгой его жизни[86].

Жирар восхищается Достоевским, потому что он, в отличие от Руссо в «Исповеди», сопротивляется искушению самопрославления, и мы можем быть уверены, что Достоевский действительно в этом смысле отделял себя от Руссо. В критических работах о Достоевском и Руссо внимание сосредоточено на различии между ними в этом отношении и, следовательно, на мнимом моральном превосходстве русского автора. Исключение составляет Жак Катто, признающий вклад Руссо в грандиозный художественный проект Достоевского, отдельные произведения которого стали лишь частичной его реализацией:

---

[86] Girard R. Resurrection from the Underground / ed. and trans. J. G. Williams. New York: Crossroad, 1997. P. 96.

> Он принял подход Руссо. <...> Он вернулся в детство героя, чтобы осветить тайну человека, начав с девственной страницы, где должны быть написаны первые буквы, то есть где возможности его безграничны. Он предвидел историю его жизни так, чтобы человек мог признать и увидеть бесконечные возможности опыта и духовного выбора в том виде, в каком они были сделаны и подготовлены[87].

Первый импульс Достоевского — исповедальный, чем объясняется, опять же по словам Катто, его мечта о грандиозном романе, героем которого стал бы такой индивидуум, который способен «пройти через все этапы и противоречия человеческого духа. Его искушала идея заключить все человечество в одном человеке и подвергнуть этого человека оргии всечеловеческого опыта»[88]. Индивидуальность, о которой пишет Катто, необходима для того, чтобы отделить Достоевского от его героя. В том, какими способами, начиная с самоанализа, он вновь и вновь достигал этого разделения, — ключ к его методу в целом. В дополнение к знаменитым самооправдательным начальным декларациям в «Исповеди», в этом плодотворном произведении есть еще одно место, которое молодой русский автор мог прочитать с благоговением и почитанием. Процитирую выдержки из него.

> Непостижимым для меня самого образом два свойства, почти несовместимые, сливаются во мне: очень пылкий темперамент, живые, порывистые страсти — и медлительный процесс зарождения мыслей: они возникают у меня с большим затруднением и всегда слишком поздно. Можно подумать, что мое сердце и мой ум не принадлежат одной и той же личности. Чувство быстрее молнии переполняет мою душу, но вместо того чтобы озарить, оно сжигает и ослепляет меня. Я все чувствую — и ничего не вижу.

[87] Catteau J. Dostoevsky and the Process of Literary Creation / transl. Audrey Littlewood. Cambridge: Cambridge University Press, 1989. P. 221. Еще одну блестящую оценку важности Руссо для Достоевского см. в работе: Murav H. Dostoevskii in Siberia: Remembering the Past // Slavic Review: American Quarterly of Russian, Eurasian and East European Studies 50.4 (Winter 1991). P. 864–865.

[88] Catteau J. Dostoevsky and the Process of Literary Creation. P. 222.

Выйдя из равновесия, я тупею; мне необходимо хладнокровие, чтобы мыслить. <...> Эта медлительность мысли, соединенная с живостью чувства, бывает у меня не только в разговоре, но даже во время работы и когда я один. Мысли размещаются у меня в голове с невероятнейшей трудностью; они двигаются там вслепую, приходят в такое брожение, что волнуют меня, разгорячают, доводят до сердцебиения; и среди всей этой сумятицы я ничего не вижу ясно, не могу написать ни слова; я должен ждать. Потом незаметно эта буря стихает, хаос проясняется, каждый предмет становится на свое место, — но медленно и после долгого и смутного волнения. Не случалось ли вам быть в опере в Италии? В больших театрах при перемене декорации довольно долго царит неприятный беспорядок; все декорации перемешаны, их тянут во все стороны, так что на это трудно смотреть; кажется — все обрушится; между тем понемногу все улаживается, каждый предмет оказывается на месте, и с удивлением видишь, что за этой долгой суматохой следует восхитительный спектакль. Приблизительно то же самое совершается и в моем мозгу, когда я собираюсь писать. Если б я умел ждать, а потом уже передавать во всей красоте обрисовавшиеся в нем предметы, не многие авторы превзошли бы меня. <...> Мне трудно не только выражать мысли, — мне трудно даже воспринимать их. Я изучал людей и считаю себя довольно хорошим наблюдателем; однако я ничего не умею видеть из того, что вижу в каждую данную минуту; я хорошо вижу лишь то, что вспоминаю, и умен только в своих воспоминаниях. В том, что говорится, делается, происходит в моем присутствии, я совершенно не могу разобраться. Внешний признак — вот все, что поражает меня. Но потом все это возвращается ко мне: я помню место, время, интонацию, взгляд, жест, обстоятельства; ничто не ускользает от меня. Тогда, на основании того, что было сказано или сделано, я устанавливаю, какие мысли за этим скрывались, и редко ошибаюсь[89].

Хотя и не говоря об этом открыто, Руссо рассказывает, как пришел к написанию «Исповеди»; через процесс рефлексии, бо-

---

[89] Руссо Ж.-Ж. Исповедь // Руссо Ж.-Ж. Избранные сочинения: в 3 т. М.: ГИХЛ, 1961. Т. 3. С. 105–106; пер. М. П. Розанова.

лезненно, но последовательно, он превращал свои ощущения в мысли и, следовательно, в организованный текст. Достоевский с его неустойчивым темпераментом мог узнать себя в этом описании. Прочитав различные самооправдательные эпизоды в «Исповеди», он мог, однако, считать себя более искушенным в очищении собственной прозы от субъективной предвзятости, которую находит у Жан-Жака. Подобно Алеше Карамазову, который «формулирует и контролирует свое альтер эго в жизнеописании Зосимы», Достоевский предпочитает избегать непосредственного внимания к себе своих читателей[90]. В качестве пародии на «Исповедь» Руссо «Записки из подполья» призваны установить, что никакая прямая исповедь не становится искренним раскаянием[91]. Это утверждение уже было заявлено в «Униженных и оскорбленных» в словах злодея князя Вальковского о том, что никто не способен признаться не только другим, но даже и себе в самых страшных истинах о самом себе[92].

Лидия Гинзбург размышляет об «Исповеди», когда пишет: «Одно из основных открытий Руссо — это именно открытие нового, незнакомого эпохе классицизма отношения между творчеством писателя и его личностью; личность стала определять творчество, восприниматься как источник его специфики»[93]. В конце концов, и без какой-либо видимой прямой связи, этот тип прозы ведет к концепции «органического» искусства Белинского, согласно которой такие произведения, как «Герой нашего времени», отражают личность своего создателя. Достоевский является самым субъективным из представителей русской психологической школы, потому что он более других настаивает на уникальности каждой отдельной личности. Это значит, что он не

[90] Griffiths F. T., Rabinowitz S. J. Novel Epics: Gogol, Dostoevsky and National Narrative. Evanston, IL: Northwestern University Press, 1990. P. 134.

[91] Howard B. F. The Rhetoric of Confession: Dostoevskij's «Notes from Underground» and Rousseau's «Confessions» // Miller R. F., ed. Critical Essays on Dostoevsky. Boston: G. K. Hall, 1986. P. 64.

[92] Достоевский. Т. 3. С. 361.

[93] Гинзбург Л. Я. О психологической прозе. Л.: Худож. лит., 1977. С. 204–205.

может полагаться на общие законы человеческой природы, которые позволили бы ему в полной мере проникнуть во внутреннюю жизнь любого другого человека. Он создает персонажи, которые, когда мы пытаемся разобраться в их поступках и речах, оказываются, с одной стороны, непредсказуемыми и загадочными, с другой — подчиняющимися общим психологическим законам (по крайней мере, глядя в свое прошлое). Чтобы сделать своих героев полностью понятными, он должен вливать в них в дистиллированном виде свой опыт и свою личность, но таким образом, чтобы это оставалось скрыто от читателя. В «Записках из Мертвого дома» Достоевский показывает, как он это делает. Несмотря на свою нелюбовь к Руссо из-за его нравственных падений, Достоевский, как Тургенев и Толстой, следует его примеру в создании психологической прозы, используя саморефлексию для проникновения в сознание человека, для раскрытия даже его самых постыдных тайн. В последних двух главах этой книги мы продолжим рассматривать темные стороны человеческой природы, которые делают такими трудными как подлинную рефлексию, так и подлинную исповедь.

Глава восьмая

Детство у Диккенса, Достоевского и Толстого

> Все выходит хорошим из рук Творца, все
> вырождается в руках человека[1].

Не случайно, что именно Жан-Жак Руссо, основатель культа искренности и адвокат субъективности, стал также первым мыслителем, сделавшим детство в своем «Эмиле» темой философской книги. Если, как он утверждал, люди по своей природе благонамеренны, то все зло, которым изобилует человеческая жизнь, должно быть воспринято как аберрация, вызванная либо дурным воспитанием, либо жизненными неудачами. Сами дети, приходя в мир, не виноваты в пороке. Важнейшее в их невинности — отсутствие самосознания, а оно, приобретенное тем или иным способом, не так-то легко изгоняется из человеческой души.

Как следует из предыдущих глав, Руссо оказал значительное влияние на всех трех авторов, главных героев этой книги. Все трое верили в природную добродетельность детей. Даже у Тургенева есть известная повесть, «Первая любовь», в которой невинный юный герой становится свидетелем, не понимая происходящего, любовной истории между своим отцом и соседкой, в которую он сам влюблен; невинная детская психика также изображается Тургеневым в одном из рассказов «Записок охот-

---

[1] Начальные строки «Эмиля» Руссо (Руссо Ж.-Ж. Педагогические сочинения: в 2 т. М.: Педагогика, 1981. Т. 1. С. 24; пер. П. Д. Первова).

ника», в «Бежином луге». Однако детству он уделяет относительно мало внимания; на раннем этапе творчества его исследование естественного добра (о чем шла речь в 5-й главе) преимущественно сосредоточено на крестьянах и их отношении к природе. Для Достоевского и Толстого, напротив, детство было настолько важно, что есть все основания утверждать, что переход от детства к взрослости был в их творчестве доминирующей темой[2]. Задача этой главы — обнаружить сходства и различия двух авторов в их понимании детства. Как мы сверх того увидим, в изображении детства общим знаменателем у них был Чарльз Диккенс.

Толстой начинает верой в природную добродетель, которую черпает у Руссо. Достаточно вернуться к своему естественному «я», сознательно или случайно, чтобы стать и добродетельным, и счастливым. Такова его позиция в неопубликованном отрывке 1851 года «История вчерашнего дня»: «Добро всегда в душе нашей и душа добро; а зло привитое». «Сними грубую кору с бриллианта, в нем будет блеск; откинь оболочку слабостей, будет добродетель» — так начинающий автор изображал отношения добродетели и порока[3]. Добродетель, кроме того, не просто состоит в «самоотвержении», она делает нас счастливыми («Добродетель дает счастье потому, что счастье дает добродетель»).

Первой публикацией Толстого в 1852 году стало новаторское, сразу получившее признание «Детство». За ним в 1854 году последовало «Отрочество» и в 1857-м — «Юность». Как видно из названий, три повести образуют трилогию, предметом которой является развитие, движение от детства к взрослой жизни; «Детство» и было задумано изначально как первая часть большого произведения под названием «Четыре эпохи развития». Из трилогии можно извлечь следующее положение. Пока мы остаемся детьми, у нас нет необходимости в совести, и в этом счастье.

[2] Это общее место в критической литературе о Толстом; что касается Достоевского, то о своем особом интересе к этой возрастной группе он заявил в «Дневнике писателя» за 1876 год (Декабрь, гл. 2, ч. 1; Достоевский. Т. 24. С. 55–59). См. также: Catteau J. Dostoevsky and the Process of Literary Creation / transl. Audrey Littlewood. Cambridge: Cambridge University Press, 1989. P. 226–227.

[3] Толстой. Т. 1. С. 290, 291.

Невинность делает детей как счастливыми, так и добродетельными. В отрочестве, по мере развития страстей и нашего эго, для их обуздания возникает необходимость в моральных «убеждениях», или принципах, которые герой трилогии, Николенька, теряет одно за другим, по мере того как испытывает на гибкость свой сверхамбициозный интеллект (глава 19-я, озаглавленная «Отрочество»). Толстому неясно, откуда берутся эти убеждения, но в «Юности», начинающейся с нравственных решений героя, вдохновленных весной, высказано предположение об их связи с природой. В своих выдающихся произведениях, особенно в «Войне и мире» и в меньшей степени в «Анне Карениной», Толстой пытается со всей определенностью показать возможность возникновения связи между добродетелью и счастьем, или самореализацией, при простом подчинении человека ритмам природы.

Достоевский исходит из близкой, но все же иной традиции. Он тоже верит в добродетельность детства, но определяет ее как нечто даже более высокое, чем она представлялась Толстому. При этом только самые маленькие дети у Достоевского совершенно добры и невинны; с раннего возраста дети подвержены извращениям. Так, в 10-й книге «Братьев Карамазовых» отвратительный Смердяков выступает искусителем маленького Ильи Снегирева, предложив ему скормить голодной бродячей собаке кусок хлеба с иголкой внутри. У взрослого человека добрые импульсы и опыт детства остаются подземным источником и пробиваются на поверхность более или менее часто в зависимости от индивидуальности и обстоятельств. Вероятно, потому, что добродетель раннего детства — явление высокого и, возможно даже, неземного порядка, она редко направляет наши действия. Персонажи Достоевского часто видят добро, но не способны делать добро. Непреодолимая грань разделяет их добрые намерения и лежащие в их природе эгоистические желания. На Достоевского могли оказать влияние «Письма об изучении природы» Герцена, публиковавшиеся в «Отечественных записках» в 1845–1846 годах[4]. Собственные произведения Достоевского печатались в те же

---

[4] Об этой работе Герцена см. в главе 1.

годы в том же журнале, и он его, безусловно, читал. В 1872 году он отрекомендовал герценовские письма как образец лучшей философии во всей Европе. В 1864 году в записках у гроба умершей жены Марии Дмитриевны он, может быть, ссылался на них, утверждая, что стремление к добру противоестественно[5]. Герцен в «Письмах...» отдает должное Руссо за его критику искусственности и несправедливости общественного устройства, но отвергает идею возврата к природе. Движение в прошлое противоестественно, утверждает он:

> ...формы исторического мира так же естественны, как формы мира физического! Но знаете ли вы, что в самой природе, в этом вечном настоящем без раскаяния и надежды, живое, развиваясь, беспрестанно отрекается от миновавшей формы, обличает неестественным тот организм, который вчера вполне удовлетворял?[6]

Природа для Герцена — «вечное настоящее без раскаяния и надежды». Мораль обретает форму в истории, движимой, но не формируемой непрерывным развитием, или чистой природной витальностью, человечества. Достоевский не атеист, как Герцен, но он философски ориентирован на исторические формы и на будущее; для него, как и для Герцена, природа тоже необходима, но она морально нейтральна. Молодой Толстой ориентирован на прошлое и на природу, которые учат самовоздержанию и самопреодолению во имя моральной гармонии.

В произведениях Достоевского много запоминающихся портретов детей, кульминацией стало создание вместе с «Братьями Карамазовыми» целого детского сообщества. Предшествующий роман «Подросток» также представляет собой подробное исследование подростковой психологии, в особенности проблемных отношений сына с отцом. В роли детского психолога Толстой был и вдохновителем, и соперником Достоевского. В сибирской ссыл-

---

[5] Достоевский. Т. 20. С. 175, 364–365.

[6] Герцен А. И. Собр. соч.: в 30 т. М.: Изд-во АН СССР, 1954. Т. 3. С. 92 («Письма об изучении природы»).

ке Достоевский впервые узнал о Толстом как авторе повести «Отрочество» (подписанной инициалами), которую прочитал в «Современнике» в 1855 году[7]. Начиная с романа «Униженные и оскорбленные» (1861) Достоевский в своих опубликованных текстах неоднократно, прямо или косвенно, ссылался на те или иные ситуации в трилогии Толстого. В 1869 году он задумал серию повестей, первая из которых, с очевидной отсылкой к Толстому, должна была называться «Детство»[8]. Важнейший нереализованный романный замысел этого периода «Житие Великого грешника», давший три главных романа 1870-х («Бесы», «Подросток» и «Братья Карамазовы»), также произрастал из этого начала. В заметках к «Житию Великого грешника» Достоевский прямо противопоставлял своего героя Николеньке Иртеньеву, герою «Детства» и «Отрочества»[9]. Как мы увидим, он учился у автобиографической трилогии Толстого и в то же время полемизировал с ней.

Детство у раннего Достоевского

Впервые Достоевский обратился к детской теме в 1840-х, то есть до того, как Толстой начал публиковаться. Как и Толстой, он верил в естественную добродетель детей[10]. В то же время дети, с его точки зрения, сверхчувствительны к разного рода побудительным мотивам, что ведет как к добрым, так и к дурным результатам в процессе их воспитания. В самой ранней повести Достоевского, в «Бедных людях» (1846), содержится панегирик, произнесенный ее главной героиней Варенькой. В рассказе «Елка

---

[7] Достоевский. Т. 28. Кн. 1. С. 184. Взвешенное исследование отношений Толстого и Достоевского в этом ракурсе см.: Бем А. Л. Толстой и Достоевский // О Достоевском. Сб. статей / под ред. А. Л. Бема. Прага: Петрополис, 1936. С. 167–214.

[8] Достоевский. Т. 9. С. 502.

[9] Там же. С. 128.

[10] В этом отношении Достоевский был в большей степени учеником Руссо, чем полагает Ж. Катто (см.: Catteau J. Dostoevsky and the Process of Literary Creation. P. 221).

и свадьба» (1848) в рождественский вечер развратный старик испытывает влечение к красивой и невинной девочке, наследнице родителей, и спустя несколько лет женится на ней. Не законченная, но опубликованная повесть «Неточка Незванова» (1849) рассказывает о безрадостном детстве женщины, которая впоследствии станет знаменитой певицей. «Маленький герой» (написан в 1849 году, опубликован в 1857-м) повествует о первой, бессознательной страсти одиннадцатилетнего мальчика к красивой женщине. Чтобы произвести впечатление на свою избранницу, он скачет верхом на необъезженной лошади, на что не решается превосходящий его возрастом, но более осторожный ухажер. Когда он становится свидетелем ее свидания с любовником, а затем видит, как она роняет пачку писем, он находит способ вернуть письма, не представляясь ей. В поступках мальчика нет ни следа эгоистической мотивации, «маленький герой» ведет себя с бессознательным благородством. Поэтому Достоевский имел основания сравнить рассказ, написанный им в Петропавловской крепости в ожидании суда по обвинению в госизмене, с «тихими, хорошими, добрыми снами»[11]. Что отличает мальчика от взрослых влюбленных, так это чистота его любви, а значит, и готовность пожертвовать собой ради нее. Неточка Незванова также изображается как чистая душа, чье дурное обращение с матерью вызвано лишь «фантастической, исключительной любовью» к отчиму[12]. Позже она влюбляется в княжну Катю, и снова источник этой любви, как бы она позднее ни развивалась, предстает чистым — в данном случае это любовь к физической и духовной красоте Кати[13]. Неточка, наконец, покоряет сердце Кати, когда безоговорочно берет на себя вину, а затем и наказание за проступок, совершенный ее другом.

В ранних портретах детей у Достоевского нет подробных рассказов о детстве, предшествующих началу юности. Только разрозненные детали дают представление о том, каким его тогда мог

---

[11] Достоевский. Т. 2. С. 506.

[12] Там же. С. 164.

[13] Там же. С. 207.

видеть автор. (В поздних вещах, вплоть до «Братьев Карамазовых» и включая их, представлена более полная картина.) Варенька в «Бедных людях» вспоминает идиллическое раннее детство, которому она противопоставляет свое позднейшее несчастливое существование[14]. Она вспоминает «широкое, светлое, чистое, как хрусталь», озеро, «в двух шагах» от дома, под горой. На озере чайка — как одинокая душа — «то окунется в холодной воде, то опять вспорхнет и утонет в тумане»[15]. В этом раннем романтическом образе озеро и связанная с ним образность функционируют как объект, соотносимый с пониманием Достоевским раннего детства как сна сознания.

Неточка Незванова хранит в памяти лишь несколько детских впечатлений «до девятого года», являющихся ей «как будто во сне»[16]. Но с момента, когда она «начала сознавать себя», как будто «очнулась вдруг <...> от глубокого сна», она среди несчастных обстоятельств «развилась быстро, неожиданно»[17]. Ее первое подробное воспоминание — о ссоре между родителями[18]. Во время ссоры и после нее она необъяснимым образом проникается «безграничной любовью» к отчиму и занимает его сторону, ненавидя мать и боясь ее. В прозе Достоевского Неточка становится первой в длинной череде несчастных и неестественно задумчивых детей из неблагополучных семей.

Непосредственным литературным образцом для Достоевского при изображении как добродетели детства, так и детского несчастья был Чарльз Диккенс, который в «Оливере Твисте» (1838) и в «Лавке древностей» (1840) «поставил ребенка в центр романа для взрослых», что в то время было «практически неизвестно»[19].

---

[14] Там же. Т. 1. С. 27.

[15] Там же. С. 83.

[16] Там же. Т. 2. С. 158.

[17] Там же. С. 159.

[18] Там же. С. 159–160.

[19] MacPike L. Dostoevsky's Dickens: A Study of Literary Influence. Totowa, NJ: Barnes and Noble, 1981. P. 23. Автор цитирует работу: Tillotson K. Novels of the 1840s. Clarendon Press [Oxford UP], 1983.

Диккенс приобрел в России чрезвычайную популярность в течение 1840-х. «Оливер Твист» был опубликован в 1841 году, «Лавка древностей» появилась в 1843 году в «Библиотеке для чтения», а затем отрывок романа под заглавием «Нелли (Рассказ Чарльза Диккенса)» — в «Москвитянине» в 1847 году. Роман «Домби и сын» об одиноком детстве маленькой девочки, нелюбимой эгоистичным отцом, стал сенсацией 1847–1848 годов, опубликованный одновременно в двух самых популярных журналах — «Современнике» и «Отечественных записках»[20]. Неудивительно, что критика видела сходство между Флоренс и Полем Домби и детьми, изображенными в «Неточке Незвановой»[21].

В своих самых ранних произведениях Диккенс подчеркивает невинность и доброжелательность даже в тех детях, которые подверглись насилию[22]. Оливер Твист, например, остается добрым мальчиком среди всех своих страданий. Маленькая Нелли из «Лавки древностей» настолько свята, что многие читатели — особенно литературные критики — ее возненавидели. Открыто ссылаясь на Диккенса и этот его роман, Достоевский дал имя Нелли в «Униженных и оскорбленных» осиротевшему ребенку, которого повествователь спасает и берет к себе жить[23]. Критики использовали этот пример, сравнивая Нелли Достоевского с маленькой героиней Диккенса и заявляя о его превосходстве как реалиста над английским романистом. Независимо от того, усовершенствовал Достоевский Диккенса или у него просто был

---

[20] Всю библиографическую информацию см.: Катарский И. М., Фридлендер Г. М. Чарльз Диккенс: Библиография русских переводов и критической литературы на русском языке, 1838–1960. М.: Изд-во Всесоюз. книжной палаты, 1962. См. также во вступлении об исключительной популярности Диккенса в России с начала 1840-х.

[21] Первым был А. В. Дружинин (см.: Дружинин А. В. Собр. соч.: в 6 т. СПб., 1865. Т. 6. С. 63 66). Он предположил, что имя собаки Фальстаф отсылает к собаке Диогену в «Домби и сыне», а английское имя Фальстафа служит намеком на продолжение.

[22] См.: Катарский И. М. Диккенс в России. Середина XIX века. М.: Наука, 1966. С. 390.

[23] Достоевский. Т. 3. С. 526.

шире взгляд на действительность[24], в «Униженных и оскорбленных» он совершенствует себя, создавая персонаж, который
больше, чем Неточка Незванова, и больше, чем ее прообраз
Флоренс Домби, психологически изувечен причиненным ей злом.
Как бы ни был жесток по отношению к ней отец, Флоренс не
перестает любить его. Как бы ни использовал ее отчим и как бы
плохо ни обращался с ее матерью, Неточка любит его так же, как
позднее будет любить княжну Катю, как бы Катя ни мучила ее.
У маленькой Нелли Диккенса нет ни одного недоброго побуждения, тогда как Нелли Валковская борется с несколькими. Она
страстно любит Ваню (рассказчика) и в то же время пытается
избежать этой любви как потенциального источника зависимости
и страданий. Не стоит забывать, однако, что добро в конце концов
одерживает победу в Нелли, которая, как и маленькая Нелли
у Диккенса, жертвует жизнью ради Вани и своих новых друзей.
Поэтому, создавая эту героиню, Достоевский отдает дань Диккенсу как единоверцу, признающему и существование добродетели, и ее уязвимость в мире зла[25].

Как бы ни были важны для Достоевского диккенсовские портреты добрых детей, английский писатель предложил юному
автору более детализированное изображение детства, чем принято считать[26]. Как и Достоевский, он, с одной стороны, иногда
изображает обычных здоровых детей, каковы, например, школь-
ники в «Лавке древностей». Даже у маленькой Нелли было
счастливое детство. В 1-й главе она еще способна смеяться смехом

---

[24] Л. Макпик предлагает психологическое прочтение образа маленькой Нелли,
и если предположить, что доверчивость составляет главную черту девочки,
то можно выстроить мост между Диккенсом и Достоевским. См.: MacPike L.
Dostoevsky's Dickens: A Study of Literary Influence. P. 54–91.

[25] Н. Лари говорит о двух Нелли, каждая из которых представляет собой
«фигуру, символизирующую потребность человека в идеале» (Lary N. M.
Dostoevsky and Dickens: A Study of Literary Influence. London and Boston:
Routledge and Kegan Paul, 1973. P. 47).

[26] Особенно полезна с точки зрения исследования изменений и вариаций
в отношении Диккенса к детям работа: Wilson A. Dickens on Children and
Childhood // Michael Slater, ed. Dickens 1970. New York: Stein and Day, 1970.
P. 195–227.

«детским и полным веселья», а в 61-й главе Кит, находясь в заключении, ностальгически вспоминает более счастливые времена и их общий смех — до того, как страсть ее деда к азартным играм разрушила жизнь Нелли. На страдания Нелли отвечает тем, что становится мученицей добродетели, но Диккенс не больше, чем Достоевский, отрицает почти непреодолимое воздействие внешнего зла на здоровые души. В «Оливере Твисте», например, есть плохие дети, такие как Ноа Клейпол, Ловкий плут (ровесник Оливера) и, возможно, самый заметный среди них сводный брат Оливера Эдвард Лифорд (Монкс), который «с младенчества отталкивал [своего отца] холодностью и отвращением» (глава 51-я). Сцены, когда Оливер возвращается в общество преступников после того, как Фейгин оставил его в одиночной камере, и с радостью чистит сапоги Ловкому плуту; и когда он от души смеется над рассказами Фейгина о совершенных им ограблениях, демонстрируют проверенный и до сих пор успешно действующий метод Фейгина по перегонке в юные души яда порока[27].

Оливер остается невредимым после унижений Фейгина, тогда как Аркадий Долгорукий в «Подростке» со всей очевидностью меняется и развращается в школе, где директор ставит своей целью раздавить его. А как же Соня Мармеладова в «Преступлении и наказании» или мать Аркадия Долгорукого, которую тоже зовут Соней? Мы ничего не знаем о детстве этих персонажей, хотя благодаря им узнаём, что у Достоевского, как и у Диккенса, добрые души способны полностью избежать воздействия зла.

---

[27] Б. Харди дает выразительное описание этой сцены и «детей-ангелов», таких как Оливер и Нелли, с их речью, «чистой и не принадлежащей ни к какому социальному классу, с их добродетелью, не тронутой развратом», которые «как будто созданы из вещества, отличающегося от остального мира». Но Харди также отмечает, что эти не подверженные извращениям дети появляются «в романах, которые не только знают о предрешенности их судьбы, но этим в сущности и озабочены: отношение к членам воровской шайки, к Нэнси, которая признаётся, что не может уйти с улицы, и заговор с целью растления Оливера, — все это свидетельства того, что центром развития действия Диккенс делает идею развращенного человека» (Hardy Barbara. The Moral Art of Dickens. London: Athlone Press, 1970. P. 4–7).

Зло существует в художественных мирах обоих писателей, но оба они, судя по всему, полагали, что мы рождаемся невинными и развращаемся только впоследствии. Оба писателя приводят примеры абсолютного и необъяснимого зла взрослых, тогда как ни один из них не приводит убедительного примера детского врожденного зла. Риго Бландуа (из «Крошки Доррит») — это сплошное зло, но мы ничего не знаем о его прошлом. У Монкса, сводного брата Оливера Твиста, чье детство дано лишь в наброске, зло представляется извращением, а не естественной предрасположенностью. Причиной его «бунтарских наклонностей, пороков, злобы и преждевременных дурных страстей» стало то, что мать с детства учила его ненавидеть отца. Зло в Монксе неестественно, болезненно, о чем свидетельствуют случающиеся с ним припадки. Джонас Чезлвит становится убийцей, пройдя школу собственного отца, который учит его быть совершенно эгоистичным, а впоследствии пожинает горькие плоды своего воспитания, когда сын торопит его в могилу («Мартин Чезлвит», 1844). Стирфорт в «Дэвиде Копперфильде» (1850) злые поступки совершает из-за недисциплинированной воли, которую в нем скорее поощряет, чем обуздывает его мать. Здесь Диккенс создает новое психологическое объяснение байронического героя. Как и Катя в «Неточке Незвановой» (опубликованной до «Дэвида Копперфильда»), Стирфорт испорчен, развращен, но в сущности он красив, каким и представляется Дэвиду. У Достоевского даже Петру Верховенскому («Бесы») и Смердякову («Братья Карамазовы») дана возможность родиться если не красивыми, то невинными. Обладающий сильной волей Ставрогин избалован матерью и развращен воспитанием Степана Верховенского.

Детство у Толстого

Как отдаленным прообразом «Неточки Незвановой» служил «Домби и сын» с историей о нелюбимом и несчастном ребенке, так «Дэвид Копперфильд», впервые опубликованный в России в 1849 году в журнале «Москвитянин», а затем одновременно в 1851 году в «Москвитянине» (снова!), «Современнике» и «Отечественных записках»[28], вдохновлял Толстого и влиял на него во время работы над «Детством»[29]. В письме от 25 октября 1891 года к М. М. Ледерле Толстой назвал этот роман среди книг, оказавших на него «огромное» влияние в юности[30]. В «Дэвиде Копперфильде» Диккенс обращался к собственной жизни, чтобы придать особую живость и яркость рассказу об отрывочных впечатлениях и воспоминаниях счастливого, здорового ребенка. Следуя в этом за Диккенсом, Толстой создал образец русского детства для всех последующих русских писателей, обращавшихся к этой теме[31]. Кроме того, автобиографическая основа образа Дэвида Копперфильда позволила Диккенсу создать более завершенный характер, чем все до тех пор им созданные. Психологическая усложненность характера Дэвида Копперфильда сделала его прообразом для Николеньки Иртеньева в толстовском «Детстве», сочетающем «диккенсовские или гоголевские индивидуализирующие детали с психологическим анализом Стендаля»[32].

---

[28] См.: Катарский И. М., Фридлендер Г. М. Чарльз Диккенс: Библиография русских переводов и критической литературы на русском языке, 1838–1960. С. 87–88.

[29] Конечно, Достоевский также знал «Дэвида Копперфильда». Когда в сибирском остроге он оказался в госпитале и, следовательно, получил редкую возможность читать, единственными романами, взятыми им с собой, были «Записки Пиквикского клуба» и «Дэвид Копперфильд» (см.: Катарский И. М. Диккенс в России. С. 18). Роман, безусловно, повлиял на форму «Униженных и оскорбленных» (написанных как автобиографические записки писателя, пытающегося разобраться в решающих событиях своего прошлого) и на откровенно автобиографическое содержание романа (пересмотр и переоценка деятельности Достоевского в 1840-е, его участие в кружке Петрашевского и более скрытые автобиографические мотивы детства). Л. Макпик родословную Ставрогина ведет от Стирфорта.

[30] Толстой. Т. 66. С. 67.

[31] О роли «Детства» в русской литературе и культуре см.: Wachtel A. B. The Battle for Childhood: Creation of a Russian Myth. Stanford, CA: Stanford University Press, 1990. Очевидные свидетельства влияния Диккенса на ранние произведения Толстого указаны в работе: Christian R. F. Tolstoy: A Critical Introduction. Cambridge: Cambridge University Press, 1969. P. 27–30.

[32] Ibid. P. 38.

Как Дэвид Копперфильд и Неточка Незванова, герой Толстого Николенька Иртеньев не святой. Он по природе человек любвеобильный, но не склонный жертвовать собой ради других. Из взрослых в повести к самопожертвованию способны только Маман и Наталья Савишна. Николенька помнит об их безграничной любви в детстве, но никогда не показан подражающим им. Толстой не находит в чувстве долга или жертвенности естественной добродетели детства. Скорее Николенька существует в естественном потоке чувств, хороших и плохих, ни одно из которых постоянно не превалирует над другими. Его добродетель заключается главным образом в отсутствии страстей, под воздействием которых он мог бы причинить вред другим, и в искренности. Что бы он ни чувствовал, он чувствует абсолютно. В нем есть дурные начала, но они не имеют серьезных последствий и замещаются столь же сильными хорошими.

В центральной тематической главе книги («Детство») представлены условия, необходимые для счастливого детства. Ребенок спит и, пробужденный ласками матери, реагирует на них чистой, ничем не осложненной любовью. Наряду с «невинной веселостью», такая любовь, говорится в тексте, является сущностью детства. В ней еще нет возникающего позднее напряжения между любовью к себе и любовью к другим. Любовь к матери предшествует любви к Богу, и Он в первых молитвах ребенка соединяется с ней. До тех пор пока Николенька может поддерживать эту абсолютную веру в благожелательность родителей (и соответственно, Бога) по отношению к себе, до тех пор пока он не чувствует себя отделенным от них, он остается в состоянии абсолютного счастья.

«Детство» начинается с рассказа об окончании этого ничем не осложненного и счастливого этапа раннего детства. Николенька разбужен учителем Карлом Иванычем, который ловит с помощью хлопушки мух, и одна из них случайно падает на голову спящего мальчика. Реакция Николеньки на это случайное событие сигнализирует о важной перемене, связанной с его взрослением, отсюда и, казалось бы, случайное упоминание здесь же рассказчиком о его дне рождения и возрасте. Николенька неожиданно возмущается поступком Карла Иваныча: «"Положим — думал я — я маленький, но зачем он тревожит меня? Отчего он не бьет мух около володиной постели? вон их сколько! Нет, Володя старше меня; а я меньше всех: оттого он меня и мучит"»[33].

Николенька проснулся от сна раннего детства, и в первом мгновении его сознания звучат гордость и гнев; его «я» утверждает себя относительно других. Это движение фатально для чувства единения ребенка с матерью[34]. Оно вызывает связанное с ним чувство стыда, заставляющее Николеньку придумать сон о смерти матери, чтобы объяснить Карлу Иванычу свои слезы. Динамика, заданная первоначальным импульсом самоутверждения Николеньки, теперь порождает ложь, затуманивающую прозрачность его отношений с учителем. Ложь противоестественна, но ничто не говорит о том, что и самоутверждение Николеньки противоестественно.

Естественно или неестественно, но детство в первой толстовской повести заканчивается. В ней (повести) много невинной веселости и любви, но, сливаясь с ними, один за другим звучат предостерегающие голоса страстей. Наряду с гневом и желанием быть большим в Николеньке зарождается чувственность, проявляющаяся, когда он целует в обнаженное плечо Катю (глава 9) и когда снова целует ее в темном чулане, откуда дети подсматривают за юродивым Гришей (глава 12). Более зловещими, и действительно относящимися к иной категории чувств, нежели эти естественные сексуальные импульсы, выглядят первые проявления *amour propre*, появляющиеся, только когда Николенька расстается с матерью, уезжая в город. (Простое тщеславие возникает раньше.) Это чувство, продукт самосознания, впервые идентифицированное философским наставником Толстого Жан-Жаком Руссо, как расширяет, так и подрывает естественную любовь к себе, делая ее зависимой от той любви, которую к нам испытывают другие. После минуты чистого горя, когда Нико-

---

[33] Толстой. Т. 1. С. 3.

[34] Gustafson R. F. Leo Tolstoy, Resident and Stranger: A Study in Fiction and Theology. Princeton, NJ: Princeton University Press, 1986. P. 27.

ленька «обнял ее и, прильнув к ней, плакал, плакал, ни о чем не думая, кроме своего горя», выехав на дорогу, он продолжал плакать, «и мысль, что слезы мои доказывают мою чувствительность, доставляла мне удовольствие и отраду» (глава 14)[35].

В 1-й главе Николенька вынужден лгать о своих слезах из-за стыда за свой порыв гнева на Карла Иваныча. Его поведение двулично, сложно, однако еще не фальшиво. Даже в 14-й главе он искренне чувствует горе, хотя и получает удовольствие от его проявления. Только в городе, вдали от матери, он впервые выражает поддельные *чувства*, чтобы произвести впечатление на других. В стихотворении в честь дня рождения бабушки требования рифмы заставляют его сказать, что он любит бабушку больше, чем мать. Его авторское тщеславие превосходит его любовь к правде — и даже к матери. Эта ложь, беспокоящая Николеньку, сопровождается его новой заботой о внешности: он скрывает, как ему неудобно в новой городской одежде, потому что в ней он выглядит взрослым.

Наибольшую угрозу детству представляет растущее осознание собственного «я», угрожающее искренности и моделирующее соответствующим образом естественный поток ощущений. Эта модель развивается из новой и нездоровой зависимости от других, которые, в отличие от матери Николеньки, какой он ее воспринимает, полностью отделены от него, и его интересы им не обязательно сердечно близки. На протяжении всего повествования в «Детстве» Николенька постепенно приобретает знания о степени своего воздействия на других. Скорбя у открытого гроба матери, он в какой-то момент «потерял сознание своего существования и испытывал какое-то высокое, неизъяснимо-приятное и грустное наслаждение». Однако, как до, так и после этого, другие чувства, среди которых главное amour propre, разбавляют его горе. Сначала он хочет «показать, что огорчен больше всех», и беспокоится «о действии», которое «производит на других». Новая способность анализировать себя создает набор новых сконцентрированных на себе чувств наряду с новыми

---

[35] Толстой. Т. 1. С. 42.

удовольствиями. Сознавая свою потерю, он получает удовольствие от этого состояния — «...я испытывал какое-то наслаждение, зная, что я несчастлив, старался возбуждать сознание несчастия, и это эгоистическое чувство больше других заглушало во мне истинную печаль»[36]. На самом деле Николенька наслаждается своим несчастьем из-за жалости, которую испытывает к себе, и, что еще важнее, жалости, которую, как он предполагает, к нему испытывают другие[37]. Каждый раз, когда он делает себя объектом самоанализа, он видит себя таким, каким его видят другие, и поэтому переносит себя в область воображения, подогреваемого amour propre. Таким образом он постепенно отчуждается от своих подлинных чувств, перемещаясь в область угадывания чужих чувств и манипулирования ими. Уже в «Детстве» приготовлена сцена — и занавес действительно поднят — для взрослой драмы гордости и тщеславия.

Реакция Достоевского на «Детство» Толстого

Несмотря на использование Толстым сентиментальной риторики, его картина детства была более реалистичной и подробной, чем что-либо созданное в русской литературе до нее. Безусловно, Достоевский читал повесть с большим интересом и извлекал из нее уроки. Почти полное соответствие ей можно видеть в описании князем Мышкиным поведения швейцарских детей в «Идиоте»: деревенские дети тоже не ангелы — они так же ссорятся и плачут, как и смеются — и они, как и Николенька, легко переходят от одного настроения к другому[38]. Несмотря на эти пере-

---

[36] Там же. С. 86.

[37] Р. Кристиан (см.: Christian R. F. Tolstoy: A Critical Introduction. P. 28–29) отмечает связь между чувствами Николеньки и сходным с ним удовольствием, которое Дэвид Копперфильд находит в жалости к себе, а также сходство в степени сочувствия к ним при тяжелой утрате. См. также: Катарский И. М. Диккенс в России. С. 290–293.

[38] О связи «Идиота» с трилогией Толстого см.: Orwin D. The Return to Nature: Tolstoyan Echoes in «The Idiot» // The Russian Review. 1999 (Jan.). Vol. 58. P. 87–102.

клички, Достоевский во многом не соглашался с новым автором, писавшим о детстве, и не только в очевидных или убедительно документированных случаях, но и там, где это менее заметно.

Достоевский редко описывает счастливых детей, похожих на юного Николеньку Иртеньева. В таких детях, по его убеждению, не отражается современная действительность. В 1870-х он противопоставлял свои несчастные семьи счастливым семьям Толстого, которые, в его понимании, были реликтами более гармоничного, но уже не существующего дворянского прошлого[39]. Деструктивные импульсы дворянских детей у Толстого, благополучно помещенные в область мечты и фантазии, Достоевский актуализировал в современных семьях, не способных дать детям ни безграничной любви, ни защищенности, безопасности[40]. Такие сюжеты, как униженные жалобы бабушки князю Ивану Иванычу о поведении отца в «Детстве» или история Епифановых в «Юности», представляют собой возможные «достоевские» ситуации, которые Толстой держал в сознании, но не выдвинул на первый план[41]. С другой стороны, реализм Толстого в изображении детей влиял на сентиментальность Достоевского. Именно после публикации толстовской трилогии Достоевский, снявшись в «Униженных и оскорбленных» с диккенсовского якоря, начинает более радикальное исследование травмированной психики страдающего, подвергшегося насилию ребенка. В этом романе содержится и его первая критика толстовской картины детства.

В 1855 году, все еще находясь в ссылке в Сибири, Достоевский прочитал в «Современнике» «Отрочество», и его впечатление было настолько сильным, что он обратился к одному из своих

---

[39] См. в особенности в январской части «Дневника писателя» за 1877 год, главу под названием «Именинник», где Достоевский рассуждает о 12–13-летнем мальчике, покончившем с собой (повесившемся) из-за незначительных неприятностей в гимназии, и сравнивает это событие с переживаниями Николеньки, описанными в «Детстве» и «Отрочестве» (Достоевский. Т. 25. С. 32–35).

[40] См.: Бём А. Л. Художественная полемика с Толстым (К пониманию «Подростка») // О Достоевском. Сб. статей / под ред. А. Л. Бема. Прага: Петрополис, 1936. С. 200.

[41] Там же.

корреспондентов, прося раскрыть имя автора, скрытое за инициалами «Л. Т.»[42]. Спустя полгода он хвалит «Л. Т.» в письме к своему сведущему в литературе корреспонденту А. Н. Майкову[43]. «Подросток» (1875), помимо прочего, был также ответом Достоевского на «дворянские» истории Толстого (как он их окрестил) о детстве и отрочестве; еще раз Достоевский прямо упоминает их в «Дневнике писателя» за 1877 год[44].

Первую отсылку к трилогии Толстого встречаем у Достоевского в 1861 году в «Униженных и оскорбленных», где главную роль играет персонаж, очень похожий на Николеньку. История изложена ретроспективно писателем Иваном Петровичем (Ваней). Юный князь Алеша Валковский и Наташа любят друг друга, а Ваня любит Наташу. Семьи влюбленных находятся в состоянии войны, а отец Алеши замышляет женить сына на богатой наследнице по имени Катя. Влюбленные живут вместе и планируют венчаться, но старому князю Валковскому удается разрушить их планы. В этом ему помогает глубокое понимание характера Алеши, в котором постоянно подчеркивается детскость.

«Две лучшие добродетели» детства, по мнению Толстого в «Детстве», — это «невинная веселость и беспредельная потребность в любви» (глава 15)[45]. Алеша в «Униженных и оскорбленных», по первому описанию рассказчика (с чужих слов), — молодой человек, «веселый и простодушный, с душою отверстою и способною к благороднейшим ощущениям, с сердцем любящим, правдивым и признательным»[46]. Встретив Алешу, Ваня, рассказчик, поражается его «самой простодушной, самой детской веселостью»[47]. Толстому дорога в детях их искренность. Повествователь в «Униженных и оскорбленных» подчеркивает откровенность, искренность Алеши: «Даже самый эгоизм был в нем как-то привлекателен,

[42] Достоевский. Т. 28. Кн. 1. С. 184.

[43] Там же. С. 210.

[44] Там же. Т. 25. С. 52.

[45] Толстой. Т. 1. С. 45.

[46] Достоевский. Т. 3. С. 183.

[47] Там же. С. 201.

именно потому, может быть, что был откровенен, а не скрыт. В нем ничего не было скрытного»[48]. И сам Достоевский отмечает сходство Алеши и Николеньки Иртеньева, привлекает к нему внимание, заставляя Алешу цитировать «Детство» и предлагать Наташе перечитать вместе «Детство» и «Отрочество»[49].

Для Достоевского служил прообразом не только Николенька — его Алеша связан также и с человеком с «добрым сердцем», впервые описанным им в «Петербургской летописи», опубликованной в 1847 году в «Санкт-Петербургских ведомостях». Этот человек следует своим порывам, не беспокоясь о произведенном на других впечатлении. Он совершенно искренен[50]. В качестве примера подобного человека Достоевский приводит Юлиана Мастаковича, который в немолодые годы готовится жениться на семнадцатилетней девушке, но планирует сохранить также связь со своей сожительницей, вдовой, обратившейся к нему двумя годами раньше за помощью в судебном деле. Юлиан Мастакович — это также имя слегка комичного, но устрашающего героя преклонных лет в «Елке и свадьбе». В «Петербургской летописи» тип романтического злодея сменяет тип человека с естественно добрым, но неискушенным сердцем[51]. Как реалист, молодой Достоевский в 1840-е хотел дать психологическое объяснение злу, которое понимал как незрелый нарциссизм, соединенный с преувеличенными, экзальтированными страстями, но без активного естественного желания причинить боль другому. Опыт пребывания в сибирском остроге мог изменить его представление о возможности существования абсолютного зла. В любом случае князь Валковский, созданный после Сибири, стал первым значительным примером злодея, сознающего собственное зло, любящего извращенность как таковую и получающего удовольствие от того, что опускает других на уровень объектов насилия. Сын князя, Алеша Валковский, больше похож на названных выше

---

48 Там же. С. 202.

49 Там же. С. 329.

50 Там же. Т. 18. С. 13–15.

51 Там же. С. 14.

ранних, созданных в 1840-х, злодеев Достоевского — он эгоист, но не садист. Боль другим он причиняет непреднамеренно, следуя своим эмоциональным порывам. Он — «homme de la nature Руссо, невинный до грехопадения, доброе от природы сердце, вне нравственной воли и морального закона»[52]. Связь Алеши с Руссо может быть косвенной, через Эраста Карамзина (в «Бедной Лизе» или «Чувствительном и холодном. Двух характерах»), но она сближает героя Достоевского с Николенькой Толстого, еще одним руссоистским естественным человеком.

В рамках (узких) ограничений, которые налагает на Алешу его эгоизм, он не только сожалеет о том, что причиняет боль другим, но и активно стремится им помочь. Главное действие романа, тем не менее, вращается вокруг его предательства одной любви ради другой. Именно в этой ситуации, которую можно считать критикой толстовского руссоизма, Достоевский сознательно связывает Алешу с Николенькой Иртеньевым. Алеша предлагает рассказчику Ивану Петровичу перейти от формального «Вы» на неформальное «ты». Когда тот соглашается, Алеша от души радуется.

> Слава богу! Ведь мне это сто раз в голову приходило. Да я всё как-то не смел вам сказать. Вот и теперь *вы* говорю. А ведь это очень трудно *ты* говорить. Это, кажется, где-то у Толстого хорошо выведено: двое дали друг другу слово говорить *ты*, да и никак не могут и всё избегают такие фразы, в которых местоимения. Ах, Наташа! Перечтем когда-нибудь «Детство и отрочество»; ведь как хорошо![53]

Алеша искренне любит Ивана Петровича, у которого он украл Наташу, и любит Наташу, которую собирается бросить ради Кати. В «Детстве» два героя, соглашающиеся перейти на «ты», — это Николенька и Соня, встретившиеся в гостях. Николенька только что влюбился в Соню и поэтому ради нее бросил свою

---

52 Мочульский К. Достоевский. Жизнь и творчество. Париж: YMCA-PRESS, 1980. С. 174 (гл. 10. «Униженные и оскорбленные»).

53 Достоевский. Т. 3. С. 329.

первую любовь, Сережу Ивина. В конце этого эпизода (в главе «После мазурки») Николенька размышляет о радостях отказа от старой любви ради новой:

> Я в первый раз в жизни изменил в любви и в первый раз испытал сладость этого чувства. Мне было отрадно переменить изношенное чувство привычной преданности на свежее чувство любви, исполненной таинственности и неизвестности. Сверх того, в одно и то же время разлюбить и полюбить значит полюбить вдвое сильнее, чем прежде[54].

Тот же самый мальчик, который искренне любит сначала Сережу, потом Соню, любит себя больше, чем кого-либо другого, и не испытывает сомнений в том, что потакает своему удовольствию обменять старую любовь на новую. Николенька так же искренне увлекается Соней, как прежде Сережей; он следует влечениям сердца, оставляя одно ради другого. Детская природа его привязанностей — единственное, что маскирует серьезность предательства. Толстой как автор, возможно, и имел намерение заставить читателя осознать разницу между этим более эгоистическим чувством и безграничной любовью матери и ребенка, но его повествователь, взрослый Николенька, этого не комментирует. Он не испытывает стыда за свое поведение, как в других случаях не испытывает стыда за свою неискренность.

Драматизируя слабости, недостатки в характере Алеши, Достоевский, казалось бы, ставит под сомнение саму идею детской добродетели, по крайней мере, такой добродетели, какой ее изображает Толстой. По словам повествователя, Алеша «был слаб, доверчив и робок сердцем; воли у него не было никакой»[55]. Но не все дети у Достоевского в этом отношении похожи на Алешу. У Кати, успешной соперницы Наташи, сильная воля. Иван Петрович, чей голос звучит как у толстовского повествователя-аналитика, относит ее к «разряду *задумывающихся* детей, доволь-

---

54 Толстой. Т. 1. С. 75.

55 Достоевский. Т. 3. С. 202.

но многочисленному в наших семействах»[56]. Квалифицирующая категория указывает здесь на то, что, как и Неточка Незванова (и как Нелли, единственный ребенок в «Униженных и оскорблённых»), Катя в характерных для российского общества того времени условиях стала «наивным раздвоением ребенка и размышляющей женщины». Однако доброжелательность Кати — не просто результат печального опыта и раннего взросления. Она обладает «*детской* и в высшей степени правдивой жаждой истины и справедливости и непоколебимой верой в свои стремления»[57]. Сильной волей и красотой она напоминает Катю в «Неточке Незвановой», о которой повествователь говорит: «...все в ней было прекрасно»[58]. Как и Алеша, она искренна, а ее моральная воля придает этой искренности достоинство, которого ему не хватает. Сила воли Кати в романе не проходит испытаний. В отличие от других героев, она получает возможность сохранить своего любимого. Катя верит, что готова к самопожертвованию, если в нем возникнет необходимость, и на самом деле она готова так поступить в начале их отношений с Алешей. Если бы ей всё-таки пришлось принести себя в жертву, то в этой ситуации она пожертвовала бы и порывистостью, спонтанностью детства, став более похожей на Наташу. Еще большая угроза состоит в том, что Катя, принимая любовь Алеши, уже начала сомневаться в бескорыстности своих мотивов. Раньше, чтобы поступить правильно, она просто советовалась со своим сердцем, теперь ей приходится советоваться с Иваном Петровичем, и она признаётся: «...у меня сердце не совсем чистое. Если б было чистое сердце, я бы знала, как решить»[59].

То, что поддерживает и сохраняет в Кате детскость, это отсутствие опыта, а значит, и способности к практическим, рациональным суждениям: «Эта детскость ее, ее яркий ум и в то же время некоторый недостаток рассудка — всё это было как-то более

56 Там же. С. 348.

57 Там же (курсив мой. — Д. О.).

58 Там же. Т. 2. С. 207.

59 Там же. Т. 3. С. 351.

сродни для Алеши»[60]. У старого князя Валковского, напротив, — избыток «рассудка», но он утратил какую бы то ни было гуманность, если когда-либо имел ее. Рассудок приводит Валковского к такому типу поведения, который предполагает, что и он, и те, кем он манипулирует, действуют только из расчетливых, эгоистических интересов, без того, что он называет идеализмом. Обращаясь к Ивану Петровичу, в диалоге, следующем сразу за встречей последнего с Катей, он утверждает, что «в основании всех человеческих добродетелей лежит глубочайший эгоизм» и, более того, что есть извращенное удовольствие в страданиях, которое испытывают жертвы зла и угнетения[61]. Катя и в ином плане отличается от князя Валковского. После трех часов, проведенных с ней, Иван Петрович уходит глубоко убежденным, «что она до того еще вполне ребенок, что совершенно не знает всей тайны отношений мужчины и женщины»[62], то есть она совершенно невинна в своем представлении о физических отношениях между полами. Валковский в том же разговоре с Иваном Петровичем, напротив, наслаждается чувственностью, настолько развращенной, что может соперничать с маркизом де Садом, которого здесь же упоминает, а возможно, и превосходит его[63]. Что касается Алеши, то, поощряемый отцом, он ездит к Жозефинам и Минам и тогда, когда живет с Наташей, и даже во время первой вспышки любви к Кате[64].

В «Маленьком герое» Достоевский высказывает предположение, что рубежом, отделяющим юность от детства, является сексуальное, плотское знание. Дамы на даче ласкают мальчика, вызывая в нем новые ощущения, заставляющие его стыдиться:

> Порой мне как-то стыдно и даже обидно было за разные детские мои привилегии. Другой раз как будто удивление одолевало меня, и я уходил куда-нибудь, где бы не могли меня видеть, как будто для того, чтоб перевести дух и что-то

---

[60] Там же. С. 349.
[61] Там же. С. 365, 367.
[62] Там же. С. 354.
[63] Там же. С. 364.
[64] Там же. С. 401, 349.

припомнить, что-то такое, что до сих пор, казалось мне, я очень хорошо помнил и про что теперь вдруг позабыл, но без чего, однако ж, мне покуда нельзя показаться и никак нельзя быть[65].

На границе между детством и юностью мальчик пытается сохранить свое прежнее состояние, невинность, которая ускользает от него, в то время как его новое состояние только формируется. В «Маленьком герое» речь идет о смысле человеческих отношений, и в особенности о смысле любви. Дети свободнее взрослых. Их естественная зависимость от других и невинная любовь к другим не подвержены ни физическим страстям, как те, которые возбуждают в мальчике, ни сопутствующему им явлению — более развитому сознанию собственного «я». Физические страсти по мере их пробуждения смешиваются с детской расположенностью к бескорыстной любви. Маленький герой находится в состоянии влюбленности, не зная этого, но когда он это осознает, его «первое детство кончилось с этим мгновением»[66]. В «Неточке Незвановой» Катя и Неточка находятся на более развитой стадии сознания. Они знают, что «влюблены», целуют друг друга до тех пор, пока у них не опухают губы, но не знают и, следовательно, не имеют осознанного желания физического сближения. На этом переходном этапе их влечение друг к другу возрастает, оставаясь платоническим. Сексуальная невинность или бессознательная сексуальность в случае двух девушек в «Неточке Незвановой»[67] объясняет их длящуюся детскость. Садистический элемент взрослых отношений совершенно отсутствует в Неточке, и даже у гордой княжны Кати он присутствует лишь в легкой форме. Развитие полного цикла любви и ненависти невозможно, потому что Неточка, как бы ее ни провоцировали, не делает ничего, что могло бы побудить Катю к ненависти.

---

[65] Там же. Т. 2. С. 269.

[66] Там же. С. 295.

[67] Отметим также бессознательную влюбленность Неточки в своего отчима (Там же. С. 164, 172).

Если вернуться к «Униженным и оскорбленным», то Валковский, как в собственном восприятии, так и в разговоре с потрясенным Иваном Петровичем, сознательно демонстрирует и эксплуатирует свое грубое «я», определяемое им как «я сам», крайности которого изображали такие французские писатели, как Шодерло де Лакло. Он открыто похваляется не только своими любовными связями, но и любовью к сексуальным девиациям. Одного за другим Достоевский подчиняет своих сентиментально-идеалистических героев психологической реальности, подобной цинизму порочного князя. Так, например, Иван Петрович знает, что жертвует жизнью Нелли ради своей любви к Наташе, попросив опасно больного ребенка рассказать ее трагическую историю отцу Наташи. Услышав эту историю, отец примиряется с дочерью, но умирает Нелли, знающая о риске рассказа для своего здоровья, но согласившаяся рассказать ради *своей* страстной любви к Ване[68]. Как отмечают и К. Мочульский, и Дж. Франк, повествователь, в котором дан автопортрет Достоевского с его юношеским идеализмом, не выдерживает открывшейся ему силы эгоистической страсти. Он умирает, когда пишет свои мемуары[69]. Среди других главных героев романа только сексуально невинная Катя никогда не испытывает зависимости от Валковского и не подвержена влиянию его точки зрения; возникает вопрос, выдержит ли ее неуязвимость сексуальную инициацию.

Алеше предстоит пройти долгий путь, прежде чем он станет похож на своего отца. Он еще ребенок, потому что порывист и полон любви. Однако, в отличие от Кати, он оставил позади сексуальную невинность детства. Алеша не просто ребенок. В нем есть привлекательность детскости, но он скорее развращенный юноша, тот тип, который Достоевский позднее, в 1870 году, в набросках к «Житию Великого грешника» определил как «измельчившийся до свинства отпрыск того благородного графско-

---

[68] См.: Frank J. Dostoevsky: The Stir of Liberation, 1860–1865. Princeton, NJ: Princeton University Press, 1986. P. 127.

[69] Мочульский К. Достоевский. Жизнь и творчество. С. 176; Frank J. Dostoevsky: The Stir of Liberation, 1860–1865. P. 118.

го дома, которого изобразил Т<олстой> в "Детстве" и "Отрочестве"»[70]. Любовные порывы Алеши, лишенные позитивной воли к добру, но с разгоряченными плотскими страстями, приносят больше вреда, чем пользы. Он неподдельно любит каждого — Наташу, рассказчика Ивана Петровича, старших Ихменевых (родителей Наташи), Катю, своего отца — и предает почти всех или оказывается ими предан. Возьмите аморфную любящую природу ребенка, добавьте страсть и растущее эго (в данном случае поощряемое порочным отцом), подожгите эту смесь искрой похоти, и гармоничный мир любящих личностей, естественный в детстве, воспламенится и взорвется, оставив деформированную, беспорядочную смесь противоречивых личностей, характерных для мира взрослых в романах Достоевского.

В «Униженных и оскорбленных» детство в качестве модели для взрослой добродетели ставится под сомнение. О жертвах князя Валковского сказано, что они, с их шиллеровским идеализмом, подобны детям. Князь смеется над их внемирностью, непринадлежностью к земному миру, и Достоевский, похоже, тоже не признает ее. Даже о Валковском говорится, что он ведет себя как непослушное дитя. Он признается Ивану Петровичу в своих «детских капризах», рассказывая, как любит сбрасывать маску и показывать язык «какому-нибудь вечно юному Шиллеру»[71]. Свое поведение он оправдывает «наивной и простодушной откровенностью»[72], произнося: «...я, может быть, только тем и виноват теперь, что *откровеннее* других и больше ничего; что не утаиваю того, что другие скрывают даже от самих себя»[73]. В этом он, возможно, не сильно отличается от Юлиана Мастаковича (злодея Достоевского в 1840-е годы), освободившегося и от ложного стыда, и особенно от социальных условностей. Как для Достоевского, так и для Толстого дети олицетворяют естественную человеческую витальность, о «невинной веселости» которой

[70] Достоевский. Т. 9. С. 128.

[71] Там же. Т. 3. С. 359–360.

[72] Там же. С. 360.

[73] Там же. С. 362.

говорит Толстой. Валковский хвастается своей феноменальной жизненной силой и безудержной чувственностью; это извращенные взрослые версии детской веселости и потребности в любви. Важно, конечно, что все упоминания о детскости Валковского исходят из его уст и поэтому звучат как самооправдание в собственной порочности. Хотя, возможно, и имеет смысл на какой-то миг взглянуть на него как на исполненного злобы выросшего ребенка, вместе с тем очевидно, что он никогда не бывает наивен и бесхитростен, как Алеша. Разница между ними заключается в сохраняющейся подлинной невинности одного, уже к этому времени (а возможно, и никогда) непонятной другому. Позиция Достоевского в таком случае сводится к тому, что взрослые с их взрослыми страстями нуждаются для морального руководства в чем-то большем, чем дает детство. Возвращение к невинности детства после испытания страстями невозможно.

Признавая всевластие князя Валковского, торжество его циничного эгоизма, Достоевский в «Униженных и оскорбленных», однако, не просто расстается со своим прежним идеализмом или любовью к детской невинности. Мочульский преувеличивает, утверждая, что роман заканчивается тем, что все его шиллеровские герои гибнут, а рационалистический эгоизм торжествует[74]. Валковского не раз ставят в тупик любовные ситуации, которых он не ожидал и не может объяснить. Он способен понять гордость Наташи и ее желание доминировать над Алешей. И он может только помешать неожиданно глубокой привязанности Алеши к Наташе, но предвидеть ее он не мог[75]. После отъезда Алеши с Катей в деревню Валковский едет к Наташе в полной уверенности, что она примет его грязное предложение помощи, а ее отец не допустит возвращения дочери домой[76]. Он оказывается неправ в обоих случаях, и непреклонное благородство Наташи оставляет его скрипящего зубами, как мелодраматический злодей, каким он и является.

---

[74] Мочульский К. Достоевский. Жизнь и творчество. С. 179.

[75] Достоевский. Т. 3. С. 248.

[76] Там же. С. 404.

Можно предположить, что Достоевский находился на середине сложного, неровного пути от идеализма к натурализму, но на самом деле он сделал в «Униженных и оскорбленных» решающий шаг к реалистическому идеализму своих зрелых вещей. Позднее он раскритиковал свой роман:

> Совершенно сознаюсь, что в моем романе выставлено много кукол, а не людей, что в нем ходячие книжки, а не лица, принявшие художественную форму <...> Но вот что я знал наверно, начиная тогда писать: 1) что хоть роман и не удастся, но в нем будет поэзия, 2) что будет два-три места горячих и сильных, 3) что два наиболее серьезных характера будут изображены совершенно верно и даже художественно. Этой уверенности было с меня довольно. Вышло произведение дикое, но в нем есть с полсотни страниц, которыми горжусь[77].

К числу таких страниц, вероятно, относилась сцена, когда Наташа испытывает нерешительность. Алеша не навещал ее уже пять дней. Глубоко понимая его психологию и зная о его романе с Катей, она также видит все действия его отца. Но пока она ждет Алешу и пока скандальная сцена с князем еще впереди, как и подтверждение ее подозрений насчет Алеши, она готовит ему праздничный ужин, надеясь, что ее подозрения окажутся необоснованными. Она таким образом может надеяться и не знать, тогда как коварный интриган князь Валковский, стоящий на низкой, но прочной почве рационального эгоизма, всегда уверен в себе. Способная ради Алеши победить собственный эгоизм, Наташа надеется, что и *он* пожертвует ради *нее* своей любовью к Кате. В этой ситуации Наташа выходит за рамки типа, в ней открывается внутренняя духовная борьба. Любя Алешу, она верит в его доброту, которую по сути Достоевский никогда не отрицает. В связи с этим чрезвычайно важно, что два выдающихся исследователя, К. Мочульский и Дж. Франк, заняли противоположные позиции по отношению к Алеше. Для Мочульского он —

---

[77] Там же. Т. 20. С. 133–134.

«*воплощенное бессилие естественного добра*, человек без характера, без воли и без личности. "Доброе сердце" не удерживает Алешу от растраты, измен, обмана, даже предательства; несмотря на всю свою чувствительность, он самый неистовый эгоист». Франк видит в нем менее одухотворенного предшественника князя Мышкина, самое успешное воплощение у Достоевского типа просто хорошего человека[78]. Не имея воли, Алеша не может сделать выбор между двумя любовями и вообще хоть что-то сделать, кроме как следовать своим минутным порывам; но в противоположность абсолютному цинизму его отца, в его порывах есть и хорошее, и дурное, и даже хорошие, добрые порывы могут вступать в конфликт друг с другом. Алеша воплощает понимание Достоевским сверхчувствительности детей к побудительным мотивам, вследствие чего им может не хватать моральной воли, даже если они знают, что то, что они хотят сделать, дурно.

Такая смесь мотивов присутствует в Наташе. В своей любви к Алеше она сознает уникальную индивидуальность своего возлюбленного, признаваясь: «На его лицо (ты ведь знаешь выражение его лица, Ваня) я спокойно смотреть не могла: такого выражения *ни у кого не бывает*...» В этом же потоке мыслей звучит ее заявление, что она хочет, чтобы это уникальное существо принадлежало исключительно ей — «чтоб он был *мой*, поскорей *мой*», — но более всего она хочет, «чтоб он был ужасно и вечно счастлив»[79]. Корень зла лежит в ее желании владеть Алешей — она хочет *владеть* тем, что *любит*, тогда как ее любящее признание в нем его самостоятельной и уникальной сущности и искреннее стремление к его счастью составляют основу этики Достоевского. Старый князь Валковский утверждает, что Наташа уступает Алешу Кате только из чувства гордости[80]. Из признания Наташи повествователю становится очевидно, что на

---

[78] Мочульский К. Достоевский. Жизнь и творчество. С. 175; Frank J. Dostoevsky: The Stir of Liberation, 1860–1865. P. 129.

[79] Достоевский. Т. 3. С. 400.

[80] Там же. С. 404.

самом деле ею руководят смешанные мотивы: она горда и в какой-то мере отказывается от Алеши из чувства гордости, но она также искренне любит его и жертвует собой ради его счастья.

Вопреки, казалось бы, нашим ожиданиям, Достоевский больше, чем Толстой, верит в укорененность во взрослой жизни невинной, бескорыстной, детской любви. Причина в том, как я бы предположила, что для Достоевского доброта детства выше, чище, чем любое человеческое качество, которое представлялось Толстому. В ней явлена возможность существования неэгоистического начала, и в зрелом возрасте оно может присутствовать в человеке наряду с эгоизмом, развивающимся вместе с рассудком и страстями. У Толстого даже самые маленькие дети, как, например, Николенька в главе «Детство», по своей сути эгоистичны. Они любят родителей так же сильно, как и себя, лишь потому, что еще не различают себя и других. Гуманизм Толстого основан на принятии гетеанской идеи о границах физического существования живых существ, признающей в них естественную и непреодолимую любовь к себе. Поэтому Толстой более, чем Достоевский, сочувствует любви к себе и преподносит потребность детей в бескорыстной любви в качестве вполне естественной[81]. Достоевскому маленькие дети представлялись еще не подчиненными законам природы. По словам Ивана Карамазова, «деточки ничего не съели <т. е. запретного плода> и пока еще ни в чем не виновны. <...> Дети, пока дети, до семи лет например, страшно отстоят от людей: совсем будто другое существо и с другою природой»[82]. Несмотря на сильное действие эгоистических страстей и несмотря на смешение с ними в противоречивом потоке эмоций, детская бескорыстная любовь может в этом потоке поддерживать добродетельную альтернативу, которая если и не выбирается, то

---

[81] Более подробно о различии между Толстым и Достоевским в этом отношении см.: Orwin D. Strakhov's World as a Whole: A Missing Link Between Dostoevsky and Tolstoy // Poetics. Self. Place. Essays in Honor of Anna Lisa Crone / eds. N. Boudreau, S. Krive and C. O'Neill. Bloomington, IN: Slavica, 2007.

[82] Достоевский. Т. 14. С. 216–217 («Братья Карамазовы», кн. 5 («Pro и Contra»), гл. 4).

чувствуется. Возможно, Толстой имел в виду эту борьбу добра и зла, когда хвалил «Униженных и оскорбленных» в письме к Страхову, написанном после получения известия о смерти Достоевского: «На днях, до его смерти, я прочел "Униженные и оскорбленные" и умилялся». Толстой, сообщая в этом письме, что только теперь понял, что Достоевский был его лучшим другом, — «самый, самый близкий, дорогой, нужный мне человек», — восхищался верой своего собрата по перу в существование в душе абсолютного добра, в чем сам он часто сомневался[83]. Толстой настаивает на эгоистической мотивации всех наших поступков, даже (и особенно) добрых. Это справедливо даже в отношении маленьких детей, добрых просто потому, что у них нет злых желаний. Более того, как и Достоевский, Толстой, начиная с «Детства», видит, что детскую невинность, однажды потерянную, невозможно вернуть. Примечательно в этой связи, что изображение абсолютного детского счастья и детской защищенности, безопасности в главе «Детство» появляется *после* начальной главы повести и завершает детство. Движение к счастью направлено *назад*, в прошлое, которое бросает идиллическую тень на позднейший рассказ о детстве и на настоящее, представленное рассказчиком. Именно самосознание рассказчика, заставляющее его с сожалением смотреть на счастливое прошлое, делает возвращение к нему невозможным. Но даже если бы этого препятствия не было, само по себе детство не стало бы образцом добродетели, основанной на самопожертвовании.

В «Детстве» добродетельные взрослые изображаются не как дети, а как христиане. Тем не менее в связанных с ним произведениях этого же периода Толстой утверждает, что определенная степень добродетели естественна в человеке, и она может быть заново открыта естественным сознанием, которое способна умертвить цивилизованная жизнь. Читая в 1850-х трилогию Толстого и другие его произведения, Достоевский улавливает эту разницу между ним и собой. Бриллиант, похороненный, по утверждению Толстого (в «Истории вчерашнего дня»), в душе

---

[83] Толстой. Т. 63. С. 42–43; письмо от 5–10 февр. 1881 года.

цивилизованного человека, по мнению Достоевского, нуждается в обработке для достижения блеска. Критикуя человека с добрым сердцем в статье в 1847 году, Достоевский призвал этого человека

> сделать художественное произведение из самого себя; <...> в сочувствии к массе общества и к ее прямым непосредственным требованиям, а не в дремоте, не в равнодушии, от которого распадается масса, не в уединении может ошлифоваться в драгоценный, в неподдельный блестящий алмаз его клад, его капитал, его доброе сердце![84]

Да, люди добры; да, они могут начинать как невинные дети, но их невинность не поддержит их, когда они повзрослеют. Как показано в «Униженных и оскорбленных», добрые люди находятся во власти злых именно потому, что в их собственных сердцах есть потенциал для зла или эгоизма. Для Достоевского поэтому соединение у Толстого в детстве Николеньки Иртеньева счастья и добродетели представляется психологическим самооправданием. Это также теоретически опасно, поскольку возникает угроза свободе, необходимой для нравственности. Подростки у Достоевского поэтому более подвержены искушениям, чем у Толстого. Коля Красоткин в «Братьях Карамазовых», самый полный портрет подростка в его творчестве, является в этом смысле ночным кошмаром матерей. Он доказывает свою храбрость, ложась под проезжающий поезд, он разгуливает по городу в поисках проблем и находит их. Его наивность и порывистость делают его открытым и для дурных, и для хороших влияний; он находится то под влиянием ужасного Ракитина, то ангелоподобного Алеши Карамазова. Он целиком состоит из потенциальных возможностей, и правил, которые руководили им в детстве, уже не хватает, чтобы управлять им. Однако то же самое относится и к Пете Ростову в «Войне и мире»; несмотря на заботы его матери, он гибнет на полном скаку в опьянении битвой.

---

[84] Достоевский. Т. 18. С. 13–14.

И Толстой, и Достоевский читают Диккенса; как и Диккенс, оба верят в естественную доброту детства. Как видно из уроков этого чтения, оба узнали у Диккенса о психологии детства больше, чем принято считать[85]. На протяжении всей жизни каждый учится у другого пониманию того, из чего состоит добродетель детства. Оба согласны в том, что возвращение к детским представлениям не станет во взрослой жизни противодействием страстям, но не согласны в том, по крайней мере при жизни Достоевского, каким образом возможен контроль над страстями. Оба верят в нравственное сознание, в совесть. Толстому совесть представляется звучащим в нас голосом разума, и он достаточно старомоден, чтобы связать этот голос с природой. Достоевский также находит высший разум в природе, но, выйдя из детства, люди не обязательно расположены принимать участие в жизни природы. Они восстают против ее ограничивающих условий, и средства, с помощью которых они в конечном итоге к ней возвращаются, внеприродны.

---

[85] В защиту психологической сложности «Дэвида Копперфильда», когда толстовское «Детство», предположительно превосходящее его по сложности, берется автором за отправную точку, см.: Leavis Q. D. Dickens and Tolstoy: The Case for a Serious View of «David Copperfield» // Leavis F. R., Leavis Q. D. Dickens the Novelist. London: Chatto & Windus, 1970. P. 34–105. См. также психологическую трактовку образа Маленькой Нелли в «Лавке древностей»: MacPike L. Dostoevsky's Dickens: A Study of Literary Influence. P. 54–91.

Глава девятая

Психология зла у Толстого и Достоевского

> Это очень своеобразное произведение, и для английского читателя, ничего не знающего о Достоевском и трогательно невежественного относительно темных сторон собственной души, оно может показаться кошмаром ночных галлюцинаций, но в ее узких границах оно действительно просвещает область патологической истины[1].

Когда читатели Викторианской эпохи впервые познакомились с русской психологической прозой — в частности, с Достоевским, — они были потрясены ее откровениями о темной стороне человеческой природы. Русское слово «преступление» основано на глаголе «преступить»; в английском языке слово «зло» (evil) считается относящимся к корню со значением *вверх* и *через* и, следовательно, означает что-то вроде «превышения меры» или «переступания пределов»[2]. Оба языка, таким образом, фиксируют существование негативных или злых импульсов в самой человеческой природе, как и естественных законов или барьеров, воздвигнутых против этих импульсов. Из трех русских мастеров прозы, которых мы изучаем, Тургенев с его списком ужасных злодеев, по преимуществу злодеек, при изображении зла и его

---

[1] Цитируется рецензия Эдварда Гарнетта на роман Джозефа Конрада «Under Western Eyes» («На взгляд Запада»), опубликованная в журнале «The Nation» в 1910. См.: Conrad D. The Critical Heritage / ed. Sherry Norman. London: Routledge and Kegan Paul, 1973. P. 238.

[2] Английскую этимологию см. в OED.

следствий не стремится дать им психологическое объяснение. Вследствие этого в таких текстах, как «Собака» (1866) или «Странная история» (1870), возникает атмосфера призрачности, отсутствующая у двух других авторов. Достоевский и Толстой, напротив, глубоко анализируют психологический корень зла; более того, в своих произведениях они включаются в интенсивное, хотя и скрытое, обсуждение этого явления. Зло часто является непреднамеренным побочным продуктом эгоистических страстей; в таких случаях поступок может иметь дурные следствия, даже если его виновник не имел злых намерений. Умышленное, преднамеренное зло — это активное желание причинить вред другим; его нелегко объяснить, как и намеренное, рассчитанное добро, но без него представление о человеческой психологии будет неполным.

Для Достоевского, ставшего свидетелем реального зла в сибирском остроге, где он провел в заключении четыре года, после чего начал открыто писать об этом, зло состоит в первую очередь в физическом существовании без закваски христианской любви. С самого начала творчества, однако, оно имеет у него и духовное измерение. В «Униженных и оскорбленных» (1861), подробно рассмотренных в предыдущей главе, князь Валковский являет собой прежде всего чудовище гордости, стремящееся к господству; его любовь к контролю ради контроля представляет собой извращение как ума (или разума), так и тела. О таких характерах можно сказать, что их «грубый эгоизм» превышает потребность в телесном насыщении за счет других, превращаясь в потребность разрушения и осквернения их человечности ради утверждения и расширения границ своего «я». Поэтому в конце беседы князя Валковского с повествователем Иваном Петровичем в ресторане он признается, что в своем собеседнике не видит человека[3]. Сексуальное извращение, адвокатом которого выступает князь Валковский, предполагает обладание и уничтожение как плоти, так и личности. Валковский не объясняет, почему любит зло, но ни в его случае, ни в других ситуациях в творчестве Достоевско-

---

[3] См.: Достоевский. Т. 3. С. 369.

го данное явление не выглядит просто социальной патологией. Преднамеренное или, иначе, бессмысленное зло предстает одним из следствий неполноты «я» и вытекающих из нее личностных потребностей. Не будучи естественным, оно тем не менее составляет часть человеческого бытия как такового и предсказуемо искажает человеческое сознание. Как мы увидим, Толстой предпочитает отрицать в человеке страсть ко злу; но хотя бы в одном месте, и возможно, под влиянием Достоевского, он на нее намекает. В то же время в своем понимании природы зла Достоевский, возможно, чем-то обязан Толстому.

«Отрочество», военные рассказы Толстого и «Записки из Мертвого дома»

Темная нить, за которой мы будем следовать, начинается с отрывка из 14-й главы «Отрочества» Толстого. В нем изображено чреватое убийством насилие, хотя его статус как зла неясен. У Николеньки плохие отношения с его воспитателем St.-Jérôme, он чувствует себя, кроме того, разлученным со своей детской любовью Сонечкой, которая теперь как будто предпочитает ему его друга Сережу.

> Я читал где-то, что дети от 12 до 14 лет, т. е. находящиеся в переходном возрасте отрочества, бывают особенно склонны к поджигательству и даже убийству. Вспоминая свое отрочество и особенно то состояние духа, в котором я находился в этот несчастный для меня день, я весьма ясно понимаю возможность самого ужасного преступления, без цели, без желания вредить; *но так* — из любопытства, из бессознательной потребности деятельности. Бывают минуты, когда будущее представляется человеку в столь мрачном свете, что он боится останавливать на нем свои умственные взоры, прекращает в себе совершенно деятельность ума и старается убедить себя, что будущего не будет и прошедшего не было. В такие минуты, когда мысль не обсуживает вперед каждого определения воли, а единственными пружинами жизни остаются плотские инстинкты, я понимаю,

что ребенок, по неопытности, особенно склонный к такому состоянию, без малейшего колебания и страха, с улыбкой любопытства, раскладывает и раздувает огонь под собственным домом, в котором спят его братья, отец, мать, которых он нежно любит. — Под влиянием этого же временного отсутствия мысли, — рассеянности почти, — крестьянский парень лет семнадцати, осматривая лезвие только что отточенного топора подле лавки, на которой лицом вниз спит его старик отец, вдруг размахивается топором и с тупым любопытством смотрит, как сочится под лавку кровь из разрубленной шеи; под влиянием этого же отсутствия мысли и инстинктивного любопытства, человек находит какое-то наслаждение остановиться на самом краю обрыва и думать: а что если туда броситься? или приставить ко лбу заряженный пистолет и думать: а что ежели пожать гашетку? или смотреть на какое-нибудь очень важное лицо, к которому всё общество чувствует подобострастное уважение и думать: а что ежели подойти к нему, взять его за нос и сказать: «а ну-ка, любезный, пойдем»?[4]

Толстой приписывает импульсивное стремление к убийству любимого члена семьи простому «любопытству», но для того, чтобы этот импульс стал доминирующим, вся нравственная структура души должна была разрушиться из-за какой-то личной катастрофы, сделавшей будущее невыносимо «мрачным». В такой ситуации высшие, сдерживающие функции разума перестают действовать, и «плотские инстинкты» беспрепятственно одерживают верх. Эти инстинкты агрессивны, аморальны, экспансионистичны по своей природе; находясь в их власти, подросток освобождается от всех ограничений — моральных, семейных и даже себялюбивых (он теряет даже стремление к самосохранению). Пробуждение подобных инстинктов совпадает с половым созреванием и, вероятно, с ним связано. Поэтому Толстой связывает фантазии Николеньки с предполагаемой изменой любимой им Сонечки. Более того, эти инстинкты сильнее всего проявляются в пубертатный период, так как у подростка нет опыта контроля над ними. Поэтому подростку необходимы два условия,

---

если он замышляет такого рода страшные преступления: нужна огромная энергия, а любящая среда и нравственная «мысль», которые обычно ее контролируют, должны отсутствовать.

Читатели часто пропускают в «Отрочестве» мечты Николеньки о насилии, так как они не соответствуют их представлениям о раннем Толстом. Но фантазии Николеньки — это толстовские (или руссоистские) фантазии, с их странной убежденностью в том, что юные убийцы, созданные воображением автора, любят своих жертв и убивают без всякого злого умысла. Это психологически малоправдоподобное утверждение согласуется с верой молодого Толстого в естественное добро (о чем речь шла в 8-й главе), согласно которой человеческая витальность сама по себе доброкачественна и поэтому скорее внеморальна, чем намеренно зла. Сила жизни (или ее агрессивные тенденции) связана с половым созреванием, но в действительности, в понимании Толстого, она предшествует сексуальным желаниям или еще более фундаментальным желаниям самосохранения души. Как часть великого руссоистского проекта по определению того, что в действительности значит утверждение о человеческих индивидах как о животных с большим мозгом (а не бессмертных душах), Толстой представлял их как сочетание чистой физической энергии, которую он называл морально нейтральным словом «сила», и ума, направляющего эту энергию различными способами, моральными и аморальными. Как и Руссо, он считал, что люди, будучи животными, по своей природе не склонны ко злу.

Эта «сила» играет важнейшую роль в ранних военных рассказах Толстого, где она направлена на защиту жизни солдата. Толстой использовал слово «сила» для обозначения платоновского понятия «стойкость» («мужество») в дневниковой записи от 2 января 1852 года, работая над первым военным рассказом «Набег»[5].

---

[5] Там же. Т. 46. С. 241. «Набег» был опубликован в 1853 году. В основу первых военных рассказов Толстого лег его личный опыт службы на Кавказе, сначала вольноопределяющимся, позднее офицером русской армии. О Толстом и Платоне см. в 4-й главе. Более подробно о мужестве в понимании Толстого см.: Orwin D. Courage in Tolstoy // The Cambridge Companion to Tolstoy / ed. D. Orwin. Cambridge: Cambridge University Press, 2003. P. 222–236.

Сила, понимаемая как чистая энергия или витальность, также важна в типологии солдат во 2-й главе «Рубки леса» (1855). Толстой разделяет солдат на три типа: *покорных, начальствующих* и *отчаянных*[6]. Слово *отчаянный* он использует в традиционном для русского языка значении при определении человека, часто солдата, полного жизненной силы и способного на безрассудные поступки без оглядки на собственную безопасность. В русском языке, как и в английском («desperate»), слово *отчаянный* приобрело особое значение в военном быту, так как подчеркивает безрассудность храбрости, побуждающей человека отказаться от осторожности. Подобное состояние безрассудной храбрости имеет внутреннюю связь с отчаянным душевным состоянием, описанным в 14-й главе «Отрочества».

В типологии солдат, приведенной в «Рубке леса», «покорные», названные в перечне первыми, расположены на отдельной строке (с абзацем в конце), тогда как «начальствующие» и «отчаянные» хотя и помещены на отдельных строках, но соединены союзом «и». «Покорные» в целом не имеют негативных качеств, в то время как две другие категории делятся на морально позитивных («начальствующие суровые» и «отчаянные забавники») и негативных («начальствующие политичные» и «отчаянные развратные»). Связывает «начальствующих» и «отчаянных» сила, которая может выражаться в дурных проявлениях (в личных амбициях и даже в преступлении) или в добрых (в веселой витальности и защите товарищей). Бомбардир Антонов, охарактеризованный как «суровый начальствующий», иллюстрирует отношения между лидерами и отчаянными. Как и «отчаянный забавник» Чикин, рассказывающий анекдоты и житейские истории, Антонов, любящий петь и играть на балалайке, — не лидер, не «зачинщик», а харизматичный *исполнитель* (об этих категориях речь пойдет ниже). Солдаты говорили, что он мог бы давно получить повышение, если бы не его «карахтер»: «И действительно, странный у него был характер: в трезвом виде не было человека покойнее, смирнее и исправнее; когда же он запивал, становился совсем

---

[6] Толстой. Т. 3. С. 43.

другим человеком: не признавал власти, дрался, буянил и делался никуда негодным солдатом»[7]. Когда начинается обстрел, Антонов выражает общее желание дать отпор врагу и ведет остальных солдат в бой (главы 5 и 8). В то же время Антонову не хватает чего-то важного; не он, а старый опытный Жданов (не классифицированный как тип) занимается эвакуацией с поля боя смертельно раненного Веленчука. Жданов подходит к Веленчуку, поднимает его, обращаясь к другим «сердито»[8], и только после этого к Веленчуку подходит Антонов. Мужество Жданова более высокого сорта, чем мужество Антонова, так как в нем сильнее чувство долга и он способен преодолеть естественное желание избежать общения со смертельно раненным, для чего также необходимо мужество. («Каждый бывший в деле, верно, испытывал то странное, хотя и не логическое, но сильное чувство отвращения от того места, на котором был убит или ранен кто-нибудь»[9].)

Начиная с «Униженных и оскорбленных» и позднее, «Детство» и «Отрочество» Толстого оставались произведениями, наиболее часто упоминаемыми Достоевским. Их главный герой Николенька Иртеньев представлялся ему архетипическим дворянским ребенком и подростком. Как особенно важные Достоевский выделял фантазии Николеньки, связанные с его конфликтом с воспитателем St.-Jérôme[10]. Существенно, что, несмотря на высказанное в «Отрочестве» предостережение о возможности непреднамеренного насилия, Толстой ни разу в своем творчестве не изобразил преступления, совершенного просто «из любопытства». А Достоевский делает это — в «Бесах», когда Ставрогин доводит до самоубийства маленькую Матрешу только ради того, чтобы узнать, что произойдет. Ставрогин делает это не из-за несправедливости, совершенной по отношению к нему; он изначально теряет нравственный компас как итог современного воспитания под руководством его настав-

---

[7] Там же. С. 46.

[8] Там же. С. 58.

[9] Там же.

[10] См.: Достоевский. Т. 25. С. 32–35. См. об этом также в 8-й главе, посвященной детству.

ника Степана Трофимовича Верховенского. Степан Трофимович побуждает своего юного подопечного к объективации и осмыслению каждого элемента в его окружении — как внешнего, так и внутреннего[11]. Силы анализа, развязанные этими упражнениями, подавляют совесть, Богом данную Ставрогину, и разрушают нравственное учение, воспринятое им из традиции. В результате появляется чудовище самосознания, чьи черты я подробно проанализирую далее в этой главе.

Достоевский также был большим поклонником военных рассказов Толстого, которые прочитал в середине 1850-х после возвращения с каторги и на которые ссылался в важной для него статье, опубликованной в 1861-м[12]. Он с тонкостью отдает им должную дань, особенно рассказу «Рубка леса», в «Записках из Мертвого дома», где упоминает, заключая слова в кавычки, «начальствующих» арестантов в рабочей бригаде в остроге, а затем и «отчаянных», которым посвящает целую главу, восьмую, в первой части[13]. Связь между военной и тюремной средой очевидна в России середины XIX века. Арестант Петров был отправлен на каторгу за то, что зарезал полковника во время службы в армии, но и сами тюрьмы были организованы по военной модели, и убитый разбойником Лукой Кузьмичом офицер имел чин майора[14]. Напрямую в тексте не высказывается, но подразумевается тот факт, что Россия подобна огромной армии, где военное начальство обладает абсолютной властью над людьми, доведенными им до состояния безумия или отчаяния, которое и описывает Достоевский.

Тип *отчаянных* каторжников Достоевский по-своему радикально развивает. В книге есть «задира, насмешник» арестант Антонов,

---

[11] А. Л. Бём утверждает, что мрачная фантазия в 14-й главе «Отрочества» становится важнейшим фактом реальности в мире «случайных семейств» Достоевского (Бём А. Л. Художественная полемика с Толстым (К пониманию «Подростка») // О Достоевском. Сб. статей / под ред. А. Л. Бема. Прага: Петрополис, 1936. С. 192–214).

[12] См. «Введение» к «Ряду статей о русской литературе» (Время. 1861. № 1. Отд. 2; Достоевский. Т. 18. С. 57).

[13] Достоевский. Т. 4. С. 74, 87–92.

[14] Там же. С. 84, 89–90.

и, возможно, это отсылка к бомбардиру Антонову Толстого, определяющему исход схватки с врагом в 7-й главе первой части «Рубки леса»; однако «арестант-силач» и «далеко не трус» Антонов отступает в ссоре перед неустрашимым Петровым. Петров — *отчаянный* с сильной волей, он по преимуществу «благоразумен и даже смирен», но в то же время это и «самый решительный, бесстрашный и не знающий над собою никакого принуждения человек»[15]. Повествователь Горянчиков соглашается со своим товарищем, дворянином М., так характеризующим Петрова: «...он ни перед чем не остановится, если ему придет каприз. Он и вас зарежет, если ему это вздумается, так, просто зарежет, не поморщится и не раскается»[16]. Петров сближается с Горянчиковым, ищет дружбы с ним и много лет ухаживает за ним, при этом последний не верит, что он «хорошо кончит». Этот *отчаянный* будет все время беспокойно «слоняться по острогу», пока им не овладеет какая-нибудь идея или желание; люди этого типа не являются лидерами:

> Они не люди слова и не могут быть зачинщиками и главными предводителями дела; но они главные исполнители его и первые начинают. Начинают просто, без особых возгласов, но зато первые перескакивают через главное препятствие, не задумавшись, без страха, идя прямо на все ножи, — и все бросаются за ними и идут слепо, идут до самой последней стены, где обыкновенно и кладут свои головы[17].

Как и солдаты Толстого, Петров — исполнитель: он действует, не рассуждая.

Петров — человек железной воли, чья сила одновременно пугает и впечатляет, но большинство *отчаянных* Достоевского более заурядны:

> Существует, например, и даже очень часто, такой тип убийцы: живет этот человек тихо и смирно. Доля горькая — терпит. Положим, он мужик, дворовый человек, мещанин,

---

[15] Там же. С. 85 и 135; С. 84.

[16] Там же. С. 84.

[17] Там же. С. 87.

солдат. Вдруг что-нибудь у него сорвалось; он не выдержал и пырнул ножом своего врага и притеснителя. Тут-то и начинается странность: на время человек вдруг выскакивает из мерки. Первого он зарезал притеснителя, врага; это хоть и преступно, но понятно; тут повод был; но потом уж он режет и не врагов, режет первого встречного и поперечного, режет для потехи, за грубое слово, за взгляд, для четки или просто: «Прочь с дороги, не попадайся, я иду!» Точно опьянеет человек, точно в горячечном бреду. Точно, перескочив раз через заветную для него черту, он уже начинает любоваться на то, что нет для него больше ничего святого; точно подмывает его перескочить разом через всякую законность и власть и насладиться самой разнузданной и беспредельной свободой, насладиться этим замиранием сердца от ужаса, которого невозможно, чтоб он сам к себе не чувствовал. Знает он к тому же, что ждет его страшная казнь. Всё это может быть похоже на то ощущение, когда человек с высокой башни тянется в глубину, которая под ногами, так что уж сам наконец рад бы броситься вниз головою: поскорей, да и дело с концом! И случается это всё даже с самыми смирными и неприметными дотоле людьми. Иные из них в этом чаду даже рисуются собой. Чем забитее был он прежде, тем сильнее подмывает его теперь пощеголять, задать страху. Он наслаждается этим страхом, любит самое отвращение, которое возбуждает в других. Он напускает на себя какую-то *отчаянность*, и такой «отчаянный» иногда сам уж поскорее ждет наказания, ждет, чтоб *порешили* его, потому что самому становится наконец тяжело носить на себе эту напускную *отчаянность*. Любопытно, что большею частью всё это настроение, весь этот напуск, продолжается ровно вплоть до эшафота, а потом как отрезало: точно и в самом деле этот срок какой-то форменный, как будто назначенный заранее определенными для того правилами. Тут человек вдруг смиряется, стушевывается, в тряпку какую-то обращается. <...> Конечно, иные и в остроге не скоро смиряются. Всё еще сохраняется какой-то форс, какая-то хвастливость <...>. Но кончает тем, что все-таки смиряется. Иногда только потешит себя, вспоминая свой удалой размах, свой кутеж, бывший раз в его жизни, когда он был «отчаянным»...[18]

---

[18] Там же. С. 87–88. Выделение слов в тексте, включая формы слова «отчаянный», принадлежит Достоевскому.

Этот отрывок напоминает отрывок 14-й главы «Отрочества», где Николенька размышляет об убийстве или о самоубийстве, думая броситься в пропасть. Если сравнивать *отчаянных* Достоевского с солдатами Толстого, то Петров больше похож на бомбардира Антонова или старшего из братьев Козельцовых в третьем севастопольском рассказе («Севастополь в августе»), тогда как обыкновенный *отчаянный* ведет себя, как трусливый Вланг в 26-й главе «Севастополя в августе». Когда враг захватывает батарею, этот Вланг, единственный среди всех, хватает хандшпуг (рычаг для перемещения орудий, тяжестей) и начинает командовать. Неожиданный всплеск мужества происходит в нем в тот момент, когда он теряет всякую надежду спастись; слово «отчаянный» трижды употреблено в абзаце, описывающем его подвиг.

> *Вдруг поразительный крик отчаяния*, повторенный несколькими голосами, послышался слева: «Обходят! Обходят!» <...> С секунду Володя стоял, как окаменелый, и не верил глазам своим. Когда он опомнился и оглянулся, впереди его были на бруствере синие мундиры и даже один спустившись заклепывал пушку. Кругом него, кроме Мельникова, убитого пулею подле него, и Вланга, схватившего вдруг в руки хандшпуг и с яростным выражением лица и опущенными зрачками бросившегося вперед, никого не было. «За мной, Владимир Семеныч! за мной! *Пропали!*» — кричал *отчаянный голос Вланга*, хандшпугом махавшего на французов, зашедших сзади. Яростная фигура юнкера озадачила их. Одного, переднего, он ударил по голове, другие невольно приостановились, и Вланг, продолжая оглядываться и *отчаянно кричать*: «За мной, Владимир Семеныч! что вы стоите! Бегите!» — подбежал к траншее, в которой лежала наша пехота, стреляя по французам[19].

Арестант, попавший в тюрьму за отчаянное преступление, в восприятии притесняемых крестьян подобен Антонову или Влангу, вырывающемуся вперед во время боя в порыве ярости или

---

[19] Толстой. Т. 4. С. 115–116 (курсив мой. — *Д. О.*).

в приступе страха — эти два чувства связаны, конечно. Однако в ситуации, которую исследует Достоевский, враг — не иностранец, но русский, и война — изнурительная гражданская. По Толстому, такой солдат, как Антонов, вступая в бой и в драку, делает это «не столько для собственного удовольствия, сколько для поддержания духа всего солдатства, которого он чувствовал себя представителем»[20]. *Отчаянные* Достоевского выступают против их же собственного начальства; как мы знаем по многим ситуациям в «Записках из Мертвого дома», такие преступники не чувствуют раскаяния, потому что знают, что люди, принадлежащие к их роду — их «войска», — не только прощают, но и одобряют их[21].

В 17-й главе «Севастополя в августе» Толстой описывает ужасающие ситуации, в которых любой человек неожиданно может стать героем.

> Завтра, нынче же, может быть, каждый из этих людей весело и гордо пойдет навстречу смерти и умрет твердо и спокойно; но одна отрада жизни в тех ужасающих самое холодное воображение условиях отсутствия всего человеческого и безнадежности выхода из них, одна отрада есть забвение, уничтожение сознания. На дне души каждого лежит та благородная искра, которая сделает из него героя; но искра эта устает гореть ярко — придет роковая минута, она вспыхнет пламенем и осветит великие дела[22].

В очередной раз, как и в «Рубке леса», Толстой пишет о «безнадежности» как о ключевой составляющей мужества отчаянных людей. Использование этого слова раскрывает осознание Толстым этимологического значения *отчаянности*, и если это значение не приходило раньше в голову Достоевскому, то в этом рассказе оно полностью обнажено. Но Толстой отсылает здесь и к другому важнейшему для отчаянного мужества элементу, а именно к «за-

---

[20] Толстой. Т. 3. С. 47 («Рубка леса», гл. 3).

[21] См.: Достоевский. Т. 4. С. 147. О проблеме моральной ответственности у арестантов-крестьян см. в 7-й главе.

[22] Толстой. Т. 4. С. 96–97.

бвению, уничтожению сознания», которое опять-таки связывает состояние ума воина с состоянием оскорбленного Николеньки в «Отрочестве». Человек, мужественно устремляющийся в бой, делает это не по принуждению, его «отрадой» становится «уничтожение сознания», возникающее только в условиях «безнадежности». Хотя Толстой и не раскрывает этого в «Севастополе в августе», но позже, в «Войне и мире», он имплицитно связывает эту радость с сексуальным наслаждением и смертью сознания во время оргазма. Попав в капкан войны, мы с радостью бросаемся в объятия смерти; мы отказываемся от сознания ради радости чистой витальности, которую Толстой связывает с «искрами», с огнем[23].

В очередной раз Достоевский, внимательный читатель раннего Толстого, подхватывает эти ассоциации и в очередной раз применяет их в «Записках из Мертвого дома» к иной ситуации[24]. В «Севастополе в августе» Толстой демонстрирует способность солдата пожертвовать жизнью; Достоевский показывает, что арестант, мотивируемый теми же чувствами, способен убивать невинных людей просто «для потехи». Та же жизненная энергия, витальность, которая увлекает солдата в бой, переполняет и сознание крестьянина или солдата, когда он восстает против несправедливого хозяина — он также в это время переживает своего рода забвение. Его сознание, отчасти восстанавливаясь по мере того, как он продолжает свои преступные забавы, присутствует как будто в роли беспомощного наблюдателя; он «сам уж поскорее ждет наказания, ждет, чтоб *порешили* его, потому что самому становится наконец тяжело носить на себе эту напускную

---

[23] Я имею в виду не только поведение мужчин в бою, но и звучащую в «Войне и мире» тему радостного возбуждения, которое Пьер и другие испытывают, оставляя позади стабильную, мирную жизнь и погружаясь в хаос.

[24] Позднее, в рецензии в «Отечественных записках» (1866, декабрь) на двухтомное издание «Сочинений» Толстого, вышедшее в 1864 году, Страхов также поднял вопрос о важности «искры» мужества в «Севастополе в мае». Возможно, Достоевский обсуждал с ним эту толстовскую тему; см.: Страхов Н. Н. Критические статьи об И. С. Тургеневе и Л. Н. Толстом (1862–1885). 4-е изд. СПб., 1901. С. 174–178.

отчаянность»[25]. Следуя примеру Толстого, Достоевский ассоциирует этот тип *отчаянных* с огнем; главный образец этого человеческого типа получает у него имя «Лучка», уменьшительное от *Луки*, фонетически близкое как слову *лучина*, так и слову *луч*.

Отчаянный у Достоевского может быть слабым. Двадцатитрехлетний Лучка, убивший шесть человек и любящий этим похвалиться, — «молоденький каторжный, с тоненьким личиком и с тоненьким носиком», «маленький, тоненький, с востреньким носиком, молоденький арестантик <...> из хохлов»[26]. Когда рассказчик впервые слышит леденящие кровь рассказы Лучки, он представляет его более опасным и свирепым, чем Петров. «Но арестанты инстинктивно раскусывают человека. Его очень немного уважали...», в то время как Петрова боялись и восхищались им. «Лучинка» Лучка тщеславно и хвастливо зажигает свое маленькое пламя, тогда как Петров «был благоразумен и даже смирен. Страсти в нем таились, и даже сильные, жгучие; но горячие угли были постоянно посыпаны золою и тлели тихо. Ни тени фанфаронства или тщеславия я никогда не замечал в нем, как, например, у других»[27]. Этот удивительный персонаж олицетворяет силу русского крестьянина. И поэтому он единственный назван по имени в том абзаце финальной главы, где рассказчик произносит о заключенных: «Ведь это, может быть, и есть самый даровитый, самый сильный народ из всего народа нашего. Но погибли даром могучие силы, погибли ненормально, незаконно, безвозвратно. А кто виноват?»[28] В окончательной аналитической оценке *отчаянные* (по крайней мере, волевые) у Достоевского, как и у Толстого, предстают в позитивном свете. Подобно Антонову у Толстого, в них может быть огонь, но без фокуса, может быть витальность, но без идей; и таким людям, как Достоевский, суждено создать идеи, которые сплотят и оживят Петровых. Показательно, что Коля Красоткин в «Братьях Карамазовых»,

---

[25] Достоевский. Т. 4. С. 88.

[26] Там же. С. 56, 89.

[27] Там же. С. 84–85.

[28] Там же. С. 231.

тринадцатилетний будущий лидер, который, по прогнозам Алеши, будет и несчастлив, и способен самореализоваться, дважды назван «отчаянным»[29]. Конечно, отчаянные могут «плохо кончить», как, по предсказанию Горянчикова, может закончить жизнь человек с большим сердцем Петров. Они могут, как подростки в фантазиях Николеньки, совершить ужасные преступления. (Коля Красоткин, кстати, заигрывает с криминалом.) Как бы ни были плохи ее результаты, витальность, которую мы исследуем, не есть преднамеренное зло. Но, как ясно из произведений и Толстого, и Достоевского, она вне морали, и мораль должна рождаться в других областях души человека или в обществе.

«Воскресение»

Толстой заметил нить скрытой беседы между Достоевским и собой в «Записках из Мертвого дома» и продолжил диалог в поздних произведениях. Эта связь наиболее очевидна в «Воскресении», романе о тюремной системе. Неудивительно, что в 1899-м, во время работы над «Воскресением», Толстой перечитал «Записки из Мертвого дома»[30]. Как и в книге Достоевского, в романе Толстого соединены духовное преображение индивидуума и описание различных социальных слоев русского общества. (Преображение князя Дмитрия Нехлюдова происходит в 1-й части; затем во 2-й и 3-й частях он проходит через различные социальные слои, которые мы видим его глазами.) Когда Нехлюдов готовится к отправке в Сибирь с партией арестантов вместе с Катюшей Масловой (которую он соблазнил и бросил много лет назад), повествователь от третьего лица развертывает типологию тюремного населения, возвращающую нас и к собственному рассказу Толстого «Рубка леса», и к версии этой типологии у Достоевского в «Записках из Мертвого дома». Из пяти типов (разрядов), перечисленных повествователем, второй тип — совер-

---

[29] Там же. Т. 14. Кн. 1. С. 464, 494.

[30] Толстой. Т. 42. С. 607–608.

шившие преступление импульсивно, в эмоциональном порыве, — составляет более половины всех осужденных.

> Другой разряд составляли люди, осужденные за поступки, совершенные в исключительных обстоятельствах, как озлобление, ревность, опьянение и т. п., такие поступки, которые почти наверное совершили бы в таких же условиях все те, которые судили и наказывали их. Этот разряд составлял, по наблюдению Нехлюдова, едва ли не более половины всех преступников[31].

Эти импульсивные арестанты являются эквивалентом *отчаянных* Достоевского (а также собственных толстовских *отчаянных* солдат). В условиях стресса или несправедливости этот тип может производить убийц и воров пятого типа (разряда), перед которыми, по заключению Нехлюдова, «общество было гораздо больше виновато, чем они перед обществом»[32]. Рассказчик приводит два примера людей этого экстремального типа: «рецидивист вор» и циничный клоун Охотин, «до 30 лет жизни никогда не встречавший людей более высокой нравственности, чем городовые», но при этом «одаренный необыкновенным даром комизма», и «красавец» убийца Федоров, «привлекательная, страстная натура», ни в чем не знавшая удержу и меры. Сравнивая Охотина и Федорова с «заброшенными растениями», которые были «запущены и изуродованы», рассказчик видит «богатую натуру» обоих[33], что звучит реминисценцией знаменитого утверждения автора «Записок из Мертвого дома» о том, что в остроге находился «самый даровитый, самый сильный народ из всего народа нашего». Нет сомнения, что внутри этой тонкой ассоциативной связи, которая могла быть особенно привлекательна для позднего Толстого, шиллеровский разбойник Федоров мог быть назван Федором Михайловичем в честь самого Достоевского.

---

[31] Там же. Т. 32. С. 311.
[32] Там же. С. 312.
[33] Там же. С. 312–313.

Но большинство осужденных второго разряда — обычные люди, чьи преступления случайны и непреднамеренны. Когда Нехлюдов сопровождает Маслову и ее сокамерников в Сибирь, он встречается с таким человеком — Макаром Девкиным, который по непонятным ему самому причинам покушался на убийство проезжего незнакомца и в результате попал в тюрьму.

Преступление его было очень странное. Преступление это, как он сам рассказывал Нехлюдову, было делом не его, Макара, а *его*, нечистого. К отцу Макара, рассказывал он, заехал проезжий и нанял у него за два рубля подводу в село за 40 верст. Отец велел Макару везти проезжего. Макар запряг лошадь, оделся и вместе с проезжим стал пить чай. Проезжий за чаем рассказал, что едет жениться и везет с собою нажитые в Москве 500 рублей. Услыхав это, Макар вышел на двор и положил в сани под солому топор.
— И сам я не знаю, зачем я топор взял, — рассказывал он. — «Возьми, говорит, топор», я и взял. Сели, поехали. Едем, ничего. Я и забыл было про топор. Только стали подъезжать к селу, — верст шесть осталось. С проселка на большак дорога в гору пошла. Слез я, иду за санями, а он шепчет: «Ты что же думаешь? Въедешь в гору, по большаку народ, а там деревня. Увезет он деньги; делать, так теперь, — ждать нечего». Нагнулся я к саням, будто поправляю солому, а топорище точно само в руки вскочило. Оглянулся он. «Чего ты?» говорит. Взмахнул я топором, хотел долбануть, а он, человек стремой, соскочил с саней, ухватил меня за руки. «Что ты, говорит, злодей, делаешь?..» Повалил меня на снег, и не стал я бороться, сам дался. Связал он мне руки кушаком, швырнул в сани. Повез прямо в стан. Посадили в за́мок. Судили. Общество дало одобрение, что человек хороший, и худого ничего не заметно. Хозяева, у кого жил, тоже одобрили. Да аблаката нанять не на что было, — говорил Макар, — и потому присудили к четырем годам[34].

---

[34] Там же. С. 387. В двух предыдущих главах Толстой рассказывает о встреченном Нехлюдовым убийце Федорове, а также о женщине легкого поведения и о бродяге, тем самым прямо напоминая о более раннем отрывке 2-й части, где речь шла о типах арестантов.

В Макаре Девкине очевидна отсылка к Макару Девушкину Достоевского[35], а его покушение на убийство также возвращает нас через сюжет отцеубийства в «Записках из Мертвого дома» к 14-й главе «Отрочества» («Затмение») и к крестьянскому парню, убивающему топором спящего отца просто «из любопытства» и «временного отсутствия мысли». В «Воскресении» тот же крестьянин-убийца Макар Девкин, теперь арестант, рискует жизнью, чтобы сообщить Нехлюдову о сговоре о смене фамилий между закоренелым преступником, идущим в каторгу, и впервые осужденным арестантом, отправленным на поселение, чей приговор намного легче. В нравственной системе романа Макар Девкин олицетворяет естественно доброго, но слабого человека, способного на страшные поступки, но также, в других обстоятельствах и в другом состоянии, на поступки героические. Назвав своего героя в честь Макара Девушкина, Толстой вполне оправданно видит в раннем персонаже Достоевского скрытый потенциал самоутверждения, возможного даже в каком-то криминальном проявлении. Макар Девушкин — человек, а не святой, и ничто человеческое ему не чуждо; так один русский поклонник Гёте (Толстой) точно проникает вглубь и постигает искусство другого (Достоевского). Подтверждая эту мысль, следующий абзац в 10-й главе «Воскресения» звучит так: «И вот теперь этот человек, желая спасти земляка, зная, что он этими словами рискует жизнью, всё-таки передал Нехлюдову арестантскую тайну, за что, — если бы только узнали, что он сделал это, — непременно бы задушили его»[36].

Макар похож на Нехлюдова, о котором сказано: «В Нехлюдове, как и во всех людях, было два человека. Один — духовный, ищущий блага себе только такого, которое было бы благо и других людей, и другой — животный человек, ищущий блага только себе и для этого блага готовый пожертвовать благом всего мира»[37].

---

[35] См.: Варец М. И. «Записки из Мертвого дома» и эпизод в романе «Воскресение»: по материалам неопубликованных рукописей Достоевского и Толстого // Филологические науки. 1981. № 4. С. 62–65.

[36] Толстой. Т. 32. С. 388.

[37] Там же. С. 58.

Эта максима применима ко всем людям. Нравственная свобода заключается в выборе духовных побуждений души в противовес животным, и когда мы делаем неверный выбор, как это сделал Макар Девкин, пытаясь убить проезжего, то, оглядываясь назад, представляем, что кто-то другой, «нечистый», заставил нас сделать то, что теперь мы отвергаем как аморальное.

В типологии арестантов в 1-й части «Воскресения» и в целом в романе Толстой склонен винить общество и его разрушительное действие на людей за все преступления, вследствие которых они попадают в тюрьму. Это оправдывает даже тех преступников (пятого разряда), к которым относится большинство убийц и разбойников, зарабатывающих на жизнь охотой за своими жертвами. Но, конечно, это не объясняет преступления Макара Девкина, совершенного им, как он считает, по наущению дьявола; не объясняет это в полной мере и того, почему Нехлюдов соблазнил и бросил Катюшу Маслову. Всякий раз, поступая ошибочно, Нехлюдов слышит голос совести и отвергает его; поэтому в своих поступках он должен винить только себя, что он в итоге и делает. «Духовный голос», не вполне заглушенный влиянием армейской жизни и голосом настойчивой похоти, все еще говорит ему о необходимости покинуть имение теток, прежде чем он поддастся искушению: «В глубине души он знал, что ему надо ехать, и что не за чем теперь оставаться у теток, знал, что ничего из этого не могло выйти хорошего, но было так радостно и приятно, что он не говорил этого себе и оставался»[38].

Здесь, как и везде, нравственный голос, который Толстой во время работы над романом называл «разумным сознанием», должен «сказать это» человеку. Создавая в душе альтернативу простейшему эгоистическому порыву, разумное сознание делает нравственность возможной. Однако для того, чтобы Нехлюдов прислушался к этому голосу, должна вступить в действие нравственная воля. То, чему Толстой не дает ясного объяснения ни здесь, ни где-либо еще — каким образом человек должен сделать

---

[38] Там же.

выбор в пользу разумного сознания, а не импульсивного порыва. В его понимании, мы свободны в прошлом и будущем, но не в настоящем; более того, свобода выбора по самой своей природе загадочна и недоступна аналитикам, даже таким проницательным, как Толстой. Выбор мы делаем заранее, что и позволяет нам избежать искушения, которое в настоящем может быть непреодолимым, и наше движение к изменению поведения происходит потому, что мы сожалеем о прошлых поступках и не хотим их повторения в будущем.

Зло в «Крейцеровой сонате»

Разумное сознание — продукт рефлексии души. В образованном сословии, к которому принадлежит Нехлюдов, люди, отвергающие типичные для современной жизни гедонизм и лицемерие, должны сознательно осмыслить путь возвращения к правильной жизни души. В крестьянском сословии, к которому принадлежит Макар Девкин, разумное сознание составляет часть традиционной культуры, усваиваемой бессознательно. Макар Девкин дистанцирует себя от своего преступного замысла, приписывая его постороннему агенту зла; но делая это, он совершает выбор в пользу «духовного человека», как и Нехлюдов в процессе воскресения. В рассказах, написанных Толстым для народа, главным образом в 1880-х и 1890-х, бесовщина обычно играет роль козла отпущения, как и у Макара, тем самым позволяя людям очиститься от морально неприемлемых грехов[39]. Эта роль традиционно определяется как «нечистый попутал» — именно так и называет Макар посланника дьявола, якобы побудившего его убить проезжего ради его денег.

Ни Макар Девкин, ни князь Нехлюдов не замышляют зла; все нравственно серьезные герои в произведениях Толстого, как дворяне, так и крестьяне, дистанцируются от собственных злых

---

[39] Примерами могут служить рассказы «Как чертенок краюшку выкупал» и «Много ли человеку земли нужно?», оба написаны в 1886 году.

побуждений. Так, женившийся герой-дворянин незавершенной повести «Дьявол» приписывает вновь вспыхнувшую страсть к своей прежней любовнице «кому-то». Повесть была написана в 1889 году, когда Толстой работал над окончательными редакциями «Крейцеровой сонаты»[40]. Если и кажется некоторым читателям моральное воскресение Нехлюдова психологически наивным в сравнении с нравственной борьбой и дилеммами героев Достоевского, то никто не скажет подобного о герое «Крейцеровой сонаты» Позднышеве, убившем жену в приступе ревности к ее отношениям со скрипачом Трухачевским, вместе с которым она исполняет бетховенскую сонату. Хотя Позднышев отчасти и винит в убийстве развращенное общество, в котором живет, но, оглядываясь назад, он сожалеет о своем поступке, который подробно исследует, соединяя разумное сознание и стыд. Он совершил убийство в приступе духовного «затмения» того рода, от которого страдал Николенька в «Отрочестве»; пока Позднышев перемещается по провинции, частично исповедуясь и частично оправдывая себя, он еще не выходит из темной ночи собственной души. Он признаётся повествователю, что накануне преступления в нем нарастали враждебные чувства и он чувствовал страшную ненависть к жене, поэтому, возможно, и продолжал приглашать домой Трухачевского. Не исключено, что, не признаваясь в этом, Позднышев заманивал жену в ловушку, чтобы *иметь причину* убить ее. Он этого не говорит, потому что не осознает, но признаётся: «...какая-то странная, роковая сила влекла меня к тому, чтобы не оттолкнуть его, не удалить, а, напротив, приблизить»[41].

Как и герой «Дьявола», Позднышев в какой-то степени осознает природу своих страстей. Но в данном случае Толстой идет дальше, утверждая, что герой повести остается в состоянии самосознания даже при совершении убийства. С одной стороны, им овладевает «бешенство», а «у бешенства есть тоже свои зако-

---

[40] Повесть «Дьявол» была опубликована посмертно, в 1911 году.

[41] Толстой. Т. 27. С. 53.

ны», подобные законам музыкальным; с другой стороны, за самим актом убийства он наблюдает и даже комментирует его по мере развертывания событий[42]. Раздвоение в психике повествователя напоминает бегущую строку комментария Анны Карениной о ее последней поездке и попытке самоубийства или утверждение Достоевского в «Записках из Мертвого дома», что *отчаянный* преступник наблюдает свои поступки с бессильным ужасом и желанием, чтобы кто-то другой положил им конец. (Толстой, возможно, перечитал или просмотрел «Записки из Мертвого дома» также в начале 1890-х, упомянув их в тексте одной из предварительных редакций «Крейцеровой сонаты»[43].)

Во всех трех случаях охваченный бешенством человек находится, как кажется, в тисках страстей, которые им управляют, но им не являются; во всех трех случаях индивидуум является самосознающим «я», имеющим некоторую меру отстраненности и, следовательно, свободы от разрушительной страсти, даже если это «я» не способно эту страсть контролировать.

Раздвоение на созерцательное и активное «я» в критический момент в «Крейцеровой сонате» и абсолютная неспособность первого повлиять на второе также отразило влияние на Толстого Шопенгауэра. По мысли Шопенгауэра, чистая воля настолько непроизвольна, что, кажется, не вовлекает субъекта, живущего только сознанием:

> Бессознательное существование реально лишь для других существ, представляющих его в своем сознании; реальность *непосредственная* обусловлена собственным сознанием. Таким образом, и индивидуальное реальное существование человека лежит прежде всего в его *сознании*. Но сознание как таковое неизбежно есть нечто представляющее, следовательно, обусловлено интеллектом и сферою, и материалом

---

[42] Там же. С. 78. Чтобы подчеркнуть связь музыки и страсти, Толстой описывает момент, предшествующий тому, когда Позднышев вонзает нож в тело жены, как «крещендо» — он использует музыкальный термин — и пишет: «У бешенства есть *тоже* [то есть, как у музыки] свои законы» (курсив мой. — *Д. О.*).

[43] См.: Там же. С. 386.

его деятельности. Поэтому степени ясности сознания, т. е. сознательности, можно рассматривать как степени *реальности бытия*[44].

В своих поздних произведениях Толстой соглашался с Шопенгауэром в том, что подлинная жизнь каждого индивидуума основана на разумном сознании, которое, более того, объединяет всех людей. И именно разумное сознание беспомощно созерцает убийственное бешенство Позднышева и позднее приводит его, хотя бы отчасти, в чувство:

> Когда люди говорят, что они в припадке бешенства не помнят того, что они делают, — это вздор, неправда. Я всё помнил и ни на секунду не переставал помнить. Чем сильнее я разводил сам в себе пары своего бешенства, тем ярче разгорался во мне свет сознания, при котором я не мог не видеть всего того, что я делал. Всякую секунду я знал, что я делаю. Не могу сказать, чтобы я знал вперед, что я буду делать, но в ту секунду, как я делал, даже, кажется, несколько вперед, я знал, что я делаю, как будто для того, чтоб возможно было раскаяться, чтоб я мог себе сказать, что я мог остановиться. Я знал, что я ударяю ниже ребер, и что кинжал войдет. В ту минуту, как я делал это, я знал, что я делаю нечто ужасное, такое, какого я никогда не делал и которое будет иметь ужасные последствия. Но сознание это мелькнуло как молния, и за сознанием тотчас же следовал поступок. И поступок сознавался с необычайной яркостью. Я слышал и помню мгновенное противодействие корсета и еще чего-то и потом погружение ножа в мягкое. Она схватилась руками за кинжал, обрезала их, но не удержала. Я долго потом, в тюрьме, после того как нравственный переворот совершился во мне, думал об этой минуте, вспоминал что мог, и соображал. Помню на мгновение,

---

[44] Шопенгауэр А. Собр. соч.: в 6 т. / пер. с нем.; общ. ред. и сост. А. Чанышева. М.: ТЕРРА – Книжный клуб Изд-во «Республика», 2001. Т. 5: Parerga и Paralipomena. С. 459. Об изменениях в миросозерцании Толстого под влиянием Шопенгауэра см.: Orwin D. Tolstoy's Art and Thought: 1847–1880. Princeton, NJ: Princeton University Press, 1996. P. 157–164. См. в рус. пер.: Орвин Д. Т. Искусство и мысль Толстого: 1847–1880 / пер. с англ. и науч. ред. А. Г. Гродецкой. СПб.: Академический проект, 2006. С. 166–171.

только на мгновение, предварявшее поступок, страшное сознание того, что я убиваю и убил женщину, беззащитную женщину, мою жену. Ужас этого сознания я помню и потому заключаю и даже вспоминаю смутно, что, воткнув кинжал, я тотчас же вытащил его, желая поправить сделанное и остановить. Я секунду стоял неподвижно, ожидая что будет, можно ли поправить. Она вскочила на ноги, вскрикнула:

— Няня! он убил меня![45]

Этот абзац, самый ужасный во всей драматической истории, имеет моральную цель: постоянное присутствие разумного сознания устанавливает виновность преступника, вспоминающего, что каждую секунду он знал, что делает, а потому мог раскаяться и остановиться. Таким образом, Толстой убежден, что если *отчаянный* арестант в «Записках из Мертвого дома» и Макар Девкин в «Воскресении» временно лишаются сознания, когда убивают или пытаются убить, то, несмотря ни на что, они несут или понесут моральную ответственность за свои поступки. Разумное сознание подтвердит свою власть и возьмет вину на себя. Именно это, вероятно, происходит и с Горянчиковым, убийцей жены и повествователем у Достоевского в «Записках из Мертвого дома».

Но что, если самосознающее «я» развращено и стало соучастником побуждений, которым должно противоборствовать? Уже в «Записках из Мертвого дома» повествователь Достоевского утверждает, что в сознании и расчете состоит величайшее зло. Худшие преступники в тюрьме и за ее пределами — садисты, любящие мучительство как таковое. Получаемое ими удовольствие, хотя и более осознанное, чем просто импульсивное, так же порабощает, как и любая другая страсть. Намек на это есть в ненависти Позднышева к жене в «Крейцеровой сонате», но Толстой предпочитает не развивать эту мысль. Самое глубокое и подробное исследование Достоевским этого уровня зла содержит глава, исключенная из романа «Бесы», содержащая исповедь Николая Ставрогина монаху Тихону.

Сердце тьмы в «Бесах»

Источником наслаждения, которое Ставрогин получает от совершения преступных действий, является осознание того, что он уступает своим желаниям и служит преступной воле к власти. Ставрогин искусен в деталях и оркеструет собственные чувства[46]. Как и Позднышев, совершая преступление, он находится в полном сознании, отмечая: «Я все помню до последнего мгновения»[47]. Несмотря на самосознание — а это принципиально важный аспект в анализе Достоевского, — Ставрогин не до конца понимает, что побуждает его к совершению зла. Он стремится убедить Тихона, что теперь свободен от любого рода страсти, кроме желания говорить правду, но это ложь. Он не настолько контролирует себя, как ему хотелось бы думать, и поэтому все еще находится во власти страстей, способных его вновь соблазнить. Худшая из них — злоба, казалось бы, бессмысленная, в которой он не признается Тихону, но в ней выражается ненависть, испытываемая им к большинству людей[48]. В итоге он признается Тихону, что страдает галлюцинациями, приводящими его к мысли о собственной виновности в изнасиловании Матреши, хотя он не раз это отрицает.

Ставрогин хочет, чтобы Тихон поверил, что он действует не из слабости; в этом его отличие от Жан-Жака Руссо в «Исповеди», о слабости воли которого он упоминает в одном из отступлений в начале своего повествования. Последовательность событий, приведших к насилию над несовершеннолетней Матрешей и последовавшему за этим ее самоубийству, начинается с того, что Ставрогин теряет перочинный ножик. Подозрение в воровстве падает на Матрешу, и ее мать без видимых причин жестоко избивает дочь, не дожидаясь доказательств ее вины[49].

---

[46] О его искусности см.: Достоевский. Т. 11. С. 19.

[47] Там же. С. 18.

[48] Там же. С. 25.

[49] Там же. С. 14.

Тем временем Ставрогин замечает ножик на своей кровати, но решает не сообщать об этом, «для того, чтоб ее высекли». Хотя Ставрогин и не говорит об этом прямо, эпизод с перочинным ножом напоминает эпизод с кражей ленты, которую совершил молодой Руссо, прислуживавший в то время в аристократическом доме, а затем обвинивший в этом другого слугу по имени Марион. Руссо сожалеет о своем поступке, однако оправдывает его как акт слабости и даже доброты, поскольку его первоначальные намерения по отношению к Мариону были добрыми. И действительно, как он замечает, он был склонен обвинить во всем девушку, поскольку думал во время кражи о ней как предполагаемом получателе ленты[50]. Напротив, Ставрогин говорит, что насиловал и мучил Матрешу, желая сделать именно то, что сделал, и продолжает объяснять, почему он этого хотел.

Ставрогин сначала признаётся Тихону, что, совершая унизительные преступления, наслаждается собственной «подлостью», но потом поправляет себя: «Не подлость я любил (тут рассудок мой был совершенно цел), но упоение мне нравилось от мучительного сознания своей низости»[51]. В следующем абзаце он повторяет и уточняет, что «полное сознание» было абсолютно необходимо для испытываемого им наслаждения. Подлые поступки могли быть связаны с его желанием контролировать любого рода чувства, независимо от их силы; он никогда не доходил до «забвения себя», и у него всегда было ощущение, что он способен остановиться в том, что он делает. В состоянии

---

[50] Там же. С. 13–14. Этот эпизод из «Исповеди» возникает в произведениях Достоевского многократно. Например, когда Настасья Филипповна в «Идиоте» предлагает гостям на дне рождения рассказать о своих самых страшных поступках, шут Фердыщенко рассказывает, как украл трехрублевую купюру, после чего пытался убедить горничную, ложно обвиненную в краже, признаться в ней. См.: Miller R. F. Dostoevsky and «The Idiot»: Author, Narrator, and Reader. Cambridge, MA: Harvard University Press, 1981. P. 178–182. Б. Ховард также сравнивает поступок Руссо и насилие Подпольного человека над Лизой; см.: Howard Barbara F. The Rhetoric of Confession: Dostoevskij's «Notes from Underground» and Rousseau's «Confessions» / ed. Miller R. F. Critical Essays on Dostoevsky. Boston: G. K. Hall, 1986. P. 65, 68.

[51] Достоевский. Т. 11. С. 14.

нравственного падения его наслаждение, похоже, сводилось к преодолению всех чувств — даже самых сильных, в том числе страха и гнева, что он упоминает в исповеди Тихону. Подчеркивая степень своего самообладания, Ставрогин, отступая от основного рассказа, упоминает об одном из случаев победы над собой, когда «на семнадцатом году» ему удалось преодолеть укоренившийся «порок, в котором исповедовался Жан-Жак Руссо» (мастурбацию); он сравнивает себя с Руссо, признавшимся, что не мог избавиться от этой привычки на протяжении всей жизни.

В стремлении ко все более сильным ощущениям и удовольствиям того сорта, о котором идет речь, Ставрогин уже направил взгляд внутрь себя. Порывы и искушения, которые он хочет контролировать, включают не только те, которые должна подавлять совесть, но именно моральные побуждения, самые сильные с точки зрения той же совести. Именно в погоне за такими изысканными, извращенными удовольствиями он провел время накануне своего первого визита в город, предаваясь в Петербурге дебошам, результатом чего стала его женитьба на Марье Тимофеевне Лебядкиной и насилие над Матрешей. Ставрогин объясняет Тихону, что преступление над Матрешей он совершил от скуки и в состоянии внезапно возникшего желания, но в особенности ради того, чтобы получить удовольствие от преодоления собственного отвращения. Чтобы испытать свою силу воли, «он избрал жертву, которая более всего заслуживает жалости, и избрал ее именно по этой причине; он пытается убить само чувство жалости внутри себя»[52]. В процессе соблазнения девочки он чувствует жалость, и в результате волны страха накатывают на него после изнасилования[53]. В решающий момент этого эпизода, когда Матреша внезапно вспыхивает от стыда, а затем целует его, он явно ассоциирует свой страх с жалостью: «Лицо ее выражало совершенное восхищение. Я чуть не встал и не

---

[52] Anderson N. K. The Perverted Ideal in Dostoevsky's «The Devils». New York: Peter Lang, 1997. P. 98.

[53] Достоевский. Т. 11. С. 16.

ушел — так это было мне неприятно в таком крошечном ребенке — от жалости. Но я преодолел внезапное чувство моего страха
и остался»[54].

Все происходящее сосредоточено вокруг Ставрогина, тогда
как некоторая эмоциональная пресность характерна для его
рассказа о том, что, по его мнению, должна была чувствовать
Матреша во время всего пережитого ею испытания. Крайний
нарциссизм Ставрогина не делает его, однако, настолько могу-
щественным и независимым, как он о себе заявляет; несколько
раз в романе повествователь дает иное объяснение его поведению. Ставрогин — конечный, упаднический продукт той культуры чести и мужества, к которой принадлежал знаменитый
декабрист и дуэлянт М. С. Лунин; о нем рассказчик сообщает,
что самым сильным желанием таких людей было преодоление
собственных страхов[55]. Лунин, каким представляет его рассказчик, уже психологически достаточно сложен; не довольствуясь
победами над другими, он стремится победить себя, а именно
свою величайшую «страсть» — страх смерти. Но, продолжает
рассказчик, Ставрогин «отнесся бы к Лунину свысока, даже
назвал бы его вечно храбрящимся трусом, петушком», потому
что Лунину для преодоления разного рода страхов пришлось бы
их *ощутить*, тогда как Ставрогин в большинстве случаев в общении с другими *вообще не испытывает страха*[56]. Диалектика
гордости и чести развилась в нем до той степени, когда он более
не желает драться на дуэли, так как дуэль будет означать, что он
что-то хочет доказать другим, то есть окажется зависим от них.
Свою гордость и независимость он поэтому будет выражать
в намеренном *бесчестии*. Он представляет собой истинного
кармазиновского нигилиста с его «правом на бесчестье»[57]. Ста-

---

[54] Там же. С. 16–17.

[55] Упоминание Лунина см.: Там же. Т. 10. С. 165; Т. 12. С. 195. Также см.: Reyfman I. Ritualized Violence Russian Style: The Duel in Russian Culture and Literature. Stanford, CA: Stanford University Press, 1999. P. 244 passim.

[56] Достоевский. Т. 10. С. 165.

[57] См. об этом в 6-й главе.

врогин предстает таким, приехав в город в середине 1860-х и в конце концов вызвав скандал — укусив за ухо губернатора, — что приводит его в тюрьму[58]. Скандализация горожан, однако, лишь слегка развлекает Ставрогина; он переходит к тем преступлениям, в которых в итоге признаётся Тихону. Саму исповедь можно понять как попытку преодолеть стыд, самую сильную эмоцию в человеке чести, и, действительно, Тихон так ее и воспринимает. Но Тихон, не будучи уверен в том, что Ставрогин не знает чувства стыда, говорит ему, что его исповедь скорее смешна, чем ужасна, и предсказывает ему, что он не выдержит насмешек над собой[59].

Вопреки собственным заявлениям Ставрогин все же нуждается в других — для подтверждения собственной силы и достоинства. Его манипулирование Матрешей — последний эпизод в поисках получения наслаждения во власти; преданность его «ватаги» ему надоедает, как и воровство денег у бедного чиновника, совершенное им в промежутке между потерей перочинного ножа и соблазнением Матреши[60]. Соблазнение приятнее воровства по двум причинам: само преступление еще отвратительнее, а жертва, с ее «детским» и «тихим, чрезвычайно тихим» лицом, еще невиннее[61]. У Ставрогина начинает биться сердце, когда он слышит ее тихую песенку, говорящую о том, что у нее есть своя невинная жизнь, независимая от других[62]; это возбуждает его, показывая, что она не думает о нем. Он хочет развратить и подавить эту чистую инаковость, поэтому ее ответ на его ласки удовлетворяет фантазию насильника, представляющего, что свою жертву он может заставить желать его. Конечно, понимание этого, в той мере, в какой оно истинно, усиливает ее ненависть к себе и раскаяние, что и приводит Матрешу к самоубийству.

---

[58] Достоевский. Т. 10. С. 37–45.

[59] Там же. Т. 11. С. 26.

[60] Там же. С. 15–16.

[61] Там же. С. 13.

[62] Там же. С. 16.

«Наверное, ей показалось в конце концов, что она сделала неимоверное преступление и в нем смертельно виновата, — "бога убила"»[63].

Ставрогину нужна Матреша как ради ее сопротивления, так и в конце концов ее согласия. Поэтому, вопреки собственным заявлениям, он все еще действует в рамках диалектики гордости и чести, но в таких экстремальных проявлениях, которых никто до Достоевского не мог представить. Свое отличие от Руссо как человека Ставрогин видит в способности контролировать даже собственную физическую потребность в мастурбации, но Достоевский видит его отличие от руссоистского представления о человеке в другом. Руссо в «Прогулках одинокого мечтателя» представлял, что состоянием величайшего блаженства для современного человека будут благотворные радости одиноких прогулок, но Достоевский не верит, что подобное состояние независимости возможно. Гордость в индивидууме, по Достоевскому, возникает из сравнения себя с другими; ощущение собственной незавершенности делает такое сравнение неизбежным. Как утверждает Р. Жирар в своей книге о Достоевском, единственный выход из так понимаемой диалектики гордости — в подражании Христу, чье совершенство абсолютно и потому не может вызывать у индивидуума ни зависти, ни восхищения[64]. Атеист Ставрогин не властен над своей потребностью в похвале, восхищении других; его настойчивому стремлению к самодостаточности противоречит его собственное повествование. Он все еще подчинен другим, в чьем страхе, уважении и даже любви он нуждается как в признании своей власти над ними. Как обнаруживает

---

[63] Там же.

[64] См.: Girard R. Resurrection from the Underground / ed. and trans. J. G. Williams. New York: Crossroad, 1997. P. 57 (впервые опубликовано в 1963 году). Этот взгляд на Достоевского лежит в основе психологических теорий Жирара, разработанных в его книге: Girard R. Deceit, Desire, and the Novel: Self and Other in Literary Structure / trans. Y. Freccero. Baltimore, MD: Johns Hopkins Press, 1965. Однако Достоевский более радикален, чем Жирар; в Иване Карамазове он представляет человека, завидующего даже Богу и соперничающего с Ним за любовь Алёши.

Тихон, вместо признания ему в преступлении Ставрогин похваляется своей властью над Матрешей[65].

Однако он не хвалится своими злыми побуждениями, но повествователь сообщает, что он одержим «злобой», которой в нем было «может быть, больше, чем в тех обоих вместе» (т. е. в Лунине и Лермонтове)[66]. Чтобы полностью осознать мотивы Ставрогина, мучающего Матрешу, необходимо понять природу его злобы. Вопреки его собственным признаниям, там, где злоба, там и зло, и тем самым удовольствие причинять боль людям, что испытывает и герой лермонтовского романа Печорин. Злоба является первоисточником преднамеренного зла, совершаемого ради него самого.

В стремлении к власти над собой Ставрогину удается контролировать все свои чувства, как положительные, так и отрицательные, кроме одного. Одна злоба остается в его душе, превратившейся почти целиком в расчетливость; рассказчик подчеркивает взаимозависимость злобы Ставрогина и его аналитической, изощренной натуры: «...злоба эта была холодная, спокойная и, если можно так выразиться, *разумная*, стало быть, самая отвратительная и самая страшная, какая может быть»[67]. Подобно «злости», которую чувствует Подпольный человек (и этимологи-

---

65   Достоевский. Т. 12. С. 24. О сложности публичной исповеди и об отношении этой темы к Руссо см.: Coetzee J. M. Confession and Double Thoughts: Tolstoy, Rousseau, Dostoevsky // Comparative Literature. 1985. № 3 (37; Summer). P. 193–232; Howard B. F. The Rhetoric of Confession: Dostoevskij's «Notes from Underground» and Rousseau's «Confessions» / ed. R. F. Miller. Critical Essays on Dostoevsky. Boston: G. K. Hall, 1986. P. 64–73; Miller R. F. Dostoevsky and Rousseau: The Morality of Confession Reconsidered / ed. R. L. Jackson. Dostoevsky: New Perspectives. Upper Saddle River, NJ: Prentice-Hall, 1984. P. 82–97.

66   Достоевский. Т. 10. С. 165. Ставрогин также напоминает Тургенева в версии Достоевского, с его атеизмом, склонностью к анализу собственных чувств с дистанции, нигилизмом и поиском идеала, который позволил бы всего этого избежать. См. в 6-й главе.

67   Достоевский. Т. 10. С. 165. Другую, но близкую интерпретацию поведения Ставрогина, в которой он соотносится с героем «Моей исповеди» Карамзина, см.: Лотман Ю. М. Пути развития русской прозы 1800–1810-х гг. // Карамзин. Сотворение Карамзина. Заметки и рецензии. СПб.: Искусство-СПб, 1997. С. 387.

чески сродни ей), она одна может выдержать процесс авторефлексии: «Злость, конечно, могла бы всё пересилить, все мои сомнения, и, стало быть, могла бы совершенно успешно послужить вместо первоначальной причины именно потому, что она не причина»[68]. В злости Подпольного человека выявляет себя подавленная гордость, выражающаяся в основном в мазохизме со случайными вспышками садистического наслаждения, тогда как злоба Ставрогина — это ядовитый остаток великой гордости, по большей части его воодушевлявшей и сжегшей себя дотла.

Подпольный человек откровенно говорит о своей злости (и о злобе тоже), Ставрогин о ней не упоминает. Тем не менее Ставрогин соблазняет и мучает Матрешу «бессмысленной злобой», сходно с Яго, и в этом сближается со своим двойником в романе Петром Верховенским[69]. Все иллюзии относительно любого высокого идеала, к которому Ставрогин мог стремиться, отброшены в его предполагаемой исповеди, чтобы раскрылся его несущий зло эгоизм. Эгоизм этот, в представлении Достоевского, — не просто животный, но является примитивной стадией в процессе рефлексии, порожденной силой человеческого разума. Полностью самопоглощенные рептилия или паук не чувствуют гнева к своей добыче, но лишь внутреннюю стимуляцию. В стремлении к самоопределению, сопротивляющемуся разрушительной силе рефлексии на эту тему, Подпольный человек жалуется (во 2-й главе), что не может даже мечтать о чувствах насекомого, например паука, потому что паук не способен хотя бы к раскаянию, тогда как он испытывает стыд после своих чудовищных поступков. Он не упоминает о своей злости. Даже человек, столь же самососредоточенный, как рептилия или насекомое, вынужден

---

[68] Достоевский. Т. 5. С. 108 («Записки из подполья», гл. 5).

[69] Нэнси Андерсон отмечает «бессмысленную злобу», характерную для Ставрогина, и сравнивает ее с такой же у Лебядкина (Anderson N. K. The Perverted Ideal in Dostoevsky's «The Devils». New York: Peter Lang, 1997. P. 135). Пётр Верховенский, в отличие от Ставрогина, выходит за рамки по-человечески понятного, так как вся его raison d'etre сводится к злонамеренности и жажде контроля. В отличие от Ставрогина, он, похоже, не борется со своими злыми импульсами.

эту злость испытывать по отношению к другим, так как они необъяснимым образом противостоят ему, и он сознает это. Как любовь и гордость, злость — абсолютно человеческое чувство, будучи продуктом сознания, оно недоступно животным. Поэтому, с точки зрения повествователя в «Бесах», чем более самосознающими становятся русские байронические герои, тем больше в них злобы и злых умыслов. Величайшее удовольствие такого рода в конечном счете заключается в осуществлении зла нуждающейся в нем душой.

Когда Ставрогин мучает Матрешу, он мстит ей за ее витальность, невинность и равнодушие к нему. Его пытка заключается в систематическом и постепенном поглощении ее существования. (Она неудачна, кстати сказать, потому что Матреша, в отличие от ее соблазнителя, искренне раскаивается в своем грехе. Ставрогину, стремящемуся погубить ее душу, этого сделать не удалось.) Человек отверженный или тиранический раздражен неспособностью мира признать его безусловную ценность, которую, что бы он ни говорил, он не может утвердить без подтверждения ее другими. Так понимаемая злоба (или злость), а именно так ее видит Подпольный человек, действительно находится вне динамики причин и следствий, владеющих им в иной ситуации; это своего рода зуд, который невозможно почесать, негативная вибрация души, от которой не избавиться. Это сущность Смердякова, брата Карамазовых, — чудовища, в чьей душе есть только тень противоборствующих злу принципов.

Бессмысленная злоба Ставрогина или Подпольного человека отражают сущностный эротизм души, изображенный Достоевским и другими мастерами русской психологической прозы. И у Толстого, и у Достоевского аура сексуальной аномалии или разврата сопровождает самые вопиющие акты зла. Это не случайность. В произведениях Достоевского изнасилование имеет тот же статус, что и убийство, после него для преступника нет спасения. Толстой не оставил нам психологического объяснения зла, сравнимого с тем, которое есть в исповеди Ставрогина. Но подобно Ставрогину, хотя и по более обыденной причине сексуальной ревности, Позднышев приходит к чувству неконтролируемой злобы по отношению к жене, связанной, как и у Ставрогина, с его потребностью контролировать ее или даже владеть ею. «Инстинкт власти, обладания и сексуальной агрессии», который Р. Джексон определяет как «локус чистого зла» у Достоевского[70], является выражением связанной с ним фундаментальной незащищенности индивидуума. Люди нуждаются в том, чтобы быть частью более крупного человеческого сообщества; когда они освобождаются от него либо намеренно, из-за собственной гордости, как в случае Ставрогина, либо вследствие отчуждения, как в случае Подпольного человека, они попадают в садомазохистский цикл, который Р. Жирар описывает как типичный для подпольной гордости[71]. Злой человек хочет контролировать весь мир; поэтому конечной и апокалиптической целью Петра Верховенского является установление вселенской тирании[72].

* * *

Прочитав исповедь Ставрогина и побеседовав с ним, Тихон с горечью признается: «...меня ужаснула великая праздная сила, ушедшая нарочито в мерзость»[73]. Тургенев, Достоевский и Толстой поразили и ужаснули викторианских читателей изображением силы человеческой витальности, способной овладеть разумом и совестью даже хорошего человека, как мужчины, так и женщины. Вместе с тем, однако, русские писатели были старомоднее некоторых западноевропейских литераторов в настойчивом стремлении обнаружить нравственные начала даже у самых развращенных представителей человеческого рода. Взгляд изнутри позволяет увидеть, что их поведение имеет свои «причины»

---

[70] Jackson R. L. The Art of Dostoevsky: Deliriums and Nocturnes. Princeton, NJ: Princeton University Press, 1981. P. 9. См. также его определения в дискуссии о главе «Акулькин муж» (Ibid. P. 82).

[71] Мнение Р. Жирара о развитии психологического понимания от Декарта до Достоевского см.: Girard R. Resurrection from the Underground. P. 91–100.

[72] «Бесы», ч. 2, гл. 8 («Иван Царевич»).

[73] Достоевский. Т. 11. С. 25.

и что они дистанцируются от зла; все они в той или иной форме способны испытывать стыд. Хотя Позднышев в своих признаниях в чем-то оправдывает убийство жены, он его стыдится и навязчиво изобличает в исповедях незнакомым людям. Несмотря на то что Ставрогин отрицает чувство стыда, ему тоже стыдно за насилие над Матрешей; повторяющееся появление ее призрака позволяет предположить, что это так[74]. Даже Смердяков в «Братьях Карамазовых» нуждается во внешней поддержке после отцеубийства, и, поняв, что Иван Карамазов ее не обеспечит, он ощущает присутствие в комнате «Провидения»[75].

Зло, как и добро, относится к сфере человеческого разума. В толстовском «Отрочестве» «любопытство» и «плотские инстинкты» подростка доминируют в нем только тогда, «когда будущее представляется человеку в столь мрачном свете, что он боится останавливать на нем свои умственные взоры, прекращает в себе совершенно деятельность ума и старается убедить себя, что будущего не будет и прошедшего не было». Если бы он задумался о последствиях, полагает Толстой, он не поджег бы свой дом и не убил бы спящего отца. Но зачем ему вообще думать о совершении этих деяний? Контекст «этого несчастного дня» для Николеньки, в течение которого, казалось, все развернулись против него, наводит на мысль, что его фантазии вызвали страх и гнев оскорбленного «я». Если злые импульсы естественны, то так же естественны и добрые импульсы любви и самопожертвования. Как я пыталась продемонстрировать в этой главе, они имеют один и тот же психологический источник. Первопричиной возникновения как добра, так и зла является страх смерти и уничтожения «я». Тургенев продемонстрировал это в сцене у стога

---

[74] Возможно, под влиянием дофрейдовского литератора и врача Карла Густава Каруса (1789–1869), Достоевский считал, что совершённые злодеяния способны привести преступников к физическим заболеваниям или ментальным расстройствам, так что преступление Ставрогина могло вызвать галлюцинации и паранойю, на которые он жалуется Тихону. Об интересе Достоевского к Карусу см.: Frank J. Dostoevsky: The Years of Ordeal, 1850–1859. Princeton, NJ: Princeton University Press, 1983. P. 170–174.

[75] «Братья Карамазовы», кн. 11, гл. 6 и 8.

сена в «Отцах и детях», когда Базаров впервые признает собственную смертность и резко спорит и ссорится с Аркадием. Вот почему повествователь в «Бесах» начинает русскую байроническую родословную Ставрогина с декабриста Лунина с его страхом смерти; хотя Ставрогин далеко опередил Лунина в диалектике мужества и гордости, он не избавился от этого страха. Связь диалектики гордости со страхом смерти объясняет также и ставрогинскую одержимость временем при совершении его чудовищных преступлений[76]. Он демонстрирует осознанный самоконтроль и свободу от тирании событий в способности отойти в сторону и зафиксировать индивидуальность каждого момента. Сама смерть — конец времени в любой жизни — остается фундаментальным фактом жизни, который среди всех животных способны предвидеть только люди и одержать победу над которым способно только христианство с его идеей бессмертия души. Для Достоевского христианство решает проблему фундаментальной неполноты, нецелостности человеческой души; те, кто верует в бессмертие души, не испытывают злобы, свойственной атеистам Достоевского, или по крайней мере сопротивляются ей.

---

[76] См.: Catteau J. Dostoevsky and the Process of Literary Creation / transl. A. Littlewood. Cambridge: Cambridge University Press, 1989. P. 364–365.

Заключение

Размышлять о себе русские начали одновременно со стремлением стать современным народом. Одним из самых очевидных следствий национального самоосознания является преобладание в русской прозе психологического анализа как инструмента для понимания поведения человека. Тургенева беспокоило влияние подобного подхода на сам предмет анализа. Когда, например, он писал об этом применительно к прозе Толстого, то отметил, что в больших дозах анализ годится далеко не для каждого персонажа.

> И насчет так называемой «психологии» Толстого можно многое сказать: настоящего развития нет ни в одном характере <...>, а есть старая замашка передавать колебания, вибрации одного и того же чувства, положения, то, что он столь беспощадно вкладывает в уста и в сознание каждого из своих героев: люблю, мол, я, а в сущности ненавижу, и т. д., и т. д. Уж как приелись и надоели эти quasi-тонкие рефлексии и размышления, и наблюдения за собственными чувствами! *Другой психологии Толстой словно не знает или с намерением ее игнорирует*[1].

Метод Толстого подходит для Олениных и князей Андреев Болконских, героев его прозы, но не для тех, кто менее занят самоанализом и самоосмыслением[2]. (И сам Толстой признал это, отказавшись от психологического анализа в поздних расска-

---

[1] Тургенев. Письма. Т. 8. С. 129; письмо к П. В. Анненкову от 14 (26) февраля 1868 (курсив мой. — *Д. О.*).

[2] См.: Курляндская Г. В. Художественный метод Тургенева-романиста. Тула: Приокское книжн. изд-во, 1972. С. 234.

зах для народа.) Уделяя столь пристальное внимание внутренней жизни, писатель преувеличивает ее значение в большом человеческом сообществе и в мире. У Тургенева были основания для обвинения Толстого и особенно Достоевского в искажении правды конкретной ситуации уже потому, что они придавали слишком большой вес сфере субъективности. В результате они способствовали разрастанию индивидуализма за ту грань, до пределов которой он мог комфортно вписываться в широкий мир людей и природы. Тургенев имел основания говорить, что именно литература привела людей на койку психиатра, где они получили возможность жаловаться, что их никто не любит. На самом деле, как демонстрируют великие русские писатели, никто не любит нас так сильно, как мы сами; это неизбежный жизненный факт. Но человеческое эго сильно прибавило в весе отчасти благодаря его легализации в психологии, что привело к разрушению традиционной морали, основанной на законах, ограничивающих свободу самовыражения. Тургенев протестует против психологизации мира, в которой он как один из основателей русского реализма волей-неволей участвует. Он напоминает нам, что писатели могут изменять мир, пытаясь его описать; конечно, и он, и его русские собратья по перу именно это и делали.

Влияние русской психологической прозы на мировую литературу выразилось в первую очередь в укреплении авторитета индивидуального голоса субъекта. Даже для Толстого свобода вне морали составляет сущность жизни каждого индивидуума, хотя он и предпочитает в своем творчестве не выдвигать этого на первый план; он пишет об этом в дневнике 1 февраля 1878 года: «Зло есть выражение свободы, отступление от *закона. Свобода есть сама жизнь*»[3]. Между тем самым популярным русским писателем XX века был Достоевский, и именно он среди трех великих основоположников русского психологического реализма организует свой художественный мир почти целиком вокруг индивидуума. Достоевский стал величайшим героем французского экзистенциализма, которому с предельной честностью

---

[3]   Толстой. Т. 48. С. 349 (выделено Толстым).

представил мир человека без Бога. Однако Джозеф Франк пришел к мысли, что Достоевский был неверно понят экзистенциалистами[4]. Среди трех авторов, чье творчество мы исследовали в этой книге, Достоевский был также самым религиозным. Именно эту его черту Ницше, еще один его поклонник, находил в нем наиболее раздражающей. Обнаружив волю к власти, таящуюся в сибирских арестантах, Достоевский вернулся к Христу, вместо того чтобы следовать по ницшеанскому пути к самоопределению сверхчеловека. Причина заключается в том, что, в отличие от своего немецкого поклонника, Достоевский не в полной мере воспринял дионисийскую действительность, а именно она часто была той точкой зрения, с которой его изучали. У трех писателей, о которых шла речь в этой книге, разный взгляд на человеческую природу, но все они согласны в том, что индивидуальная душа не способна существовать сама по себе. Все трое согласны в понимании ее радикальной неполноты, нецелостности и вытекающих из этого ее потребностей и стремлений; для всех троих ницшеанская воля к власти *не является* фундаментальным свойством человеческой природы, но напротив — лишь ответом, ошибочным ответом на естественную потребность души в полноте. Все трое выступали за другие, более гуманные ответы, которые Ницше отвергал либо как рационалистические, либо как относящиеся к мечтательному христианству[5].

Для Тургенева романтическое томление является проявлением трагического состояния индивидуума. В определенные моменты жизни — чаще всего, когда человек влюблен и чувствует, что любовь взаимна, — он ощущает себя как будто стоящим на вершине мира, чувствует себя одновременно и частью природы, и целиком принадлежащим самому себе. Но в большинстве случаев мы должны принять нашу незначительную роль в при-

---

4   Frank J. Dostoevsky: The Seeds of Revolt, 1821–1849. Princeton, NJ: Princeton University Press, 1976. P. xi. «Непростое чувство» Франка, что экзистенциалисты не поняли Достоевского, в особенности Подпольного человека, привело его к созданию объемной пятитомной биографии писателя.

5   Это основная тема его книги «По ту сторону добра и зла».

роде и человеческом обществе и признать, что мы в них нуждаемся больше, чем они в нас. Чисто человеческое Тургенев видит
только в созерцательном уме; мы находимся на высоте, когда,
доверяя нашему уму, признаем и принимаем свое место в жизни
и выражаем это приятие в искусстве. В «Певцах», одном из самых
известных рассказов в «Записках охотника», Яков-Турок сорев-
нуется в пении в деревенском кабаке с заезжим рядчиком, искусно, «залихватски» исполняющим плясовую песню, что вызывает
радость и одобрение слушателей. Болезненный Яков поет вторым,
и все плачут, слушая его. Яков прославляет индивидуальность,
что и радостно, и в то же время грустно и трагично, так как, по
убеждению Тургенева, индивидуальность не находит единства
с природой; жалкий пейзаж, окружающий кабак, косвенно эту
мысль подтверждает. Каждый из слушателей Якова оплакивает
свою жизнь, грустную, какой бы успешной она ни была, потому
что все мы обречены на старость и смерть. Большое искусство
говорит о субъективном без сентиментальности.

> «Не одна во поле дороженька пролегала», — пел он, и всем
> нам сладко становилось и жутко. Я, признаюсь, редко слы-
> хивал подобный голос: <...> в нем была и неподдельная
> глубокая страсть, и молодость, и сила, и сладость, и какая-то
> увлекательно-беспечная, грустная скорбь. Русская, правди-
> вая, горячая душа звучала и дышала в нем и так и хватала
> вас за сердце, хватала прямо за его русские струны. <...> Не
> знаю, чем бы разрешилось всеобщее томленье, если б Яков
> вдруг не кончил на высоком, необыкновенно тонком звуке...[6]

Пристальное внимание в «Певцах» к прозвищам, к местным
словам и речениям, к специфическим чертам языка и поведения
во всем подчеркивает особенность и индивидуальность, признавая их трагические ограничения. Когда в «Отцах и детях» Николай Павлович Кирсанов играет в саду на виолончели, он стоит
выше нигилиста и критика Евгения Базарова, слушающего его
с презрением, потому что Николай Кирсанов «поет» о своем

---

[6] Тургенев. Соч. Т. 3. С. 222–223.

чувстве к любимой женщине. Когда в конце романа родители Базарова оплакивают его на кладбище, небольшая ограда, окружающая могилу, охраняет незначительное по размеру и времени пространство, в котором они поселили свою любовь и горе. Описывая цветы на могиле, рассказчик далек от сближения их с Базаровым. В «невинных глазах» цветов, совершенно очевидно, не выражает себя «страстное, грешное, бунтующее сердце» Базарова. (Возможно, каменные плиты на кладбище, которые «все сдвинуты, словно кто их подталкивает снизу»[7], служат свидетельством его продолжающегося присутствия или, по крайней мере, напоминанием о его витальности и ее главном природном источнике.) Между тем рассказчик переносит воображение на более высокий уровень, просто передавая песней состояние человека, как это делает в саду Николай Павлович Кирсанов. Природа не дает человеку никаких обещаний; только ее красота и гармония — в цветах на могиле — могут утешить нас, если мы хотим быть утешенными.

Этого недостаточно для таких авторов, как Достоевский и Толстой. Оба они убеждены, что часть души божественна, и поэтому в отдельные моменты личность способна обретать полноту и целостность. Важно понимать, что в классической русской литературе именно неполнота души становится предпосылкой стремления к идеалу, что так увлекает читателей. Лишь низкие и неизлечимо поверхностные персонажи, как Аполлон, слуга Подпольного человека, или Курагины в «Войне и мире», способны испытывать полную самоудовлетворенность. Достоевский в этом отношении, как и в других, остается наиболее радикальным среди трех авторов. Он смотрит свысока на Тургенева из-за его страха перед железной природной неизбежностью и одновременно критикует Толстого за самоуспокоенность, которую предполагает в таких героях, как князь Андрей, способных обрести счастье в подчинении смерти и необходимости. Однако самый радикальный автор оказывается в то же время и самым нуждающимся; именно Достоевский пришел в итоге к представлению

---

[7] Там же. Т. 7. С. 187.

о возможном мессианском преображении человеческой жизни. Для него это было неизбежно, поскольку сам индивидуализм представлялся ему и естественным, и морально подозрительным. Зло тоже естественно, так как вытекает из потребностей бесконтрольного эго. Эта мысль стала темой четырех великих романов об убийстве и его причинах: «Преступления и наказания», «Идиота», «Бесов» и «Братьев Карамазовых». В последнем Достоевский фактически предлагает традиционное решение проблемы зла, воплотив его в образе старца Зосимы:

> Старец — это берущий вашу душу, вашу волю в свою душу и в свою волю. Избрав старца, вы от своей воли отрешаетесь и отдаете ее ему в полное послушание, с полным самоотрешением. Этот искус, эту страшную школу жизни обрекающий себя принимает добровольно в надежде после долгого искуса победить себя, овладеть собою до того, чтобы мог наконец достичь, чрез послушание всей жизни, уже *совершенной свободы, то есть свободы от самого себя*, избегнуть участи тех, которые всю жизнь прожили, а себя в себе нашли[8].

Достоевский здесь возвращается к проблематике исповеди Ставрогина отцу Тихону, будучи убежден, что никто не способен избежать того, что в разных текстах он называет «ощущениями» зла[9]. Чтобы достигнуть «свободы» от этих «ощущений», мы должны отказаться от собственной воли, хотя бы временно, передав ее святому человеку. Но даже такой святой, как Зосима, умерев, «пропах»; он тоже и человек, и грешник. Поэтому Алеша, отдавший в чистом акте любви свою душу старцу, должен вернуться по указанию этого же старца в темное мирское пространство романа, чтобы искать спасения каким-то иным образом. Зосима

---

[8] Достоевский. Т. 14. С. 26 (курсив мой. — *Д. О.*).

[9] См.: Там же. Т. 4. С. 154 («Записки из Мертвого дома»): «Кто испытал раз эту власть, это безграничное господство над телом, кровью и духом такого же, как сам, человека, так же созданного, брата по закону Христову; кто испытал власть и полную возможность унизить самым высочайшим унижением другое существо, носящее на себе образ божий, тот уже поневоле как-то делается не властен в своих ощущениях».

остается для Алеши образцом святости, таким же он должен быть и для читателя, но Алеше предстоит пройти через поиски собственного блага, что и составит сюжет второго (ненаписанного) романа о нем. Сложность этих поисков и сложность человеческой личности, какой она представлялась Достоевскому, в процитированном отрывке выражается в повторах слова «я» («себя»). Чтобы очиститься от злых побуждений, мы должны настолько освободиться от «себя», чтобы найти «себя» в «себе». Возникнет ли при этом подлинная человеческая личность? Как бы ни были, по Достоевскому, целостны человеческие существа, когда они идут от Бога, его запутанная формула показывает, насколько эти существа в реальности конфликтны и противоречивы. Следовательно, я соглашаюсь с мыслью о религии Достоевского Малколма Джонса: сомнение присутствует в самой ее сущности[10].

Возвращаясь в художественный мир Толстого, отметим, что радикальное решение проблемы человеческих нужд Позднышевым напоминает легко исполнимые, детские идеи атеиста Кириллова (в «Бесах») — тем, что Позднышев предлагает устранить их причины, а не найти решение. Если бы только мужчины и женщины любили друг друга по-братски, без тех жертв, которых требует романтическая любовь, вселенная была бы мирной и гармоничной. И мир людей закончил бы существование в течение одного поколения — таково решение проблемы, которое Толстой, исполненный горечи отец большой семьи, отстаивал в ужаснувшем современников Послесловии к своей повести. Предположив, что Толстой знал о неисполнимости такого решения, мы останемся с той борьбой между добром и злом в человеческой природе, которую он в письме к Страхову, написанном после смерти Достоевского, охарактеризовал как сущность личности и творчества своего соперника[11]. «Дьявол», «Крейцерова соната» и «Воскресение» делают очевидным, что и в Толстом шла такая же борьба.

---

[10] Jones M. Dostoevsky and the Dynamics of Religious Experience. London: Anthem Press, 2005.

[11] Толстой. Т. 63. С. 142; письмо от 30? ноября — 1? декабря 1883 г.

В постницшеанском мире конца XX и начала XXI века чистая субъективность стала ассоциироваться с аморализмом или релятивизмом, позволяющими субъекту делать то, что он или она хочет — хорошее или дурное. С высоты нашей выигрышной иронической позиции морализм XIX века кажется наивным или буржуазным; последний термин чаще всего используется уничижительно — имеется в виду самодостаточность буржуазной «морали». Тем не менее русские писатели XIX века — под нашей критической линзой — успешно справлялись с этой задачей, сохраняя мораль без наивности и лицемерия. Это относится даже к Толстому, которому мы прощаем его проповеди, исходя из того, что в художественном творчестве он освобождался от привычек проповедника; любым предпринимаемым современными исследователями попыткам удалить из художественного мира Толстого его морализм может противостоять парадигма ежа и лисы Исайи Берлина. Стоит признать, особенно в случае Толстого, что подобные попытки во всех смыслах невозможны и нежелательны.

Релятивизм Исайи Берлина имеет нравственные резоны и достоин похвалы; это был его редут, на котором он сражался с монолитами фашизма и коммунизма. Но именно этот факт, однако, демонстрирует неприменимость его подхода для сегодняшнего дня, когда в современной культуре релятивизм стал внутренним врагом, лишающим нас веры в индивидуализм, тогда как последний является лучшим достижением либерализма. Хотя англоязычные читатели русской классики и выступают по-прежнему сторонниками толерантности, они находят общий язык с великими русскими писателями именно как моралистами. В «Бесах», великом политическом романе Достоевского, мы смеемся над жителями города, однако ядовитый нигилизм, распространяемый Петром Верховенским, кажется нам гораздо более опасным, потому что мы к нему ближе, чем к душному конформизму «болванов» в голливудских фильмах. Мы ищем нравственного руководства, способного одержать верх над индивидуализмом, не разрушив при этом его преимуществ, и русские писатели нам в этом помогают. Мы можем принять те решения моральных дилемм, которые предлагают Толстой или Достоевский, но даже не принимая их, мы извлекаем уроки из их произведений. Их представление о том, что добро и зло сосуществуют в человеческой личности, как и их разъяснение этого явления, стало частью современной, глубоко разработанной психологии, не рассматривающей человека только с точки зрения либо его биологических, либо разумных начал.

Морализм мастеров русской психологической прозы мы также принимаем благодаря их честности в признании ограниченности собственных знаний. Главные герои Тургенева, Достоевского и Толстого представляют собой эманации своих создателей, а также индивидуумы, чья сущность недоступна ни их авторам, ни им самим. Когда повествователи пытаются объяснить героев, полагаясь на анализ или на их самоистолкование, они приходят к выводам, вместе и правильным, и неправильным. Этот факт объясняет, почему Тургенев мог рассуждать о Базарове как об исторической фигуре, а не как о собственном создании[12]. Пожалуй, самый известный пример работы в художественном тексте этого принципа понимания и непонимания другого — сцена суда над Дмитрием Карамазовым в 12-й книге «Братьев Карамазовых», когда два профессиональных юриста представляют две разные версии убийства Федора Карамазова. Прокурор Ипполит Кириллович хитрый, но нравственный человек, поэтому он ошибочно приписывает склонность к обману Дмитрию, в виновности которого уверен, и правильно понимает хитрость Смердякова, но не его аморализм; он попадает в ловушку, устроенную ему Смердяковым, ошибочно полагая, что в Смердякове сильна совесть. Но прокурор ценит и благородство Дмитрия, в чем отражается его собственное благородство, тогда как изобретательный, но аморальный адвокат Фетюкович способен подвергнуть подробному анализу сюжет Смердякова, но не может понять неспособность Дмитрия ко лжи. Он (как и прокурор) не видит того, что если бы Дмитрий совершил преступление, то признался бы в этом. Что же касается Толстого, несмотря на его доверие

---

[12] См. в 6-й главе.

к открыто дидактическому повествователю, рассказ о своих основных героях он представляет со столь многих точек зрения, что, собранные вместе, они образуют такой сложный комплекс, который всезнающий повествователь не может четко разделить и объяснить. Нарративные отступления и комментарии, какими бы убедительными они ни были, не становятся последним словом о драмах в произведениях Толстого, оставляя для поколений читателей и эти драмы, и их героев живыми и загадочными.

Ко второй половине девятнадцатого века русские писатели создавали романы, служившие европейцам разъяснением их самих. Такие произведения, как «Записки из Мертвого дома» и «Анна Каренина», проясняли суть состояний индивидуума с точки зрения современности. По иронии ситуации, повторяющейся в истории, читатели двадцатого века подражали Подпольному человеку и Анне Карениной, как когда-то русские читатели подражали героям европейских романов. И если этот процесс продолжится в двадцать первом веке, то случится это потому, что в русских романах по-прежнему самыми неожиданными способами раскрываются следствия самоосознания.

Избранная библиография

Бабст И. К. Лейбниц. Биографический очерк // Современник. 1848. Т. 7. № 2. Отд. IV. С. 87–108.

Батюто А. И. «Признаки великого сердца»: К истории восприятия Достоевским романа «Отцы и дети» // Русская литература. 1977. № 2. С. 21–37.

Бахтин М. М. Проблемы поэтики Достоевского // Бахтин М. М. Собр. соч.: В 7 т. Т. 6. М.: Русские словари; Языки славянской культуры, 2002. С. 7–300.

Белинский В. Г. Полн. собр. соч.: В 13 т. М.: АН СССР, 1953-1959.

Бем А. Л. Исследования. Письма о литературе / Сост. С. Г. Бочаров; предисл. и комм. С. Г. Бочарова и И. З. Сурат. М.: Языки славянской культуры, 2001.

Бем А. Л. Первые шаги Достоевского (генезис романа «Бедные люди») // Slavia. 1933. № 12. С. 134–161.

Бем А. Л. Толстой и Достоевский // О Достоевском: Сб. статей / Ред. А. Л. Бем. Прага: Петрополис, 1936. С. 167–214.

Бем А. Л. Художественная полемика с Толстым (К пониманию «Подростка») // О Достоевском: Сб. статей / Ред. А. Л. Бем. Прага: Петрополис, 1936. С. 192-214.

Бердяев Н. А. Русская идея. Paris: YMCA-PRESS, 1971.

Бердяев Н. А. Судьба России. М.: Сов. писатель, 1990.

Берлин И. Еж и лиса // Берлин И. История свободы. Россия. М.: НЛО, 2001. С. 183–268.

Бялый Г. А. Русский реализм. От Тургенева к Чехову. Л.: Сов. писатель (Ленингр. отд.), 1990.

Варец М. И. «Записки из Мертвого дома» и эпизод в романе «Воскресение»: По материалам неопубликованных рукописей Достоевского и Толстого // Филологические науки. 1981. № 4. С. 62–65.

Ветловская В. Е. Роман Ф. М. Достоевского «Бедные люди». Л.: Худож. лит., 1988.

Виноградов В. В. История русского литературного языка: Избранные труды. М.: Наука, 1978.

Виноградов В. В. Эволюция русского натурализма: Гоголь и Достоевский. Л.: Academia, 1929.

Волынский А. Л. Достоевский: Критические статьи. 2-е изд. СПб.: Изд-во т-ва «Общественная польза», 1909.

Галаган Г. Я. Л. Н. Толстой: Художественно-этические искания. Л.: Наука, 1981.

Герцен А. И. Собр. соч.: В 30 т. М.: АН СССР, 1954-1966.

Гершензон М. О. Мечта и мысль И. С. Тургенева. М.: Книгоиздательство писателей в Москве, 1919.

Гинзбург Л. Я. О психологической прозе. Л.: Худож. лит., 1977.

Гуковский Г. А. Очерки русской литературы XVIII века. Л.: Гослитиздат, 1938.

Гусев Н. Н. Лев Николаевич Толстой: Материалы к биографии с 1855 по 1869 год. М.: АН СССР, 1957.

Данилевский Н. Я. Космос. Опыт физического мироописания Александра фон Гумбольдта. Пер. Николая Фролова. СПб., 1848 // Отечественные записки. 1848. Т. 58. Отд. V. Критика. С. 13–60; Т. 59. Отд. V. Критика. С. 1–62.

Джеймс Г. Иван Тургенев // Джеймс Г. Женский портрет / Подгот. изд. Л. Е. Поляковой и М. А. Шерешевской; пер. М. А. Шершевской. М.: Наука, 1981 (сер. «Лит. памятники»). С. 493-502.

Джойс Д. Портрет художника в юности. М.: Терра, 1997.

Диккенс Ч. Собр. соч.: В 30 т. М.: ГИХЛ, 1957-1963.

Долинин А. С. Тургенев в «Бесах» // Долинин А. С. Достоевский и другие. Статьи и исследования о русской классической литературе. Л.: Худож. лит., 1989. С. 163–187.

Достоевский Ф. М. Полн. собр. соч. и писем: В 30 т. Л.: Наука, 1972–1990.

Дружинин А. В. Собр. соч.: В 6 т. Т. 6. СПб., 1865.

Егоров Б. Ф. Белинский В. Г. // Русские писатели: 1800–1917: Биографический словарь. Т. 1. М.: Сов. энциклопедия, 1989. С. 206–216.

Зеньковский В. В. История русской философии: в 2 т. Т. 1. Ч. 1, 2. Л.: Эго, 1991.

Карамзин Н. М. Избр. соч.: В 2 т. М.; Л.: Худож. лит., 1964.

Карамзин Н. М. Моя исповедь // Карамзин Н. М. Соч.: В 2 т. Т. 2. Л.: Худож. лит. (Ленингр. отд.), 1984. С. 729–739.

Карпов В. Н. Сочинения Платона, переведенные с греческого и объясненные профессором Санкт-Петербургской Духовной Академии Карповым. Ч. 1–2. СПб., 1841–1842.

Катарский И. М. Диккенс в России. Середина XIX века. М.: Наука, 1966.

Катарский И. М., Фридлендер Г. М. Чарльз Диккенс: Библиография русских переводов и критической литературы на русском языке, 1838–1960. М.: Изд-во Всесоюз. книжной палаты, 1962.

Клеман М. К. Программы «Записок охотника» // Уч. зап. Ленингр. гос. ун-та. Сер. филол. наук. 1941. Вып. 11. С. 88–126.

Колубовский Я. Н. Материалы для истории философии в России. 1855–1888 // Вопросы философии и психологии. 1890–1891. Год 1. Кн. 4. Приложение. С. 6–12.

Купреянова Е. Н. Эстетика Толстого. М.; Л.: Наука, 1966.

Курляндская Г. Б. И. С. Тургенев и русская литература: Учеб. пособие. М.: Просвещение, 1980.

Курляндская Г. Б. Художественный метод Тургенева-романиста. Тула, 1972.

Лёвит К. От Гегеля к Ницше: Революционный перелом в мышлении XIX века. Маркс и Кьеркегор / Пер. с нем. К. Лощевского; ред. М. Ермаковой и Г. Шапошниковой. СПб.: Владимир Даль, 2002.

Лермонтов М. Ю. Собр. соч.: В 4 т. М.: АН СССР, 1961–1962.

Локк Дж. Сочинения: В 3 т. М.: Мысль, 1985.

Лосский Н. О. История русской философии. М.: Сов. писатель, 1991.

Лотман Ю. М. Карамзин. Сотворение Карамзина: статьи и исследования, 1957–1990. Заметки и рецензии. СПб.: Искусство-СПб, 1997.

Лотман Ю. М. Пушкин: биография писателя; Статьи и заметки, 1960–1990; «Евгений Онегин»: комментарий. СПб.: Искусство-СПб, 1995.

Лотман Ю. М. Руссо и русская культура XVIII — начала XIX века // Руссо Ж.-Ж. Трактаты. М.: Наука, 1969. С. 555–604.

Лурия А. Р. Потерянный и возвращенный мир. История одного ранения. М.: Алгоритм, 2017.

Лурия А. Р. Этапы пройденного пути. Научная автобиография / Ред. Е. Д. Хомская. М.: МГУ, 1982.

Майков В. Н. Литературная критика. Статьи. Рецензии / Сост., подгот. текста, вступ. ст. и примеч. Ю. С. Сорокина. Л.: Худож. лит. (Ленингр. отд.), 1985.

Мочульский К. В. Достоевский. Жизнь и творчество. Париж: YMCA-PRESS, 1947.

Назиров Р. Г. Владимир Одоевский и Достоевский // Русская литература. 1974. № 3. С. 203–206.

Недзвецкий В. А. Отрицание личности: «Записки из Мертвого дома» как литературная антиутопия // Известия АН СССР. Сер. лит. и языка. 1997. Т. 56. № 6. С. 14–22.

Никольский Ю. Тургенев и Достоевский (История одной вражды). София: Российско-болгарское книгоиздательство, 1921.

Одоевский В. Ф. Русские ночи / Подгот. изд. Б. Ф. Егорова, Е. А. Маймина, М. И. Медового. Л.: Наука, 1975 (сер. «Лит. памятники»).

Опульская Л. Д. Творческая история «Казаков» // Толстой Л. Н. Казаки. М.: АН СССР, 1961. С. 352–386.

Орвин Донна Тассинг. Искусство и мысль Толстого: 1847–1880 / Пер. с англ. и науч. ред. А. Г. Гродецкой. СПб.: Академ. проект, 2006.

Переписка И. С. Тургенева: В 2 т. М.: Худож. лит., 1986.

Петерсон К. А. Замечания на Локка // Современник. 1842. Т. 28. Отд. IV. Философия. С. 17–37.

Писарев Д. И. Полн. собр. соч. и писем: В 12 т. Т. 4. М.: Наука, 2001.

Платон. Диалоги / Сост., ред. изд. и автор вступ. ст. А. Ф. Лосев. М.: Мысль, 1986.

Платон. Собр. соч.: В 4 т. / Общ. ред. А. Ф. Лосева, В. Ф. Асмуса, А. А. Тахо-Годи; примеч. А. Ф. Лосева и А. А. Тахо-Годи. Т. 2. М.: Мысль, 1993.

Пушкин А. С. Полн. собр. соч.: В 10 т. 4-е изд. Л.: Наука (Ленингр. отд.), 1977–1979.

Руссо Ж.-Ж. Избранные сочинения: В 3 т. М.: ГИХЛ, 1961.

Руссо Ж.-Ж. Педагогические сочинения: В 2 т. М.: Педагогика, 1981.

Руссо Ж.-Ж. Трактаты / Подгот. изд. В. С. Алексеева-Попова, Ю. М. Лотмана, Н. А. Полторацкого, А. Д. Хаютина. М.: Наука, 1969 (сер. «Лит. памятники»).

Ж.-Ж. Руссо: Pro и Contra: Антология / Сост. А. А. Златопольская. СПб.: Изд-во РХГА, 2005.

Святополк-Мирский Д. История русской литературы с древнейших времен по 1925 год / пер. с англ. Р. Зерновой. 5-е изд., испр. и доп. Новосибирск: Свиньин и сыновья, 2014.

Сенковский О. И. Сочинения Платона, переведенные с греческого и объясненные профессором Санкт-Петербургской Духовной Академии Карповым. Ч. 1 // Библиотека для чтения. 1842. Т. 53. Отд. V. Критика. С. 33–68.

Смирнов И. П. Отчуждение в отчуждении (о «Записках из Мертвого дома») // Wiener Slawistischer Almanach. 1981. B. 7. S. 37–48.

Страхов Н. Н. Биография, письма и заметки из записной книжки Ф. М. Достоевского. СПб.: Типография А. С. Суворина, 1883.

Страхов Н. Н. Борьба с Западом в нашей литературе: Исторические и критические очерки. 3-е изд. Кн. 2. СПб., 1897.

Страхов Н. Н. Воспоминания о Федоре Михайловиче Достоевском // Ф. М. Достоевский в воспоминаниях современников: В 2 т. Т. 1. М.: Худож. лит., 1990. С. 375-532.

Страхов Н. Н. Критические статьи об И. С. Тургеневе и Л. Н. Толстом (1862–1885). 4-е изд. СПб., 1901.

Страхов Н. Н. Мир как целое. Черты из науки о природе. СПб., 1872.

Страхов Н. Н. Об основных понятиях психологии и философии. СПб.: Типография братьев Пантелеевых, 1886.

Тиме Г. А. Немецкая литературно-философская мысль XVIII–XIX веков в контексте творчества И. С. Тургенева (генетические и типологические аспекты). Munich: Verlag Otto Sagner, 1997.

Толстой Л. Н. Переписка с русскими писателями: В 2 т. М.: ГИХЛ, 1962.

Толстой Л. Н. Полн. собр. соч. и писем: В 90 т. (Юбилейное). М.; Л.: Худож. лит., 1928–1958.

Толстой Л. Н. Полн. собр. соч.: В 100 т. Т. 4 (21): Редакции и варианты художественных произведений, 1853–1863. М.: Наука, 2002.

Л. Н. Толстой и Н. Н. Страхов: Полное собрание переписки: В 2 т. / Сост. Л. Д. Громова, Т. Г. Никифорова; ред. А. А. Донсков. М.; Оттава: Группа славянских исследований при Оттавском университете и Государственный музей Л. Н. Толстого, 2003.

Туниманов В. А. Творчество Достоевского, 1854–1862. Л.: Наука, 1980.

Тургенев И. С. Полн. собр. соч. и писем: В 28 т. М.; Л.: АН СССР, 1960-1968.

Тургенев И. С. Полн. собр. соч. и писем: В 30 т. 2-е изд., испр. и доп. М.: Наука, 1978–2019 (изд. продолжается).

Фасмер М. Этимологический словарь русского языка: В 4 т. М.: Прогресс, 1964–1973.

Цейтлин А. Г. Становление реализма в русской литературе. М.: Наука, 1965.

Чижевский Д. С. Гегель в России. СПб.: Наука, 2007. С. 240–250.

Чирков Н. М. О стиле Достоевского. М.: АН СССР, 1963.

Шаталов С. Е. «Записки охотника» И. С. Тургенева. Сталинабад, 1960.

Шиллер Ф. О наивной и сентиментальной поэзии // Шиллер Ф. Собр. соч.: В 7 т. Т. 6. М.: ГИХЛ, 1957. С. 385–477.

Шопенгауэр А. Собр. соч.: В 6 т. / Пер. с нем. Т. Молчановой, Н. Трубниковой. Под ред. А. Чанышевой. Т. 5: Parerga и Paralipomena. М.: ТЕРРА — Книжный клуб изд-ва «Республика», 2001.

Эйхенбаум Б. М. Лев Толстой: Исследования. Статьи / Сост., вступ. ст., общ. ред. проф. И. Н. Сухих; коммент. Л. Е. Кочешковой и И. Ю. Матвеевой. СПб.: Факультет филологии и искусств СПбГУ, 2009.

Abrams M. H. The Mirror and the Lamp: Romantic Theory and the Critical Tradition. Oxford: Oxford University Press, 1953.

Abrams M. H. Natural Supernaturalism: Tradition and Revolution in Romantic Literature. New York: Norton, 1971.

Allen E. Ch. Beyond Realism: Turgenev's Poetics of Secular Salvation. Stanford, CA: Stanford University Press, 1992.

Anderson N. K. The Perverted Ideal in Dostoevsky's «The Devils». New York: Peter Lang, 1997.

Auerbach E. Mimesis: The Representation of Reality in Western Literature / Transl. by W. R. Trask. Princeton, NJ: Princeton University Press, 1953.

Bagby L. On Dostoevsky's Conversion: The Introduction to «Notes from a Dead House» // Symposium: A Quarterly Journal in Modern Literatures. 1985. № 1 (39). Spring. P. 3–18.

Bagby L. Dostoyevsky's «Notes from a Dead House»: The Poetics of the Introductory Paragraph // Modern Language Review. 1986. № 1 (81). January. P. 139–152.

Bayley J. Tolstoy and the Novel. New York: Viking Press, 1966.

Belknap R. L. The Genesis of «The Brothers Karamazov»: The Aesthetics, Ideology, and Psychology of Making a Text // Studies of the Harriman Institute. Evanston, IL: Northwestern University Press, 1990.

Berlin I. The Hedgehog and the Fox: An Essay on Tolstoy's View of History. New York: Simon and Schuster, 1970. (Originally published in 1953.)

Bowie A. Aesthetics and Subjectivity: From Kant to Nietzsche. Manchester, UK; New York: Manchester University Press, 1990.

Byron G. G. The Poetical Works of Byron. Cambridge Edition. Revised and with a new introduction by R. F. Gleckner. Boston: Houghton Mifflin, 1975.

Carden P. The Expressive Self in «War and Peace» // Canadian-American Slavic Studies. 1978. № 12. Winter. P. 519–534.

Catteau J. Dostoevsky and the Process of Literary Creation / Transl. by A. Littlewood. Cambridge: Cambridge University Press, 1989.

Cavell S. The Senses of Walden. New York: Viking Press, 1972.

Cavell S. The New Yet Unapproachable America: Lectures After Emerson After Wittgenstein. Albuquerque, NM: Living Batch Press, 1989.

Christian R. F. Tolstoy: A Critical Introduction. Cambridge: Cambridge University Press, 1969.

Clowes E. W. Fiction's Overcoat: Russian Literary Culture and the Question of Philosophy. Ithaca, NY: Cornell University Press, 2004.

Coetzee J. M. Confession and Double Thoughts: Tolstoy, Rousseau, Dostoevsky // Comparative Literature. 1985. № 3 (37). Summer. P. 193–232.

Cornwell N. V. F. Odoevsky's Ridiculous Dream About That? Themes and Ideas in Works by V. F. Odoevsky, Dostoyevsky and Mayakovsky //

Quinquereme: New Studies in Modern Languages. 1979. № 2. P. 75–86, 246–255. То же в изд.: Vladimir Odoevsky and Romantic Poetics: Collected Essays. Providence, Oxford: Berghahn Books, 1998. P. 11–30.

Cornwell N. V. F. Odoevsky: His Life, Times and Milieu, 1804–1869. Athens: Ohio University Press, 1986.

Cornwell N. Vladimir Odoevsky and Romantic Poetics: Collected Essays. Providence, RI; Oxford: Berghahn Books, 1998.

Costlow J. T. World Within Worlds: The Novels of Ivan Turgenev. Princeton, NJ: Princeton University Press, 1990.

Dickens Ch. Little Dorrit. London, New York: Penguin Classics, 1968.

Dickens Ch. Dombey and Son. London, New York: Penguin Classics, 1985.

Dickens Ch. The Old Curiosity Shop. London, New York: Penguin Classics, 1985.

Dickens Ch. Oliver Twist. London, New York: Penguin Classics, 1985.

Dickens Ch. David Copperfield. London, New York: Penguin Classics, 1997.

Dickens Ch. Martin Chuzzlewit. London, New York: Penguin Classics, 1999.

Dickens Ch. Hard Times. London, New York: Penguin Classics, 2003.

Emerson C. The First Hundred Years of Mikhail Bahtin. Princeton, NJ: Princeton University Press, 1997.

Engelhardt D. von. Romanticism in Germany // Romanticism in National Context / Ed. by K. Porter and M. Teich. Cambridge: Cambridge University Press, 1988. P. 109–133.

Fanger D. Dostoevsky and Romantic Realism: A Study of Dostoevsky in Relation to Balzac, Dickens, and Gogol. Cambridge, MA: Harvard University Press, 1965.

Flaubert G. Madame Bovary. London and New York: Penguin Classics, 2006.

Frank J. Dostoevsky: The Seeds of Revolt, 1821–1849. Princeton, NJ: Princeton University Press, 1976.

Frank J. Dostoevsky: The Years of Ordeal, 1850–1859. Princeton, NJ: Princeton University Press, 1983.

Frank J. Dostoevsky: The Stir of Liberation, 1860–1865. Princeton, NJ: Princeton University Press, 1986.

Frank J. Dostoevsky: The Miraculous Years, 1865–1871. Princeton, NJ: Princeton University Press, 1995.

Girard R. Deceit, Desire, and the Novel: Self and Other in Literary Structure / Transl. by Y. Freccero. Baltimore, MD: Johns Hopkins Press, 1965.

Girard R. Resurrection from the Underground / Ed. and transl. by J. G. Williams. New York: Crossroad, 1997. (Originally published in French in 1963.)

Griffiths F. T., Rabinowitz S. J. Novel Epics: Gogol, Dostoevsky and National Narrative. Evanston, IL: Northwestern University Press, 1990.

Gronicka A. von. The Russian Image of Goethe. Vol. 1: Goethe in the First Half of the Nineteenth Century. Philadelphia: University of Pennsylvania Press, 1968. The Russian Image of Goethe. Vol. 2: Goethe in the Second Half of the Nineteenth Century. Philadelphia: University of Pennsylvania Press, 1985.

Gustafson R. F. Leo Tolstoy, Resident and Stranger: A Study in Fiction and Theology. Princeton, NJ: Princeton University Press, 1986.

Gutkin I. The Dichotomy Between Flesh and Spirit: Plato's Symposium in Anna Karenina // In the Shade of the Giant: Essays on Tolstoy / Ed. by H. McLean. Berkeley: University of California Press, 1989. P. 84-99.

Halliwell M. Romantic Science and the Experience of Self: Transatlantic Crosscurrents from William James to Oliver Sacks // Studies in European Cultural Transition. Vol. 2. Aldershot, England: Ashgatc, 1999.

Hammarberg G. From the Idyll to the Novel: Karamzin's Sentimentalist Prose. Cambridge: Cambridge University Press, 1991.

Hardy B. The Moral Art of Dickens. London: Athlone Press, 1970.

Howard B. F. The Rhetoric of Confession: Dostoevskij's «Notes from Underground» and Rousseau's «Confessions» // Critical Essays on Dostoevsky / Ed. by R. F. Miller. Boston: G. K. Hall, 1986. P. 64-73.

Jackson R. L. Dostoevsky's Quest for Form: A Study of His Philosophy of Art. New Haven, CT: Yale University Press, 1966.

Jackson R. L. The Art of Dostoevsky: Deliriums and Nocturnes. Princeton, NJ: Princeton University Press, 1981.

Jackson R. L. Dialogues with Dostoevsky: The Overwhelming Questions. Stanford, CA: Stanford University Press, 1995.

James H. The Tragic Muse. Preface. New York: Scribner, 1908.

Jones M. Dostoevsky and the Dynamics of Religious Experience. London: Anthem Press, 2005.

Joyce J. A Portrait of the Artist as a Young Man. London; New York: Penguin Classics, 1999.

Karlinsky S. A Hollow Shape: The Philosophical Tales of Prince Vladimir Odoevsky // Studies in Romanticism. № 5.3. 1966. Spring. P. 169-182.

Kelly A. M. Toward Another Shore: Russian Thinkers Between Necessity and Chance. New Haven, CT; London: Yale University Press, 1998.

Lary N. M. Dostoevsky and Dickens: A Study of Literary Influence. London; Boston: Routledge and Kegan Paul, 1973.

Leavis Q. D. Dickens and Tolstoy: The Case for a Serious View of «David Copperfield» // F. R. and Q. D. Leavis. Dickens the Novelist. London: Chatto & Windus, 1970. P. 34-105.

Leibniz G. W. The Philosophical Works of Leibniz: translated from the original French and Latin. New Haven, CT: Tuttle, Morehouse, and Taylor, 1890.

Locke J. An Essay Concerning Human Understanding: In 2 vols. New York: Dover, 1959.

Lubbock P. The Craft of Fiction. New York: Viking Press, 1957.

Luria A. The Nature of Human Conflicts; or Emotion, Conflict, and Will: An Objective Study of Disorganization and Control of Human Behavior / Ed. and transl. by W. H. Gantt. New York: Grove Press, 1960.

Luria A. The Mind of a Mnemonist / Transl. by L. Solotaroff. New York: Basic Books, 1968.

Luria A. The Man with a Shattered World: The History of a Brain Wound / Transl. by L. Solotaroff. New York: Basic Books, 1972.

MacPike L. Dostoevsky's Dickens: A Study of Literary Influence. Totowa, NJ: Barnes and Noble, 1981.

Malia M. Alexander Herzen and the Birth of Russian Socialism: 1812-1855. Cambridge, MA: Harvard University Press, 1961.

McFarland T. Romanticism and the Forms of Ruin: Wordsworth, Coleridge and the Modalities of Fragmentation. Princeton, NJ: Princeton University Press, 1981.

McLaughlin S. Schopenhauer in Russland: Zur literarischen Rezeption bei Turgenev. Wiesbaden: Otto Harrassowitz, 1984.

Miller R. F. Dostoevsky and «The Idiot»: Author, Narrator, and Reader. Cambridge, MA: Harvard University Press, 1981.

Miller R. F. Dostoevsky and Rousseau: The Morality of Confession Reconsidered // Dostoevsky: New Perspectives / Ed. by R. L. Jackson. Upper Saddle River, NJ: Prentice-Hall, 1984. P. 82-97.

Mochulsky K. Dostoevsky, His Life and Work / Transl. by M. A. Minihan. Princeton, NJ: Princeton University Press, 1967.

Murav H. Dostoevskii in Siberia: Remembering the Past // Slavic Review: American Quarterly of Russian, Eurasian and East European Studies. 50.4. 1991,Winter. P. 858-866.

Nietzsche F. Beyond Good and Evil: Prelude to a Philosophy of the Future / Transl. and comm. by W. Kaufman. New York: Vintage Books, 1989.

Norman S. Conrad, the Critical Heritage. London: Routledge and Kegan Paul, 1973.

Oeler K. The Dead Wives in the Dead House: Narrative Inconsistency and Genre Confusion in Dostoevskii's Autobiographic Prison Novel // Slavic Review: American Quarterly of Russian, Eurasian and East European Studies. 61.3. 2002. Fall. P. 519-534.

Orwin D. Tolstoy's Art and Thought: 1847-1880. Princeton, NJ: Princeton University Press, 1996.

Orwin D. The Return to Nature: Tolstoyan Echoes in «The Idiot» // The Russian Review (Jan). 1999. Vol. 58. P. 87-102.

Orwin D. Courage in Tolstoy // The Cambridge Companion to Tolstoy / Ed. by D. Orwin. Cambridge: Cambridge University Press, 2003. P. 222-236.

Orwin D. Tolstoy's Antiphilosophical Philosophy in «Anna Karenina» // Liza Knapp and Amy Mandclker, eds. Approaches to teaching Tolstoy's «Anna Karenina» / Ed. by L. Knapp and A. Mandclker. New York: MLA, 2003. P. 95-103.

Orwin D. Strakhov's World as a Whole: A Missing Link Between Dostoevsky and Tolstoy // Poetics. Self. Place. Essays in Honor of Anna Lisa Crone / Ed. by N. Boudreau, S. Krive and C. O'Neill. Bloomington, IN: Slavica, 2007.

Oxford English Dictionary [OED]. Compact Edition. Oxford: Oxford University Press, 1971.

Perlina N. Varieties of Poetic Utterance: Quotation in «The Brothers Karamazov». Lanham, MD: UP of America, 1985.

Perlina N. Vico's Concept of Knowledge as an Underpinning of Dostoevsky's Aesthetic Historicism // Slavic and East European Journal. 45.2. 2001. Summer. P. 323-342.

Perry R. B. The Thought and Character of William James: In 2 vols. Boston: Little, Brown, 1935.

Plato. Complete Works / Ed. by J. M. Cooper. Indianapolis, IN: Hackett, 1997.

Poggioli R. The Oaten Flute: Essays on Pastoral Poetry and the Pastoral Ideal. Cambridge, MA: Harvard University Press, 1975.

Powelstock D. Becoming Mikhail Lermontov: The Ironies of Romantic Individualism in Nicholas I's Russia. Evanston, IL: Northwestern University Press, 2005.

Reyfman I. Ritualized Violence Russian Style: The Duel in Russian Culture and Literature. Stanford, CA: Stanford University Press, 1999.

Ripp V. Turgenev's Russia from «Notes of a Hunter» to «Fathers and Sons». Ithaca, NY: Cornell University Press, 1980.

Rosenshield Gary. Akul'ka: The Incarnation of the Ideal in Dostoevskij's Notes from the House of the Dead // Slavic and East European Journal. 31.1. 1987. Spring. P. 10-19.

Rousseau J.-J. The First and Second Discourses / Ed. by R. D. Masters. New York: St. Martin's Press, 1964.

Rousseau J.-J. Emile, or On Education / Transl., intro., and notes by A. Bloom. New York: Basic Books, 1979.

Rousseau J.-J. The Confessions and Correspondence, Including the Letters to Malesherbes / Transl. by Ch. Kelly; ed. by C. Kelly, R. D. Masters, P. G. Stillman. Hanover, NH and London: Dartmouth College Press, 1995.

Rousseau J.-J. Julie, or the New Heloise: Letters of Two Lovers Who Live in a Small Town at the Fool of the Alps / Transl. and annotated by Ph. Stewart and J. Vache // Rousseau J.-J. The Collected Writings of Rousseau. Vol. 6. Hanover, VT, and London: Dartmouth College Press, 1997.

Rousseau J.-J. On the Social Contract, with Geneva Manuscript and Political Economy / Transl. by J. R. Masters; ed. by R. D. Masters. New York: St. Martin's Press, 1978.

Sacks O. A Leg to Stand On. New York: Harper and Row, 1984.

Sacks O. The Man Who Mistook His Wife for a Hat. New York: Simon and Schuster, 1985. (Originally published 1970.)

Sacks O. Luria and «Romantic Science» // Contemporary Neuropsychology and the Legacy of Luria / Ed. by Elkhonon Goldberg. Mahwah, NJ: Erlbaum, 1990. P. 181-194.

Schiller F. von. Naive and Sentimental Poetry and On the Sublime. Two Essays / J. A. Elias, intro., notes, transl. New York: Frederick Ungar, 1966.

Schopenhauer A. Essays and Aphorisms / Ed. and transl. by R. J. Hollingdale. London: Penguin Books, 1988.

Sloane D. Rehabilitating Bakhtin's Tolstoy: The Politics of the Utterance // Tolstoy Studies Journal. № XIII. 2001. P. 59-77.

Smyrniw W. A Gallery of Idealists and Realists // Critical Essays on Ivan Turgenev / Ed. by D. A. Lowe. Boston: G. K. Hall, 1989. P. 73-79.

Spinoza B. Ethics, Preceded by «On the Improvement of the Understanding». New York: Hafner Press, 1949.

Todd W. M. III. Fiction and Society in the Age of Pushkin. Cambridge, MA: Harvard University Press, 1986.

Velkley R. L. Being After Rousseau: Philosophy and Culture in Question. Chicago: University of Chicago Press, 2002.

Wachtel A. B. The Battle for Childhood: Creation of a Russian Myth. Stanford, CA: Stanford University Press, 1990.

Wachtel A. B. An Obsession with History: Russian Writers Confront the Past. Stanford, CA: Stanford University Press, 1994.

Walicki A. Turgenev and Schopenhauer // Oxford Slavonic Papers. 1962. № 10. P. 1-17.

Walicki A. The Slavophile Controversy: History of a Conservative Utopia in Nineteenth-Century Russian Thought / Transl. by H. Andrews-Rusiecka. Notre Dame, IN: University of Notre Dame Press, 1987.

Whittaker C. H. Russian Monarchy: Eighteenth-Century Rulers and Writers in Political Dialogue. DeKalb, IL: Northern Illinois University Press, 2003.

William James in Russian Culture / Ed. by J. D. Grossman and R. Rischin. Lanham, MD: Lexington Books, 2003.

Wilson Angus. Dickens on Children and Childhood // Dickens 1970. Centenary Essays / ed. by Michael Slater. New York: Stein and Day, 1970. P. 195-227.

Предметно-именной указатель

Содержание

Научное издание

Донна Орвин
СЛЕДСТВИЯ САМООСОЗНАНИЯ
Тургенев, Достоевский, Толстой

Директор издательства *И. В. Немировский*
Заведующий редакцией *М. Вальдеррама*

Ответственный редактор *И. Белецкий*
Дизайн *И. Граве*
Редактор *Ю. Исакова*
Корректор *А. Филимонова*
Верстка *Е. Падалки*

Подписано в печать 14.12.2021.
Формат издания 60 × 90 $^1/_{16}$. Усл. печ. л. 22,0.
Тираж 500 экз.

Academic Studies Press
1577 Beacon Street, Brookline, MA 02446 USA
https://www.academicstudiespress.com

ООО «Библиороссика».
190005, Санкт-Петербург, 7-я Красноармейская ул., д. 25а

Эксклюзивные дистрибьюторы:
ООО «Караван»
ООО «КНИЖНЫЙ КЛУБ 36.6»
http://www.club366.ru
Тел./факс: 8(495)9264544
email: club366@club366.ru

Книги издательства можно купить
в интернет-магазине: www.bibliorossicapress.com
e-mail: sales@bibliorossicapress.ru

12+

Знак информационной продукции согласно
Федеральному закону от 29.12.2010 № 436-ФЗ